煮えたぎる海峡

THE BOILING MOAT
Urgent Steps to Defend Taiwan
Edited by Matt Pottinger

台湾防衛のための緊急提言

マット・ポッティンジャー　編著
尾上定正／監訳
安藤貴子　三浦生紗子／訳

『THE BOILING MOAT（煮えたぎる海峡）』への
賞賛の言葉

「本書『煮えたぎる海峡』を通じて台湾海峡における中国のエスカレーションの可能性を世界に警告し、マット・ポッティンジャーは台湾のポール・リビアになる。彼をはじめとする執筆者たちは、習近平が『祖国の再統一』と彼の言う『中国の夢』をかなえるために選ぶ恐れのある、ありがたくない数々のシナリオをわかりやすく示し、さまざまな知識を与え、興味をかき立てる」

——オーヴィル・シェル、『野望の中国近現代史』著者

「迫り来る中国と台湾の戦争を懸念している人は、この本を読み、リーダーたちに本書の提言に一刻も早く耳を傾けるよう求めるべきだ」

——H.R. マクマスター、元米国家安全保障担当補佐官

「これは、中国の独裁者が企てる破滅的な戦争をどうすれば抑止できるかを詳細に考察した、比類なき一冊である」

——マイク・ポンペオ、元米国務長官、元米 CIA 長官

邊城之地，必將嬰城固守，皆為金城湯池，不可攻也。

——《漢書・蒯通傳》

国境沿いの都市は何としても防衛を固めなければならない。
鉄の城壁と煮えたぎる外堀で守られた都市は難攻不落だ。

——『漢書 蒯通伝』、西暦1世紀

戦争に備えることは、
平和を維持する最も有効な手段のひとつである。

——ジョージ・ワシントン、初の一般教書演説、
1790年1月8日

煮えたぎる海峡　台湾防衛のための緊急提言　目次

第5章　中国の武力行使に対抗せよ　139

第6章 中国のグレーゾーン作戦に対抗せよ 174

第11章　日はまた昇る 322

第13章

欧州が、いますべきこと

序文

ラリー・ダイアモンド
スタンフォード大学フーバー研究所ウィリアム・L・クレイトン・シニアフェロー
フリーマン・スポグリ国際学研究所グローバル・デモクラシー担当モスバッハー・シニアフェロー

この10年のあいだに、とりわけ2022年2月にロシアがウクライナに大規模な戦争を仕掛けて以降、軍事攻撃をはじめとする権威主義国の戦力投射が復活し、国際政治の様相を一変させた。このような事態になる前も、冷戦が終結し新たに国際平和の時代が始まるという希望は、サダム・フセインによるクウェート侵攻・占領によって打ち砕かれた。あのとき私たちは、歴史のページにいくたびとなく血で書かれた、時代を超えて語り継がれる格言――権力に飢えた暴君は隣国に重大な脅威をもたらす――を十分に思い知らされていたはずだ。それがいまになって、世界秩序の保たれた平和な時代の幻想が崩れ去るのを、再び見せつけられることになろうとは。過去30年間、権威主義国が戦いを始める主戦場は

（旧ソ連構成国の国境沿いの）欧州と中東だった。しかし、この先の10年間に最大の脅威の舞台となるのはアジアであり、その発生源は世界最強の独裁主義国、中華人民共和国（中国）だ。そう考えるにはしかるべき理由がある。

マット・ポッティンジャーをはじめとする執筆者たちがこの卓越した重要な書籍のなかで明確にしているように、この数十年でこれほどまでに速いペースで、集中的に、はっきりとした目標に従って軍備を拡大してきた国は中国だけだ。しかも中国はただ世界の超大国として台頭するために軍備を増強しているのではない。中国共産党の指導者たちの言う「台湾の祖国統一」を、軍事侵攻、封鎖による締め付け、あるいはその両方を連続で実行することで、強制的に実現するという具体的な目標のためなのだ。本書にもその恐ろしさがはっきりと書かれているが、誇大妄想にとりつかれた中国の独裁者、習近平は中国共産党幹部や国民に戦争に備えるべしと警告している。それは具体的に言えば、習を毛沢東を超える中国共産党指導者の英雄に押し上げる、無上の勝利を達成するための戦争だ。さらに執筆者たちによれば、中国が台湾併合のための戦争に向けて準備を進めていると考えられる根拠は、習近平の演説や軍備拡大だけではない。起こりうる経済制裁に備えて経済の構造改革を実行し、情報戦やグレーゾーン軍事演習をエスカレートさせ、インフラの建設・

移転を行っていることからも、中国が台湾海峡における大胆な軍事演習、さらに支配するために必要ならば「偉大な闘争」を開始する用意があることが伝わってくるのだ。

独裁者が隣国を攻撃する意志を世界に通告したのはこれが初めてではない。アドルフ・ヒトラーは１９３０年代に大急ぎで軍の近代化を推し進め、１９３６年には2万のドイツ国防軍部隊を率いてラインラントに進駐し、ベルサイユ条約とロカルノ条約を平然と破棄した。それに対し、欧州の民主主義国は対抗措置をとらなかった。そしてその後もヒトラーの支配欲を抑え込むことに失敗し続けた。その最たる例が、戦争を回避したいと望む英国とフランスがヒトラーの要求に屈し、チェコスロバキアのドイツ語圏、ズデーテン地方のドイツ併合に合意した１９３８年のミュンヘン協定だ。ばか正直にも英仏がドイツの独裁者に譲歩した結果、不幸にもミュンヘン協定は権力と富と領土の拡大をもくろむ暴君を宥和するための無意味な策と化したのだ。

今日、大きな野望をもつ全体主義者が攻撃の照準を定めているのが台湾だ。そして民主主義大国が攻撃者中国を抑止するためにいま何をし、何をしないかは、およそ90年前と同じように未来の世界平和と秩序にとって重大な結果をもたらすだろう。台湾は１９３０年代のチェコスロバキアと同様に面倒な隣国をもつ民主主義国家というだけでなく、アジアで最も自由な民主主義国であり、1974年に始まった民主化の「第三の波」が最も成功した例のひとつである。したがって、私たちは1930年代の過ちを繰り返すことなく、覚悟を決めて、すべての民主主義国を危険にさらさないと同時に、ひとつの民主主義国が権力に飢えた独裁者に飲み込まれるのを許すわけにはいかないのだ。

ポッティンジャーと執筆者たちが列挙しているとおり、中国による台湾の武力統一の阻止が世界秩序にとって不可欠と考えるのには説得力のある理由がほかにもいくつかある。本書でも説明されているとおり、世界経済、インド太平洋における自由な物流、米国の国家安全保障にとっての台湾の戦略的重要性は、いくら強調しても足りないほどだ。台湾を手に入れれば、中国は世界の半導体、特に高性能半導体の供給を一手に握れる可能性がある。あるいは戦闘のさなかに世界の半導体チップの50パーセント以上（最も高性能な半導体チップの90パーセント以上）を生産する開発・製造施設が損傷したり破壊されたりすれば、世界恐慌とは言わないまでも、世界経済は大混乱に陥るだろう。それだけではない。台湾を統一したら、中国はおびただしい数の潜水艦などの軍事アセットを台湾に配備し、（いわゆる第一列島線における日本とフィリピンのあいだにある）その場所の戦略上の重要性を利用して、ほかの東アジア地域を人質に要求を押し通そうとしてくる恐れもある。

すでに中国は容赦ない圧力と脅しをかけて南シナ海の大部分について根拠もなしに領有権を主張しており、このままでは自由で開かれたインド太平洋に対する米国のコミットメントは致命的なまでに損なわれる。アジア（及びほかの地域）の民主主義国が米国に対する戦略上の信頼を見限る可能性もある。そうなれば、世界の勢力図が第二次世界大戦以降で最も大きく塗り替えられるお膳立てが整うだろう。

いまならまだ、このシナリオが現実になるのを防ぐことは可能だ。しかし、ポッティンジャーや執筆者が（ジョージ・ワシントンや多くの戦略的思考家の言葉を繰り返しながら）主張するとおり、平和を維持するためには、民主主義国は戦争に備えなければならない。彼らは効果的に戦う手段のみならず意志もあること、そして無用な戦争を引き起こせば、中国は敗北する可能性があることを証明してみせる必要がある。経済が停滞し、優秀な起業家や科学者が国外に逃れ、社会（及び多くの中国共産党員までも）がその支配に幻滅している状況で、もしも戦争を起こして負けるようなことになれば、習はみずから破滅を招くだろう。台湾、米国、日本、オーストラリア、そして欧州はいま、軍事力で台湾問題の解決を図ろうとすればこれらすべての国々にも中国にも大きな不幸をもたらす可能性が大きいと、中国の指導者たちに納得させなければならない。

本書では、ポッティンジャーと優れた執筆者たちが台湾、米国、そして両国の戦略上のパートナーが圧力による台湾併合の試みを阻止し、撃退し、打ち負かすために講じるべき緊急措置について詳しく説明し、そうした強さ、決意、即応力があってこそ中国の台湾への攻撃を抑止できることを明らかにしている。政策立案者や民主主義国の人々が彼らのメッセージを重く受け止めることに望みをかけよう。手遅れになる前に。

謝辞

ラリー・ダイアモンドのおかげで、2022年末にこの本のアイデアは生まれた。ラリーはプロジェクト・メンターとして最初から最後まで私を励まし続けた。本書が完成したのは執筆者の皆さんの尽力の賜でもある。なかでもロバート・ハディック、イヴァン・カナパシー、マイケル・A・ハンゼカーの3人には、担当する章以外に関しても賢明なアドバイスをくれたことや、編集に力を貸してくれたことに感謝の気持ちを伝えたい。Semper《常に忠誠を》 Fidelis.（訳注／米国海兵隊のモットーとして使用される、ラテン語のフレーズ）

フーバー研究所の同僚、ナディア・シャドロー、マット・ターピン、グレン・ティファート、H・R・マクマスター、ジム・エリス、フィリップ・ゼリコウには、有意義なフィードバックをもらった。フーバー研究所は自由で重要な研究にとっての最高峰の拠点のひとつであり、その一員であることに私は誇りをもっている。また、民主主義防衛財団にも感謝している。意欲的なマーク・デュボヴィッツCEOは昨夏、イスラエルの国家安全保障担当リーダーらを台湾に派遣するよう助言をくれた。その結果イスラエルと台湾の充実した相互交流が実現し、本書の、特に第4章「新しい軍事文化を構築せよ」の執筆に役立った。

リン・ヤンは本書のタイトルが生まれるきっかけにもなった、漢王朝の文献について教えてくれた。バディウ・ツァオ（巴丢草）は挿絵と表紙にオリジナル・アート作品を描いてくれた（注：英語版原書。本書非掲載）。アビ・キムとブランドン・ホルトはなくてはならない管理上のサポートをしてくれた。グラハム・アリソンはハーバード大学で円卓会議を主催し、本書の主張の焦点を明確にするのに力を貸してくれた。彼ら全員にお礼を申し上げたい。リサーチ会社ガーナウト・グローバルLLCの同僚の皆さんにも感謝する。中国を専門とする有能な研究者がこれほど集まっている組織は、ほかにはない。

2023年、私はふたりのすばらしいオーストラリア人作家、ジェフリー・ブレイニーとアン・ブレイニーと彼らの住むメルボルンで食事をともにすることができた。大統領副補佐官を務めていた頃、充実した調査に基づいて書かれ、多くの意外な洞察が盛り込まれたジェフリーの著書『The Causes of War（邦題：戦争と平和の条件）』を読み、私は衝撃を受けた。彼の本を参考に私は第3章を執筆した。その内容をレビューしてくれたジェフリーに、感謝の意を込めて第3章を捧げる。

フーバー研究所出版のバーバラ・アレラノ、アリソン・ロー、ダニカ・ミヒェルス・ホッジは、デヴィッド・スウィートの編集の専門知識を活かし、本書の出版のためにスピーディーに仕事を進めてくれた。また、このプロジェクトを経済的に支援していただいた台北駐サンフランシスコ経済文化代表処（ＴＥＣＯ ＳＦ）の度量の広さにも感謝を申し上げたい。ＴＥＣＯ ＳＦは事前に本書の原稿をチェックすることも、内容に口を出すこともなかった。

何より大切なのは、私にやりがいをくれた家族のサポートと愛だ。私の兄弟と両親はクリスマスにエッグノッグを飲みながら原稿の抜粋に目を通した。妻のイェンと息子たちは完成に向かってラストスパートをかけているあいだ、ずっと明るく（そして忍耐強く）私を支えてくれた。この本を彼らに捧げる。

マット・ポッティンジャー

２０２４年、カリフォルニア州スタンフォードにて

第Ⅰ部 全体像

第1章
大きな試練の荒海

マット・ポッティンジャー

抑止が偶然によって実現する可能性は低い。

――ロス・バベッジ

ロシアのウクライナ侵攻から何かを学べるとすれば、戦争は起きる前に阻止するほうがはるかに低コストであるということだろう。だが、そのための有効な策を、いまの民主主義国は打てていない。この2年間、世界ではいくつもの問題が噴出し、いずれのケースでも抑止は失敗に終わっている。

・ウラジミール・プーチンはワシントンが制裁をちらつかせても平然とウクライナの首都を攻撃し、欧州を第二次世界大戦以降で最も破壊的な戦争に陥らせた。
・イランはイスラム組織ハマスに軍事支援を行い、イスラエルと戦争を開始した。その後、イランの代理勢力であるレバノン、イエメン、シリア、イラクのテロ集団が共闘態勢を組んで、イスラエルにロケット弾を打ち込み、紅海で貨物船を攻撃し、米国の軍艦を威嚇し、イラクとシリアにある米軍基地を攻撃した。(1)
・中国は長年領有権を巡る争いが続く南シナ海で軍事活動を強化した。南シナ海は世界一重要な海上交通路《シーレーン》（訳注／有事に際し、国民の生命を守り戦争を遂行するために確保しなければならない海上連絡交通路）であり、漁場である。フィリピン政府は小島群の管理・支配を維持・回復するために南シナ海に船舶を派遣しているが、これに対して中国は国際規範や裁判所判決を無視して管轄権を主張し、中国海警局の巡視船がフィリピン船に衝突し航行を妨害する行為を繰り返している。

・ベネズエラの独裁者は、米国は恐れるに足らずと決め込んだのか、豊富な石油資源に恵まれた隣国、ガイアナの大部分を自国の領土と主張している。[(2)] 冷戦時代に中南米でソ連が犯したミスを取り返すかのように、中国は大胆にもベネズエラの立場に同情の意を示し、キューバに情報収集施設を設置し、軍事拠点の建設も計画している。[(3)]

・国連安全保障理事会決議や米国の制裁をものともせず、北朝鮮は大陸間弾道ミサイル（ICBM）の発射実験を5年ぶりに再開、また、ウクライナを攻撃するロシアに武器弾薬を供給している。[(4)]

いま、これらの火種を全部合わせても追いつかないほど深刻な戦争の恐怖が差し迫っている。中国の最高指導者習近平が、台湾を中国本土に「再統一」するために武力行使の権利を放棄しないと明言したのである。中国の敵との「偉大な闘争」を巡る習の公式発言は、彼の意図をうかがい知る格好の手段だ。無視するのは賢明でないだろう。

習は何度も、台湾統一は世界を舞台に中国が目指す大きな目的、すなわち「中国の夢である中華民族の偉大な復興」を成し遂げるための必須条件だと述べている。(5) ２０１７年に北京で行われた第19回中国共産党全国代表大会（党大会）では、「中華民族の偉大な復興の実現に、祖国の完全統一は当然の必須条件である」と語った。(6) ２０１９年には「台湾同胞に告げる書」（訳注／敵対状態の収束に関する協議を台湾に呼びかけるため、１９７９年１月１日に発表されたメッセージ）発表40周年記念式典の談話のなかで、習は「中華民族の復興と祖国の再統一は時代の大きな流れだ。それは大きな国益であり、人々の願いである」と述べた。(7) ２０２１年10月、北京の人民大会堂で行った台湾に関する演説のなかで、習が「復興」というワードを口にした回数は20回以上に上る。(8) これらの発言に込められた意図は明らかだ。習にとって台湾統一に失敗することは、中国最高指導者として最重要目標の達成に失敗することに等しいのである。

期限については――少なくとも公的には――明確にしていないが、これまでの指導者と異なり、習は気長に待つ意志はないとはっきり述べている。２０１３年10月、台湾の外交使節に対し、「海峡の両側に存在する政治的意見の不一致は、一歩ずつ最終的な解決に向けて進めていかなければならない。これらの問題を次の世代に先送りするわけにはいかないのだ」と語った。[9] １９８４年に当時の最高指導者鄧小平が述べた有名な言葉、「必要ならば中国は台湾の統一を『１０００年』でも待てる」とはあまりに対照的である。

前任者の江沢民、胡錦濤両国家主席は、台湾が独立を宣言するようなことがあれば戦争の可能性はあるとの立場を取っていた。習はそこから一歩進んで、台湾が正式な独立を試みた場合に限らず、武力を行使して台湾を力ずくで統一する意志を示唆するプロパガンダを行っている。

２０２３年11月、サンフランシスコで行われたジョー・バイデン米大統領との対面での会談でも、習は従来の立場を改めて強調した。首脳会談終了後、記者にブリーフィングを行った米政府高官の話では、習は「平和的再統一を望むとしながらも、その後すぐに、武力を行使する可能性のある条件について言及した」という。[10] バイデン大統領は「台湾の平和を維持する米国の方針を伝えた」が、習主席の反応は素っ気ないものだった。政府高官によれば、習は次のように応じた。

「平和も結構だが、どこかの時点で解決に向けて動く必要がある」[11]

別の言い方をすれば、習は平和よりも統一を重視していると受け取れる。その厳しい姿勢は、会談の概要をまとめた中国の公式文書の記述にも表れている。

「米国は『台湾の独立』を支持しない立場を具体的な行動で示し、台湾への兵器供与を止め、中国が目指す平和的統一を支持するべきだ。中国はいずれ再統一するだろうし、再統一は不可避なのである(12)」

習が公の場で台湾統一に対する「支持」を米国に求めたのは、そのときが初めてだったかもしれない。その言葉から、長年ワシントンに台湾の独立を支持しないよう主張してきた北京の要求が、根本的に変化したことが見てとれる。要するに、西側諸国の多くのアナリストによる想定に反し、習が目指しているのは数十年前から続く台湾海峡の現状維持ではなく、その終焉なのだ。

そのためには戦争もやむなし、というのが習の考えだ。この数年の主要な演説のなかで、習は党や人民解放軍に戦争に備えよと指示を与えている。

2021年11月に北京で開かれた中国共産党第19期中央委員会第6回全体会議で、習は

「重大なリスクと強い抵抗勢力に直面しながら、平和な生活を続けたい、戦争は望まないというのは非現実的だ」と語った。[13]「あらゆる敵対勢力は、中華民族の偉大な復興を円滑に実現させようとは決してしないだろう。この前提に基づいて、私はこれまで全党に対し大いなる闘争を遂行しなければならないと繰り返し強調してきた」[14]。

未来を予見させるようなこの演説は、中国語の議事録が発表されるまでの2カ月間公表されなかった（しかも西側のジャーナリストや多くの学者たちはその情報を見落としていた）。演説のなかで習は、1950年に最高指導者の毛沢東が下した決断を賞賛している。「米国の脅しと挑発を受けながら」、毛とその同志たちは朝鮮戦争への参戦という勇敢な決断を下した、というのだ。習は次のように述べた。

共産党中央委員会と毛沢東同志は、「最初の一撃で、その後の百撃を封じる」という先見性に長けた戦略と、「祖国再建のためならば躊躇なく国を滅ぼす」決意と勇気をもって、「米国に抵抗し、朝鮮を支援」し、国を守るという歴史的な政治判断を下した。[15]

習が毛の選択を、「『侵略者が門前に居座る』危険な状況」を回避するための先制攻撃とみなしていることは明らかだ。似たような状況になれば戦争も辞さず、恐ろしいことに、敵に勝つための代償として国が「滅ぶ」危険も甘受する気でいると伝えるために、あえてこのような言葉を選んだに違いない。「どれほど強い敵であろうと、どれほど険しい道であろうと、どれほど厳しい挑戦であろうと、共産党は常に恐れず、引き下がらず、犠牲をいとわず、決してひるむことはない」[16]

この演説ではあくまで歴史的な文脈で米国を敵と名指したが、より最近の演説の文言を見れば、習が米国を現在の敵と位置づけるようになったことがわかる。2023年3月の演説では、「米国を筆頭とする西側諸国はあらゆる方向から中国を封じ込め、包囲し、弾圧する政策をとり、我が国の発展にかつてない厳しい問題をもたらしている」と述べた。[17]これは同月に4回にわたって行われた演説のひとつだが、そこでも習は戦争に備える必要性を強調している。[18]

最初の演説は3月5日に全国人民代表大会（全人代）で行われ、習は省や自治区・直轄市、人民解放軍などの代表者に向かって、中国は穀物や製品の輸入に頼るのをやめるべきだと

中国共産党創立100周年を祝う式典で、聴衆を前に拳を振り上げる習近平（2021年7月、天安門広場）。演説のなかで習は、中国を抑圧しようとする外国勢力は必ずや鋼鉄の長城で頭を割られ血を流すことになると語った。写真：朱鵬、新華社通信／Getty Images

訴えた。「いずれかが不足した場合、国際市場はわれわれを守ってはくれない」。翌日の演説では、「恐れずに戦い、うまく戦う術を身につけなければならない」と聴衆を鼓舞している[19]。3月8日には軍や人民武装警察の代表者を前に、社会が一丸となって中国軍を支持するための「国防教育」キャンペーンを発表した。これは1943年に実施された社会の軍事化キャンペーン、「二重擁運動」がヒントになっている[20]。3月13日の4回目の演説では、「祖国の統一」は中華民族の偉大なる復興の「本質」であると明言。統一を復興の「必須条件」としていた過去の発言から一歩踏み込んでいる[21]。

これらを鑑みて、2022年10月の第20

回党大会における「活動報告」に盛り込まれた習の言葉——中国共産党は「大きな試練の荒海」を乗り越える準備をしなければならない——を、世界は深刻にとらえるべきだ。

こうした発言は西側諸国を意識した単なるプロパガンダではない。中国共産党に対する有無を言わさぬ命令なのだ。現に中国政府はそれを重視している。よって、私たちは少なくともホワイトハウスの執務室から漏れ聞こえてくる戦争と平和に関する会話と同じくらい、習の言葉を重く受け止めねばならない。(22)

＊＊＊

本書は、習が台湾で破滅的な戦争に及ぶのを阻止するために、民主国家が早急に講じるべき実行可能で実践的な措置を提案する。

主に焦点を当てたのは軍事面だ。これは、敵対勢力に戦争を断念させるうえで経済や財務、情報、外交面のツールの重要性が低いからではない。ただ、それらがどれほど充実していようと、軍事的ハードパワーが強力でない限り、抑止に成功する可能性はほぼないに等しい。つまり、有効な抑止策にとって軍事力は欠くべからざるものなのだ。(23)

戦争回避のための重要人物として本書で習近平を取り上げたのには理由がある。10年以上にわたり権力の一極集中を進めた中国に、戦争と平和の問題で習に並ぶ力をもつ意志決定者はいない。戦争での勝算や、台湾、米国、その同盟国の意図や能力を習個人がどう考えるかは、開戦の是非に関する習の判断を左右する重要な要素だ。オーストラリア人ストラテジストのロス・バベッジが第12章で述べているように、「抑止とは、自国の行動によって敵の意思決定エリートに可能な限り強い心理的影響を与え、自国に有利になるように敵の作戦を中止、延期、変更へと導くことである」。今日の中国に、「意思決定エリート」と呼べる人物は事実上ひとりしかいない。

この本で提案されているのは、ただちに実行に移すべき措置だ。執筆者たちはテクノロジーや兵器システムを結集するよう訴えているが、その大部分はすでに米国やその同盟国が保有している、あるいは開発・テストが完了して生産・調達が可能な状態にある。最大の課題は次の二つだ。

①対艦ミサイルはじめ武器弾薬の備蓄が不十分で、迅速な増産手段が欠如していること。

①米国と台湾に加え危機の影響を受ける他の民主主義国の国内、及びそれらの国家間における計画策定、訓練、予行演習、連携が不十分であること。

執筆者らは、今後2年間に民主主義国が本書の提案事項を速やかに実行すれば、2020年代末まで台湾有事を回避できる可能性は高まると考えている。その後は新型の兵器システムが開発され、同盟国側が手持ちの札を賢く使って、拡大を続ける中国の強大な軍事力を「相殺」できる可能性がある。

仮に私たちが2020年代に中国の抑止に成功するとしたら、それはまだ実現していない未来のプログラムではなく、「陳腐化した（レガシー）」軍事システムの力によるものだろう。米欧州軍最高司令官を務めるクリストファー・G・カボリ陸軍大将は、ウクライナ戦争の教訓として、「決め手になるのは、キネティック兵器（訳注／銃、爆弾、戦闘機など、運動エネルギーによって物理的に対象を破壊する兵器のこと）だ。［中略］そしてその効果の大部分はレガシー・システムによって得られる。したがって、有効な次世代の兵器システムがまだ出現していない段階で、いたずらにレガシー・システムを排除するのは時期尚早だ。そんなことをすれば、あっという間にお手上げ状態になるだろう」と語った。(24)

となれば、レガシー・システムの機能を維持し、兵器生産規模を拡大すると同時に、新たなシステムの研究開発を進めるために、民主国家は防衛費を急増させる必要がある。今日の米軍は、第二次世界大戦初期以降で最も現役部隊の規模が小さい[25]。インフレ調整がなされた米国の防衛予算は、戦争の広がりにもかかわらず縮小傾向が続いている。GDPに占める割合で見た米国の年間防衛支出は、ソ連との直接的な衝突を避けて東西冷戦の行方を決定づけたレーガン政権時にピークを迎えた（6・8パーセント）が、現在はその半分にも満たない（3・1パーセント）[26]。この数字が示すように、ワシントンは20世紀の手痛い教訓——血塗られた教訓——を忘れつつあるのかもしれない。

かつてのナチス・ドイツ国防軍を思わせる中国を相手に抑止策を強化するのは、なかなかの難題に思える。とはいえ、中国にも弱点は多い。いまや世界最大の海軍を擁すると言われているが、その水上艦（これがなければ台湾を軍事的に制圧することは不可能）は、米国の攻撃型潜水艦だけでなく、数時間で西太平洋に到着し、安全な距離から対艦ミサイルを一斉に打ち放つことができる重爆撃機の格好の標的になりうる（そのため本書の第7章では、台湾有事の際に米国空軍はいま考えられている以上に中心的な役割を果たせるよう備えるべきだ、と訴えている）。

中国が米国の空母を寄せ付けないほど大量の対艦弾道ミサイルを保有している可能性はあるが、米国には一丸となって台湾防衛に臨めば中国の企てを打ち砕けるであろう強力な同盟がある。この観点から第10章では、中国が台湾を攻撃すれば、日本も参戦を余儀なくされることがほぼ避けられない現状を、日本政府は公式に認めるべきだと主張している。平時のいまこそ意志を明確に示し、日本は積極的に動くまいという中国の希望的観測を一掃することが、戦争の可能性を低くすると考えられるのだ。

物理的な距離で言えば中国と台湾は近いかもしれないが、地形が防衛側に特に有利なのも事実だ。台湾は海岸線に沿って山が連なり、上陸に適した砂浜は少なく、都市部は不規則に広がっているため、侵略者にとっては不吉な難所である。台湾は「ヤマアラシ戦略」を採り入れよと言われている。鋭いトゲで身を守り、攻撃されたらそのトゲで飢えた捕食者に致命傷を負わせるヤマアラシに倣え、というのだ。

だが、地形以上にまさしく天恵と言えるのは、中国と台湾を隔てる海峡だ。漢時代の説《ぜい》客《かく》（訳注／古代中国の戦国時代に、諸国を遊説し領主の外交政策などに影響を与えた人物）である蒯通《かいとう》は、強い軍隊であろうと、金城湯池、すなわち「鉄の城壁と煮えたぎる外堀」で防御された国境沿いの都市を攻撃するのは控えよと助言したという。台湾、米国及びその主要同盟国は

「煮えたぎる外堀戦略」を採るべきだ。そうすれば、台湾海峡を台湾との戦争で中国軍の重心になるとみられる海軍の墓場にできるかもしれない。本書はそのためのアプローチをまとめている。

また、全体を通して、関連するいくつかのテーマを考察している。

①台湾の民主主義、主権、成功の運命は、アジアやそれ以外の地域における民主主義、主権、成功の先行きにとって重要な意味をもつ。

仮に台湾が強制的に統一されても、広範囲に及ぶ破壊的な戦争さえ起きなければ、台湾征服の連鎖的な影響は阻止できるのではないか。そんな安易な考えについ頼りたくなる。というのも、思い返してみると、1960年代～70年代にかけて、ベトナム戦争で米国が敗北した場合のアジアの未来と同地域における米国の影響力について、不吉な予測がいくつも立てられたが、何ひとつ現実にならなかったからだ。ドミノ倒しは起こらず、インドシナ半島に共産主義が広まることもなかったからだ。1975年のサイゴン陥落から数十年間、米軍の拠点は減少しても、アジアにおける米国の経済的、政治的影響力は高まっていったのだ。

しかしながら、ベトナム戦争と台湾有事を同列に考えるのは間違いだ。前例としてよりふさわしいのは、1940年代前半の大日本帝国だろう。当時の日本政府は、アジア諸国の何億人もの国民の同意も得ずに大東亜共栄圏を押しつけ、武力によって短期間アジア太平洋を支配した。2014年に上海での歴史的演説で習近平は、「アジアの国政を動かし、アジアの問題を解決し、アジアの安全を守るのはアジアの人々だ」と宣言した。これは、日本がみずから盟主となって支配するアジア経済・安全保障圏の構想を一方的に主張しはじめた1940年代に政府が標榜したスローガン、「アジア人のためのアジア」に不気味なほど似ている。(27)

第2章「台湾有事の影響」で私は、ガブリエル・B・コリンズ、アンドリュー・S・エリックソンとともに、中国が台湾を征服すれば地政学、貿易、核兵器の拡散、テクノロジーなどの多方面に予期せぬ深刻な影響が及ぶと述べている。台北の陥落は、ベトナムの南北統一以上に大きな意味をもつだろう。それは新たな帝国の出現の前触れだ――強硬な権威主義を貫き、米国と同盟国の利益を徹底的に否定する、中国の息のかかった帝国の。台湾が強制的に統一されれば、たとえ米国の介入がなくても、米中の緊張は氷解するどころかいっそう拍車がかかるはずだ。

②長期的な抑止は、他の防衛目的の副産物として無計画に達成されるものではない。それがかなうのは、長期的な抑止が第一目標である場合だけだ。

私たちが長年中国の能力や意図を軽視してきたのは遺憾であるが、近年は台北、東京、キャンベラ、及び米インド太平洋軍の司令部があるホノルルで新たに冷静な分析が行われている。ワシントンでは、「戦争は北京の利益にならない」という陳腐な気休めもようやく、徐々にではあるが聞かれなくなっている。

それでも、本書の執筆者――投票によって選出されたリーダー、政策立案者、海軍将官、退役軍人、ストラテジスト、学者をはじめとする7つの民主主義国出身者――は、台湾危機に備えた計画策定、訓練、装備、連携が欠如している現実を憂慮している。同盟国の防衛予算は各軍種の要求を反映した案が作成され、議会の採決によって決定されるが、往々にして自己中心的で調整も行き届いていない。どうやらリーダーたちは、戦争抑止はしょせん重要な目的ではなく、コストをかけずに何かの拍子に達成できればいいと願っているらしい。こうした考えは改めねばならない。いますぐに。

文民の最高指導者が机上演習や軍事演習に出席していない現状も変えるべきだ。ロバート・ハディック、マーク・モンゴメリ、アイザック（アイク）・ハリスが第7章で指摘しているように、台湾で戦争が起きて数時間以内に米国大統領が下す決断がその後の運命を決定する。最高司令官として、大統領は最側近らとともに幅広いシナリオを想定した演習に参加し、さまざまな決断の結果を検証し、有事に自信をもって即座に行動できるようにしなければならない。台湾、日本、オーストラリア、その他の民主国家のリーダーも同じである。

中国共産党は決して「ひるまない」と宣言しているものの、台湾に戦争を仕掛ける判断が重大な誤算になりかねないことを、習近平に納得させる道はある。これまでリスクを冒す覚悟を至るところで示してきたが、実際の行動を見る限り習はそれほど無謀なギャンブラーではない。とはいえ、抑止力の低下に歯止めをかけ、願わくは高めていくための時間は、刻々と減り続けている。

③米国と同盟国は弾薬生産能力を早急に拡大しなければならない。

中国に一撃でやられないためだけでなく、相手が長期戦をもくろんだ場合に戦闘を継続するためにも、台湾と同盟国は武器弾薬を十分に備蓄する必要がある。いずれのシナリオを考えても、現在の民主主義国の武器弾薬の数は不足しているとみられる。兵器を製造できる工業力を平時から備えておくことは、有効な戦争抑止にとって不可欠の要素になるだろう。

一筋の希望は、時間は攻撃側よりも防衛側に味方する可能性が高いということだ。「攻撃に必要なのは、何よりも迅速かつ断固たる決断である」と、プロイセンの軍人カール・フォン・クラウゼヴィッツは古典『戦争論』に記した。「いかなる中断も、停止も、行動の猶予も、攻撃戦の本質と矛盾する」。中国が最初の攻撃に手間取れば、台湾が勝てるチャンスは広がる。だが、台湾がそれをやり遂げても、民主国家が見通しの甘さから兵器の製造に十分な投資をしなかったという理由で、その後の長期戦で台湾が敗北するような事態が起きるとすれば、あまりにも情けない。

第11章を執筆した元自衛艦隊司令官の香田洋二元海将は、第二次世界大戦の戦局を決定づけた要因について、米国では1942年のミッドウェー海戦を挙げる向きが多いが、日本の軍事歴史家の見解は異なると述べた。むしろ、その後数カ月にわたる名もなき数多くの戦闘によるところが大きいと言う。米国は艦船や武器弾薬、戦闘機の高い生産能力と、進歩を続ける技術を活かして夜戦で優位に立ち、大日本帝国海軍を叩きのめした。香田が

「破壊者の戦争」と呼ぶこうした戦いが、日本にミッドウェー海戦以上に大きなダメージを与えたのだ。いまや強固な同盟で結ばれている米国と日本は、戦闘ではなく戦争に勝利するための能力強化をともに目指さなければならない。中国を抑えられるかどうかは、そこにかかっている。

④戦争における最大の「ファクターX」は、国家の戦う意志だ。これは勇気あるリーダーの手腕で高めることができる。

ウクライナ国民は、リーダーとともに戦う覚悟を決めれば、人々が何を成し遂げられるかを教えてくれた。2022年初めに彼らはロシア軍を撃退し、キーウは数日のうちに制圧されるだろうという敵も味方も含む大方の予想を覆し、あれから2年以上も強大な敵への降伏を拒んで戦い続けている。ただ、爆撃機や対艦ミサイル、潜水艦や魚雷、機雷やドローンと違い、戦う意志というものには形がない。戦争が起きる前に、国の意志を計り知ることは難しいのだ。

台湾は新しい軍事文化を採り入れなければならない。こうした台湾の文化の移行を支援するのに米国が主要な役割を果たすことは可能であり、またそうしなければならないのは確かだが、台湾が目指すべきは米軍ではない。同じように厳しい戦争に直面している国、たとえばエストニア、フィンランド、ウクライナ、イスラエルを模範とするのがいいだろう。

２０２３年６月、私はイスラエルの元将校と国家安全保障担当官とともに台湾を訪れ、軍高官や文民指導者と話をした。彼らによると、イスラエルでは若い男女が複数年の兵役義務に就く。また、イスラエルの予備役部隊は台湾よりも規模ははるかに小さいが、実戦を踏まえた訓練を頻繁に実施して、国防の中軸としての役割を果たしている。イスラエル社会では、兵役が非常に重んじられているという。正式な同盟国をもたないにもかかわらず、イスラエルは数のうえで勝り高度な技術力を有する敵に立ち向かい、１９４０年代以降すべての戦争に勝利してきた。

２０２３年10月７日にハマスの攻撃を受けてから、国内で政治的意見の激しい対立はあったものの、打倒ハマスで一致団結すると、イスラエル兵士の精神は再びその強さを発揮した。第６章の著者――そのうちのひとりはイスラエルの退役軍人で、子息たちは今日もハマスやヒズボラを相手に戦っている――は、台湾は大きな社会的強み、すなわちより戦略的な文化を醸成することで地理的弱点を補うべきだと主張する。

中国による台湾封鎖を突破して侵略を阻止するには何が必要かを、台湾の同盟国も明確に認識する必要がある。台湾戦争に勝利するためには、米国民はこれまでウクライナに実施してきた間接的な支援をはるかに上回る大きな犠牲を払わなければならない。米国が直接参戦しなくても台湾が長期間中国に抵抗を続けられるという希望は、まるで現実的ではないのだ。現在のウクライナ支援が1941年の武器貸与法（訳注／第二次世界大戦中、参戦前の米国が武器や軍需物資を連合国に供給することを認めるために定められた法律）による英国はじめ連合国に対する間接支援のようなものだとすれば、中国の攻撃の渦中にある台湾に対する米国の支援は、1950～53年の朝鮮戦争への直接参戦に近いものになるだろう。

だからなおのこと、戦争を抑止することが望ましく、重要なのである。だが、米国や欧州の政治的議論に影響を与えてきた1930年代の孤立主義が抑止の足を引っ張っている。そうした孤立主義に対抗できるただひとつの手段——戦争を除いて——が、道徳的勇気（訳注／逆境にあってもくじけることなく、正しい行いを実行しようとする気持ち）に溢れたリーダーシップだ。この点について、自己を省みるべきは台湾だけではない。幸いにも、歴史を振り返ってみれば米国にはヒントになるエピソードや模範とすべきリーダーがいる——1940年代前期のルーズベルト大統領、1940年代後期のトルーマン大統領、1950年代のアイゼンハワー大統領。1960年代のケネディ大統領、そして1980

年代のレーガン大統領などだ。

＊＊＊

最後に、複数の戦争が同時発生した場合の抑止について述べておきたい。

２０２３年10月19日――イスラエルがいくつかの前線で戦いを展開するのと時を同じくして、米軍とイラン代理勢力はシリアとイラクで戦火を交え、ウクライナは国の存亡を賭けた戦争を2年近く続け、北朝鮮はプーチンの軍事機構に武器や弾薬を供給していた――に、バイデン大統領はホワイトハウスの執務室から粛々と演説を行った。大統領は、「われわれは歴史の変曲点に直面している。今日の意思決定が数十年先までの未来を決定することになる、歴史的瞬間だ」と、語り始めた(28)。

このときは中国についての言及はなかった。とはいえ、演説のなかでバイデンが糾弾したロシア、イラン、北朝鮮といった失地回復主義（訳注／戦争などによって奪われた自国の領土を奪い返そうとする思想）の専制国家にとって、北京がプロパガンダの原動力であり、経済的、外交的支援国でもあることは確かだ。

中国はモスクワ、テヘラン、平壌に対する支援の範囲を公にしていないが、不都合な現実を覆い隠しておくことはできない。2022年のロシアによるウクライナ侵攻直前、習がプーチンに「無制限の」協力関係を築くと約束したことや、1200人以上が殺害された2023年10月7日から3週間とたたないうちに、ロシアとイランの政府高官、テロ集団ハマスの幹部との「三者」会談がモスクワで行われたことからも、これら四つの国の目的と行動が相互関連を深めているのは明白なのだ。

日和見的に行動しているにせよ、大いなる構想に従って動いているにせよ（その両方の可能性が高い）、習がいまの状況を好都合とみなしていることは間違いない。複数の大陸で同時に起きている危機は、米国とその同盟国を疲弊させ、台湾への攻撃準備を整える余裕を中国に与えている。

実はこの数年、習もバイデン同様に世界が歴史的な変曲点を迎えたと考えていることがうかがえる発言をしている。違うのは、習の視点から見ればそれがこのうえない吉報だということだ。

「昨今の世界の特徴は『混沌』という言葉で言い表すことができ、この傾向はしばらく続くだろう」と、2021年1月に行われた高級官僚のためのセミナーで習は語った(29)。そのとき、これは有利な展開だと習ははっきり述べている。「時と趨勢はわれわれの味方である。全体として機会は課題よりも大きい」

習が長年このために準備してきたことは、公式の文書からもわかる。「習近平思想」が盛り込まれた2018年発行の軍の教科書は「部外秘」とされているが、そこには次のような記述がある。

世界はいま、かつてない大きな移行期を迎えている。その根底にあるのが、次の四つの変化である——米国は弱体化し、中国は強大化し、ロシアは攻撃的になり、欧州は混沌に陥る。［中略］中国の国民国家が台頭し、中華民族の精神が復興している。これは歴史的な転換点なのだ。(30)

以来、習は、現状から恩恵を受ける者にとどまらず、みずからそれを切り拓く者としてふるまっている。ロシアとウクライナの全面戦争が始まって1年以上が経った2023年3月、ウラジミール・プーチンとの協力関係を強化するために習はモスクワを訪問した。クレムリンを去る際、習がこう言ってプーチンに語りかける姿が動画に収められている。

「いま、100年間見たこともなかった変化が起きている。われわれがそれを推し進めているのだ」(31)

中国を抑止するための現実的で有効な戦略を、欧州や中東の紛争と切り離して策定することはできない。世界で起きている危機は相互に関連しているので、その対応策にも関連性がなければならないのだ。ウクライナとイスラエルで失敗した以上、同じことをしていては台湾でも失敗に終わる可能性が高い。なかには、中国抑止を成功させるには、米国はウクライナやイスラエル、その他の同盟国に対する支援の優先度を下げなければならないという意見もあろう。確かに、優先順位付けは(下げることも含めて)戦略にとって最も重要だ。(32)台湾の敗北を阻止するためには、必ずや米軍が直接介入し戦わなければならなくなる。この事実とそれに伴う危険を考慮すれば、米国が中国に戦争を思いとどまらせ、必要ならば戦争で中国に勝てるだけの力をつけることに軍事リソースの圧倒的大部分を注力すべきであることに、疑問の余地はほとんどない。

とはいえ、欧州や中東の紛争を軽視する戦略は、迂闊にも危機を深刻化させ、ほかの場所での武力攻撃を誘発するリスクをはらんでいる。そうなれば、習にとって明らかに好都合な世界の「混沌」は深まり、民主主義は脆弱だとの認識に拍車がかかる恐れがある。そのような状況では、たとえ中国に焦点を当てた堅固な防衛政策をとったとしても、それが効果を発揮し続けるのは難しいだろう。

いまなら、この手ごわい戦略をやってのけるチャンスはある。民主主義国にとって心強いのは、ウクライナとイスラエルの人々が第三国に犠牲を求めることなく、彼らの戦う意志と能力の強さを証明してみせたことだ。どちらかの国が敗北した場合に被る甚大な被害——人命や財産——に比べれば、民主主義国が経済支援や武器弾薬の供給を通じて万全の支援を行うほうが、経済的で賢明ではないだろうか。

(GDP比で算出した)防衛支出を冷戦時代の平均的な水準に引き上げれば、米国、欧州、日本、韓国、オーストラリア、その他の同盟国は、イラン、北朝鮮、そして何といっても中国などの専制国家が保有する兵器量に匹敵する新たな「民主主義の武器庫」を構築することができる。財政支出を活用し異例の方法で民間企業に働きかければ、武器製造能力を迅速に高めることもできるだろう。2020年に米国政府が民間企業と協力し、記録的なスピードで新型コロナウイルスのワクチン数億本を生産した「ワープ・スピード作戦」がよい例だ。

これらを実行に移せば、欧州や中東で国を守る戦いを続ける仲間に兵器を供給できると同時に、中国を抑え込むのに必要な軍需品も備蓄できる。ウクライナ支援のために国防省が兵器や装備品の製造ラインを稼働させ、古い備蓄品を新しいものに入れ替えた結果、中国との戦争に備える米国の調達能力が向上したことを示す証拠もすでにある。[33]

時間は刻々と過ぎている。外交声明や公式声明も抑止策としては重要だが、台湾で地政学的悲劇を起こさないよう中国を説き伏せるカギは、軍事的ハードパワーという明白な形で強さを見せつけることにある。20世紀に冷戦を冷戦のまま終結させたのは軍事力だ。習が一か八か戦争に打って出るのを阻止できるのもまた、軍事力なのである。

第2章
台湾有事の影響

ガブリエル・B・コリンズ
アンドリュー・S・エリックソン
マット・ポッティンジャー

フォルモサが敵対国に支配されるような事態は、
米国にとって最悪の災いとなるだろう。迅速な対応が肝心だ。
——ダグラス・マッカーサー、1950年6月14日これからの10年に米国と同盟国は数多くの地政学的惨事に直面する可能性があるが、そのどれもがかすんで見えるほど、中華人民共和国（中国）による強制的な台湾併合が及ぼす影響は深刻だ。

あのような小さな島でありながら、地政戦略的、経済的、概念的な台湾の重要性は非常に大きい。台湾が中国の支配下に置かれれば、その影響は予想以上に広範囲に及ぶとみられる。あなたがアジアの民主主義の未来を案じているか、現実の政治だけを冷静に考えたいかにかかわらず、台湾の運命は大きな意味をもつ。自由主義だろうと保護主義だろうと、台湾併合は国際貿易を揺るがす重大な問題をもたらすだろう。台湾の半導体製造工場が侵略後中国によってみごとに復活しようと、西側の制裁を受けて稼働を停止したままになろうと、どちらにしても先進民主主義国は深刻な経済的苦境に陥るだろう。とどめの一撃は、米国の「拡大抑止」（訳注／同盟国への攻撃も自国への攻撃とみなし、報復する意志を示して同盟国への攻撃を他国に思いとどまらせること）の効果に対する信頼が薄れた結果起きる、核兵器開発競争だ。

（原注）本章は『フォーリン・アフェアーズ』誌にも収められている。以下を参照。Andrew S. Erickson, Gabriel B. Collins, and Matt Pottinger, "The Taiwan Catastrophe: What America — and the World — Would Lose If China Took the Island," Foreign Affairs, February 16, 2024.

1950年6月14日、連合国軍最高司令官として日本に進駐していたダグラス・マッカーサー元帥は、米国政府に極秘のメモを書き、台湾（当時はフォルモサと呼ばれていた）が友好的、あるいは少なくとも中立的な政府によって統治され続けることが「何よりも重要」だと指摘した。その頃、共産主義者が東南アジアで起こした激しい反乱や、一触即発の朝鮮半島の状況によって、この島の戦略上の重要性は際立つ一方だった。「フォルモサが共産主義者の手に渡ることは、ソ連が攻撃戦略を実行に移し、沖縄やフィリピン基地に駐留する米軍の反撃作戦を阻止するうえで理想的な場所に不沈空母や潜水母艦を配備する事態に相当する」とマッカーサーは記した。大日本帝国が台湾を東アジアの向こうを標的にした「軍事攻撃の跳躍台」としてどう利用したかを例に挙げ、共産主義勢力も同じことをやりかねないと警告した。マッカーサーはまた、台湾が中国のものになった場合のイデオロギー的、「道徳的影響」を取り上げ、台湾の人々は「共産主義警察国家の命令に縛られない空気のなかで、未来の政治を自身で築いていく機会」を与えられるべきだと述べた。さらには戦後のアジアにおける食糧の純輸出国、そして将来の「繁栄した経済主体」としての台湾の重要性も強調している。(1)

驚くべきは、マッカーサーが1950年に懸念したリスクが今日もなお存在し、当時よりも深刻度を増しているということだ。

マッカーサーのメモから数十年のあいだに、台湾市民は中国の対岸で本物の民主主義を構築し、まさに「未来の政治を自身で築いていく」機会を手に入れた。それだけに、そんな政府が滅ぼされた場合の戦略的リスクはこのうえなく高い。世界ではいま、「至るところで民主主義が著しく衰退し、長い間苦境にあえいでいる」と語るのは、民主主義研究者のラリー・ダイアモンドだ。「征服が避けられない情勢になれば、あるいは最終的に台湾が陥落すれば、近隣諸国のほとんどは中国支配の強まりによって溺れ死ぬくらいならその波に乗るほうを選ぶだろう」とダイアモンドは書いている。(2) もしその言葉どおりの現実が起きれば、中国文化を受け継ぐ多くの人々によって打ち立てられた世界初の自由民主主義は中国によって抹殺され、北京の全体主義統治に代わる有効で魅力的な政治体制が存在する生きた証も消えてしまうだろう。

今日の経済やテクノロジーにおける台湾の重要性も、75年前のマッカーサーの想像をはるかに超えている。台湾併合によって中国は、21世紀の最も戦略的な産業を支える半導体製造を牛耳ることになる。台湾の製造工場が損傷を受けず、稼働できる状態のままなら、中国は全世界への最先端の半導体供給を一手に握るだろう。反対に、工場の運転再開が難しければ、諸国は性能の劣る旧世代の半導体チップで妥協せざるをえない。しかも、その場合も間違いなく中国が最大の生産国になる。ハイテク産業のサプライチェーンを支配して他国より優位に立つという明白な戦略をもつ北京は、経済や貿易を再構成し、米国の力と他の先進民主主義国の産業力を弱める敵対的な体制を一方的に押しつけてくるに違いない。(3)

台湾の高性能半導体が世界市場から姿を消せば、もちろん中国経済も大きな打撃を被る。とはいえそれはほかの国も同様だろう。マルクス・レーニン主義に依って立つ北京の支配者はゼロサム的な権力観（訳注／権力は利益の収奪によって成立しており、権力を行使して支配者が奪ったものと服従者が奪われたものを足せばゼロになるという考え方）をもっているため、最終的に中国が世界トップの半導体生産国になるのであれば、それだけの犠牲を払う価値があると考えるかもしれない。

さらに、地政学的観点からみると、台湾の陥落によって米国を中心とした同盟の信頼が大きく損なわれる可能性がある。この先米国は、米国を世界の大国たらしめる軍事的、商業的アクセスを失うリスクがある。中国は米国が抜けた穴を埋めるときをいまかいまかと待ち受けている。その後、信頼を失った同盟国、そして敵対国に核兵器が拡散すれば、因果は巡り、世界情勢は不安定になる。

中国が台湾の強制統一を大規模な戦争を起こすことなく成し遂げたとしても、その影響はきわめて大きいだろう。

もしかすると、長期的な激しい戦闘に至らない段階的な措置をとるのが、中国にとってベストの戦略なのかもしれない。そのほうが、曖昧さをうまく利用して、台湾が正式に法律上の独立を宣言した場合を除き、効果のない活動から面目を保ったまま撤退できるうえ、台湾、米国、日本などをジレンマ——中国に立ち向かって情勢を「不安定化」させたとの批判を招くか、それとも中国がいっそうの現状変更を試みて台湾支配を強めるのを黙って見ているか——に陥らせることができるからだ。そうしたアプローチなら、台湾の工業・技術インフラを無傷なまま手に入れることも可能だ。[4] したがって、「平和的再統一」と「戦いなき勝利」を求めて、中国はまず「三戦」と呼ばれる輿論《よろん》戦、心理戦、法律戦の活用を含む統一戦線工作（訳注／主要な敵に対抗するためには、意見が合わない勢力とも手を組むという、中国が伝統的に重視してきた闘争方法）に着手し、台湾の民主主義を弱体化させ、人々の抵抗する意志を弱めようとするだろう。[5]

全面戦争にせよ疑似戦争にせよ、中国が人々の意志に反して台湾を併合すれば、世界秩序は混乱し、第二次世界大戦以降で最もその形を一変させ、最高指導者の習近平が演説でたびたび示唆する「100年見たこともなかった変化」がはっきりと見えてこよう。現在70代前半の習にとって、壮大な野望を追いかける時間は限られている。その点を踏まえて、中国が台湾を攻撃した場合に想定される影響のなかでも、特に早急に検討する価値があると考えられるものを以下で見ていこう。(6)

重要な影響その1　アジアその他の地域で民主主義に暗雲が垂れ込める

1996年、台湾市民は初めて直接投票によって総統を選んだ。4年後の選挙では野党の候補を総統に選出し、数十年に及んだ国民党一党優位の政治体制に終止符を打った。以来民主主義は深く根づき、台湾は4～8年ごとの整然とした政権移行だけでなく、経済的、社会的にめざましい発展を成し遂げることができた。

・台湾は言論の自由と結社の自由を謳歌し、調査機関エコノミスト・インテリジェンス・ユニットが発表する民主主義指数（訳注／国の政治の民主化の度合いや市民生活の自由度などを評価した指数）では「完全民主主義」に分類され、ほかのアジア諸国をはじめ英国、米国を超える世界第8位（訳注／2024年発表のデータでは世界第10位）となった。

・台湾は世界で最も経済的に公平な社会のひとつで、平均所得が最高水準でありながら所得分配の格差が相対的に小さい。2023年には人口ひとり当たりのGDPが日本を超えた[7]。

・国連開発計画が発表したジェンダー不平等指数によると、2019年の台湾のジェンダー平等の状況は世界第6位。国会における女性議員の比率は40パーセント以上とアジアトップで、連邦議員に占める女性の割合が28パーセント以上の米国を上回る。また、これまでに二度選挙で女性が総統に選ばれているだけでなく、いくつかの主要都市では女性が市長を務めている。先住民やマイノリティの権利擁護においても傑出している。2019年にはアジアで初めて同性婚を合法化した。

別の重要な観点から見ても、台湾は民主主義国として抜きん出た存在だ。一部の民主主義国に自治への不信感が広がるなかにあって、台湾では民主主義への信頼が高まっているのだ。2022年の台湾民主基金会の世論調査では、台湾人回答者の四分の三は、民主主義にも問題はあるものの、それでもなお最良の制度だと信じていることがわかった。[8] しかも米国と爽快なまでに対照的なのは、台湾では若年層ほど民主主義への信頼が大きいことだ。[9]

台湾海峡の向こう側の政治を考えれば、このことがいかに大きな意味をもつかがわかるだろう。何しろその国では、多くの台湾人と言語的、文化的遺産を共有する十億を超える人々が、専制主義――ひいては全体主義――の支配下に置かれているのだ。中国共産党が繰り返し主張する政治的合法性とは相反する、台湾の政治モデルに刺激を受けている中国市民は数多い。

中国の指導者は長年、西側の政治形態を猿真似していると台湾を風刺してきたが、欧州自身が捨て去って久しい20世紀初頭の欧州型政治のモデルを勝手に採り入れたのは、実は中国のほうなのだ。2022年の終わり、街頭で仲間と抗議活動をしていたある中国人が、外国勢力に操られていると非難されて言い返す姿が動画に収められている。「じゃあ聞くが、『外国勢力』とはいったい誰のことだ？　マルクスとエンゲルス？　スターリン？　それともレーニン？」[10]

民主主義の選択肢としての台湾を失えば、中国系の人々が圧倒的多数を占める社会が実行してきた、人々の手による多党制自治の実験は終わりを迎える。中国などに民主主義を広められる芽もこれで摘まれてしまうだろう。

重要な影響その2　中国はアジアの覇権を握り、やがて世界の覇権をほしがるようになる

台湾を併合すれば、それで中国の動きは止まるだろうか？　ウラジミール・プーチンがウクライナで起こした戦争を見るにつけ、失地回復主義者の大国が抱く野望が底なしであると改めて思わざるをえない。東シナ海では日本の尖閣諸島（釣魚島）の行政的支配に挑戦し、南シナ海ではほかの5カ国と領有権を争っている。不吉なことに、中国は地図や公式のプロパガンダを通じて沖縄を含む琉球諸島に対する日本の主権、ならびにロシアの極東支配の合法性にすら疑問を呈している。

琉球諸島を巡る動向はすでに警戒対象である。習が国家主席の座に就いて間もない2013年、中国共産党中央委員会の機関紙『人民日報』の論評が、琉球諸島は「中国にも日本にも属さない」と提起したことをきっかけに、東京と北京のあいだで非難の応酬が始まった。[11]その執筆者のひとり、李国強は習の任命を受けて中国歴史研究院の副院長を務

めており、習は2023年にそこを訪れている。[12]

2023年3月、新駐日中国大使が沖縄県の副知事と面談し、沖縄の「独自外交」を支持すると発言した。[13] 2023年5月には、中国人民解放軍の統合参謀部元副総参謀長である孫建国海軍上将が、日本の自由民主党訪問団との会合で台湾を沖縄にたとえ、「みなさんには中国政府の立場に立って考えていただきたい。琉球は元々中国の支配下にありました。もし私が沖縄は独立を求めるべきだと言ったら、どう思いますか?」と述べた。[14]

2023年6月4日、『人民日報』は一面の特集記事で習が中国国家版本館を視察し、中国の「歴史の継承」について語ったと報じた。記事によると、学芸員が明朝時代(1368~1644)の外交使節団について記された『使琉球録』を指し示し、この古文書には尖閣諸島が中国の領土であることを明らかにする「政治的に重要な役割」があると説明したという。[15] 習はそこでもうひとつ、清朝時代の地図である「大清萬年一統地理全圖」(大清帝国の完全な世界地図)も見ている——その姿は、ウクライナ侵攻を正当化する古地図や古文書を眺めるプーチンを彷彿させた。[16] その地図には琉球も台湾も中華帝国の一部と解釈できるように描かれている。[17]

台湾が中国に支配されるようになれば、日本は領土防衛においてきわめて弱い立場に立たされる。なぜなら日本の防衛構想が、いわゆる第一列島線に近づき、そこを突破して進もうとする中国の海軍艦艇や戦闘機を危険にさらす能力にかかっているからだ。日本の防衛体制を機能させるには、台湾を中心に日本列島やフィリピン列島を含む第一列島線全体を友好国の手中にとどめておかなければならない。台湾が人民解放軍の基地になれば、まさしくマッカーサーの警告どおり、そこには「不沈空母や潜水母艦」が配備され、日本の安全保障は非常に不安定な状況に置かれることになろう。中国軍の軍事ドクトリンはこの点を正確に指摘し、人民解放軍空軍の教本も以下を強調している。

台湾が中国本土に再統一されれば、日本のシーレーンは完全に中国の戦闘機及び爆撃機の射程圏内に入るだろう。［中略］海上封鎖によって［中略］日本の経済活動と戦争遂行能力が壊滅状態に陥ることは分析により明らかだ。［中略］海上を封鎖すれば海路による貨物輸送は滞り、日本列島を大規模な食糧不足に追い込むことさえ可能である。(18)

東アジアで揺るぎない支配的地位を確立すれば、習は中国優位の世界を実現する企てに思う存分邁進するだろう。再統一に成功したあとは、長年台湾を手に入れるためだけに注

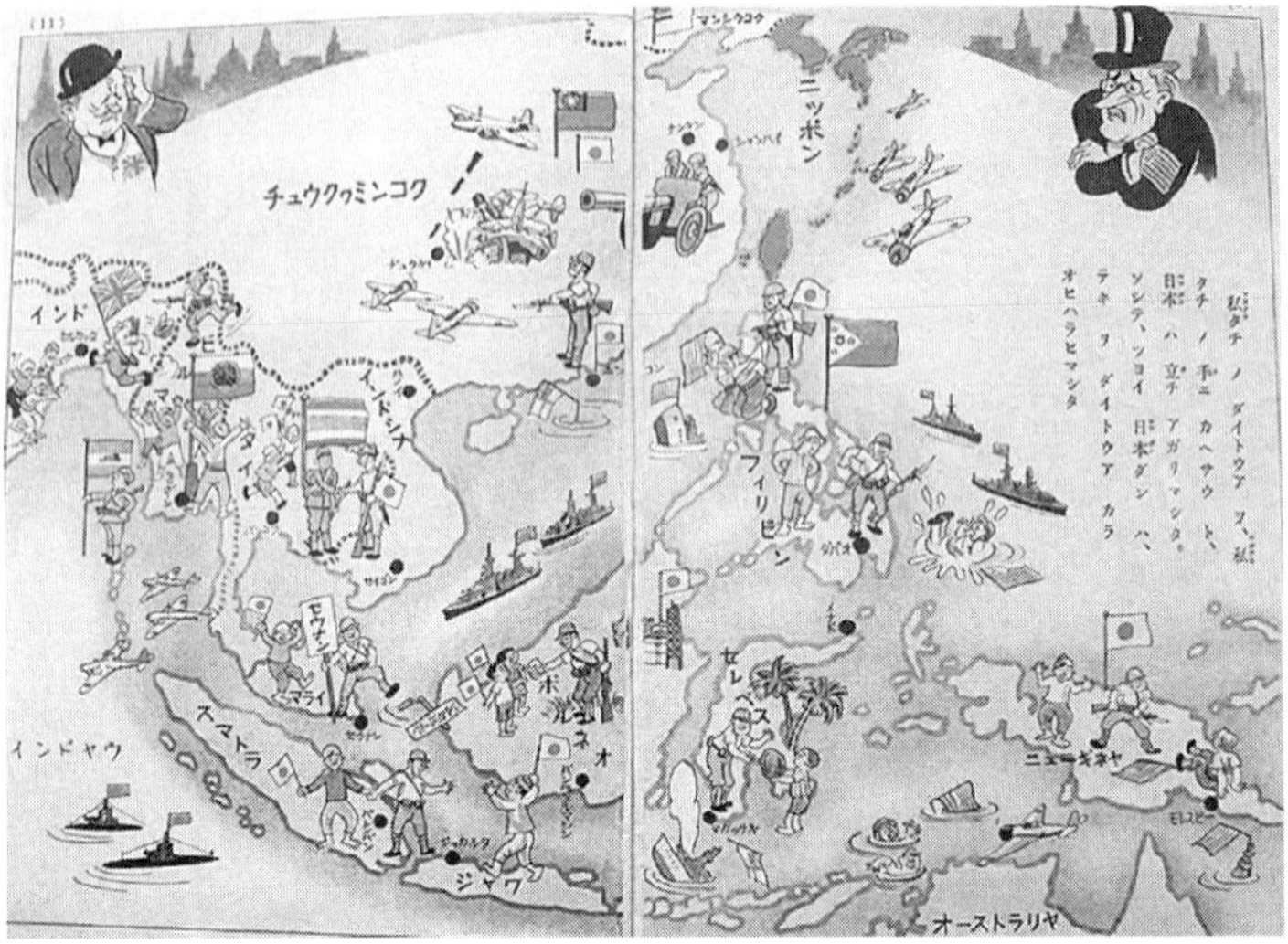

1943年に日本のプロパガンダとして作られた地図には、日本軍がアジアの国々を欧米帝国主義から「解放した」様子が描かれている。その後マッカーサーがメモで警告したように、攻撃者にとって台湾は「跳躍台」の役割を果たすと考えられる。CPA Media Pte Ltd ／ Alamy Stock Photo

いできた強大な軍事力、計画策定や訓練のためのリソースを、太平洋、インド洋、ひいては大西洋で力を誇示するために使うことができる。実際、中国はアルゼンチンや西アフリカ、さらにはキューバにまで軍事拠点をすでに建設しているか、建設を予定しているという。また、北京は「世界クラス」の軍構築を目標に掲げ、世界で自国の国益を守るためには必ず武力を行使すると宣言している。習が提起する「人類運命共同体」構想の要素として、中国が「グローバル安全保障イニシアティブ」、「グローバル発展イニシアティブ」、「グローバル文明イニシアティブ」を打ち出したことからわかるように、そうした国益の範囲は拡大している。[19]

目の前にあるのは、1939年にフランクリン・デラノ・ルーズベルトが警告した戦略的危機だ――「欧州を支配する国は、すぐにでも世界全体に勢力範囲を広げることができるだろう」。[20] 東アジアはいまや、85年前の欧州と同じく世界の経済とテクノロジーの中心地である。欧州は世界経済の舞台で存在感を失っていったが、敵対する中国によって戦略的利益が損なわれれば、米国も同じ道をたどりかねない。中国が台湾を手に入れることは、米国の戦略的利益にとってとてつもない脅威なのだ。

重要な影響その3　半導体と高度なテクノロジーを牛耳られる

今日の半導体には、20世紀の石油と並ぶほどの重要性がある。世界の半導体生産額は年約6000億ドル。[21] この半導体は合わせて数兆ドル相当の製品に組み込まれ、それらのデバイスによって提供されるサービスの額は年間数十兆ドルに達する。[22] 半導体チップはスマートフォン、データセンター、人工知能（AI）のようなハイパフォーマンス・コンピューティング・アプリケーション、さらには航空機や自動車、ツール、機械類、その他多くの必需品の電子制御システムに搭載されている。

ただし、石油とは異なり、最新世代のシリコンチップ（回路線幅５ナノメートル以下）は現在台湾の台湾積体電路製造（ＴＳＭＣ）と、かなり規模は小さいが韓国のサムスン電子の２カ所でしか製造されていない。台湾は世界の半導体生産能力の半分以上を占め、最先端半導体チップとなるとその割合はもっと高く、生産の約90パーセントを担っている。[23]台湾の強制併合の余波は米国民の安全と幸福に悪影響を及ぼすだろう。その大きさは、１９９１年の砂漠の嵐作戦が失敗に終わり、サダム・フセインがクウェートの支配権を握り続け、当時世界の石油生産量の約27パーセントを支えていた生命線、ペルシャ湾のエネルギー資源を意のままにしていたと仮定した場合に想定される影響をはるかにしのぐ。[24]つまり半導体製造における台湾の重要性は、石油でいえば石油輸出国機構（ＯＰＥＣ）のすべての加盟国を合わせても届かないほど桁外れに高いのだ。

台湾を併合すれば、中国は21世紀のテクノロジー経済の根幹をなす工業材料を一手に握る。中国はいっそう豊かになり、その供給に依存する民主主義国に大きな力をふるい、世界の卓越した地位に上り詰めるだろう。

ロシア産の安価なエネルギーがドイツの経済力にとってそうだったように、豊富な台湾製半導体は世界の技術進歩にとっての主要な起爆剤だった。[25] 台湾メーカーが効率的に生産規模を拡大していったおかげで、トランジスターの価格は現在1個当たりわずか1セントの数十億分の一（驚くほど高性能の半導体チップでも数十ドルから数百ドル）だ。ただし、リソースの種類が多様で、何かの供給が止まっても別のもので代替可能なエネルギー供給とは違い、最先端の半導体にそのような代用性はない。

台湾製半導体の供給が大幅に乱れれば、人類のテクノロジーの進歩は減速し、たちどころに世界経済は縮小、その後長年にわたって成長は鈍化するだろう。というのも、シリコンウェハー、フォトレジストや特殊ガスなどの化学物質、その他の材料を製造する多国籍サプライチェーンの規模と複雑さからすると、台湾の高性能半導体製造工場に代わる新たな生産ラインをどこかに確立し、製品の供給を始めるのに数年はかかるとみられるのだ。[26] 半導体チップは自動車のほか、最先端の創薬研究やゲノム研究を可能にする高性能のコンピューター設備などあらゆるものに使用されているので、サプライチェーンの復帰にかかる時間の長さは重要だ。[27]

たとえ戦争の被害を免れたとしても、台湾の半導体製造工場を戦争前の生産水準まで復興させるには相当な苦労が伴うかもしれない。高度な知識をもつ台湾の半導体エキスパートの多くが海外に脱出する可能性は言うに及ばず、電気、ソフトウェアのアップデート、外国製の装置、保守、化学製品、エンジニアリングが戦争によって崩壊すれば、台湾の工場が受けるダメージは長時間の酸素欠乏が人間の脳に与えるそれに匹敵する。しかも、世界の民主主義国が戦後に課す経済制裁により、その状況が数カ月、数年と続く恐れがあるのだ。[28]

台湾有事後に世界を襲う経済の混乱は、2007~2009年の世界金融危機、2020年代初頭に起こった新型コロナウイルスのパンデミックによる経済活動の停滞をもはるかに超えるに違いない。米国会計検査院（GAO）の概算では、世界金融危機の際の累積損失は米国だけでも22兆ドルに上った。[29]金融市場関係者のなかには、半導体供給が止まれば経済はさらに悪化するとの見方もある。たとえば、シタデル（訳注／米国の多国籍ヘッジファンド会社）最高経営責任者のケネス・グリフィンは2022年11月の会議で、「台湾製半導体が入手できなくなれば、米国のGDPはおそらく5~10パーセント低下する。世界大恐慌は目の前だ」と語っている。[30]

第二次世界大戦は少なくとも過去120年間で最大の打撃を経済に与え、1944~1945年の世界のGDP損失は6パーセントとピークに達した。[31]だが米国の経済規模は、戦争の下に国民の力を結集し、不況のため稼働していなかった工場を動員して「民主主義の武器庫」を構築した1939〜1945年に約2・5倍拡大している。[32] そのため、世界全体で見た経済悪化による損害は、最終的には大幅に低い水準となった。米国の工業生産能力など、第二次世界大戦当時あったプラスの前提条件は、いまは何ひとつない。したがって、台湾製半導体を失えば第二次世界大戦を彷彿させる経済の行き詰まりが現実になるだろう。影響は複雑にからみあって事態を悪化させ、不況は少なくとも数年は続くことになる。

重要な影響その４　経済・貿易の再編成が米国に不利に働く

１世紀以上前、歴史家ニコラス・ランバートは次のように述べた。「世界貿易の仕組み（及び高度な貿易）を効率的に機能させることが、大英帝国の繁栄と強さにとって不可欠だった」。[33] 国内政治や国際政治を巡る状況は異なるが、ポスト帝国主義時代の今日の米国の経済的立場は、全盛期の大英帝国のそれに近い。そう考えると、この数十年間、ときおり発作のように孤立主義に傾いても、結局のところ米国が国の繁栄は自由で開かれた世界へのアクセスや堅調な貿易の流れと密接につながっているとの認識に基づく戦略をとってきたのはなぜか説明がつく。世界へのアクセスが制限され、輸出が妨げられれば、米国の力と地位にじわじわと大きな害が及んでいくのは言うまでもない。

現在、そして今後も東アジアが最大かつ最もダイナミックな世界経済の中心地である以上、台湾侵攻後の世界秩序による東アジアとの貿易の減少は、米国にとって特に影響が大きい。東アジア・太平洋地域は購買力平価で世界のＧＤＰの三分の一を占め、その規模は、米国のおよそ2倍に当たる。

米国が東アジアで得られる経済機会の減少は、強制的な台湾併合後の見通しとして非常に現実的と言えるだろう。歴史が明らかにしているように、覇権固めと敵国の経済発展の制限には強い相関関係がある。２０１８年に『フォーリン・アフェアーズ』に掲載された論文で、ダートマス大学准教授のジェニファー・リンドは「中国が支配するアジアでの生活」はどうなるかを問い、次のように指摘している。「大国は安全保障のために近隣諸国を支配するのが常である。強大な経済力を武器に、軍備を増強し、外敵を排除し、地域の国の制度や文化をいいように利用してみずからの影響力を揺るぎないものにしようとするのだ[34]」

前述したとおりに台湾陥落後に日本が自国の防衛に苦慮するとしたら、フィリピンはじめ他の東南アジア諸国が直面する状況はもっと厳しいものになろう。第一列島線が一部でも掌握されるような事態になれば、中国は世界で最大の人口を抱え経済活動が活発な東アジア、東南アジア、インド太平洋地域への米国のアクセスを難しくすることができる。

米国は、故ヘンリー・キッシンジャー（訳注／元米国務長官）が語ったとおりの、「世界の沖に浮かぶ島」になっていくのだろうか[35]。

覇権を握った中国は外敵（その筆頭が米国）に対する不寛容さから、米国企業との堅固な取引・投資関係の継続を求めるアジアの国々に対し、経済はじめさまざまな面で圧力を強めると予想される。そう考えると、近年のアジアにおける行動からも、中国が経済分野で米国に取って代わろうとしていることは明らかだ。信頼できるマレーシアの研究者は、中国は東南アジア諸国連合（ASEAN）加盟国間の貿易取引での人民元建て決済を拡大しようとしていると述べ、「それは取引の利便性を高めるためではなく、米国に対して優位に立つためだ」と指摘した[36]。

ASEAN諸国はドルか人民元かの二者択一を強いられるのは望まないだろうが、中国の行動とそれに対するアジアの国々の反応を見る限り、台湾の強制的な併合に成功し、想定どおり米国のプレゼンスと役割を弱められた後に、北京が「中道」を行く見込みはなさそうだ。

重要な影響その5　核兵器拡散

台湾併合後、米国の安全保障へのコミットメントに対する信頼が欠如したままなら、主要国のあいだで独自の核兵器開発のインセンティブが高まるだろう。

この60年、米国の核の傘は中国の核兵器開発、1972年に始まった米中国交正常化に向けた動き、1975年のサイゴン陥落とベトナム戦争での米国の敗北、ジミー・カーターが在韓米軍の撤退を公約に掲げて勝利した1976年の大統領選挙、インド、パキスタン、北朝鮮の核兵器の保有といったさまざまなできごとによってその有効性が試されてきた。しかし、経済、テクノロジー、軍事の分野において傑出していた米国の力に対する信頼は揺らぐことなく、米国は影響力を行使して、中国と北朝鮮を除く東アジア、東南アジアのほとんどの国に核武装を思いとどまらせてきた。ワシントンは第一級の核の傘による庇護という「飴」を与えながら、核兵器保有を主張する国々を経済、テクノロジー、軍事面で締め出す「ムチ」を振るうことができたのだ。

台湾の強制統一で動揺する東アジアの情勢は一変し、各国のリーダーたちは核兵器の必要性を感じるようになるかもしれない。核兵器開発に最も近いと思われるのが日本だ。日本は六ヶ所村にある世界第3位の規模の商業用再処理工場を含む、完全な核燃料サイクルを国内に保有している。[37] 加えて日本はすでに世界最大量とも言われるプルトニウム（2021年末時点で約45トン）を保有し、うち9トンを国内で管理している。プルトニウム1トンと言えば、原子爆弾「ファットマン」（訳注／米国が長崎に投下したプルトニウム型原子爆弾）162個、現代の熱核兵器用の「ピット」なら250個を製造できる量だ。[38]

暗殺される数カ月前の2022年2月、安倍晋三元総理大臣は、米国と北大西洋条約機構（NATO）加盟国のベルギー、ドイツ、オランダなどとのあいだで行われている「核共有」の日本への導入について言及した。核共有とは核兵器を保有しない国が自国の基地に米国が管理する核兵器を配備し、有事の際は米国の同意の下で米国及び配備国が核兵器搭載可能な航空機によって運搬し使用する、核の共同運用の仕組みである。[39] 安倍はそのとき、ウクライナがソ連崩壊後も核の保有を続けていれば、ロシアによる侵攻は抑止できたかもしれないとも述べている。[40]

一方、韓国には世界有数の民生用核開発計画があり、26基の原子炉を稼働させているが、現在のところ核燃料サイクル・システムをもたず、核兵器製造に必要なウラン濃縮・再利用（「プルトニウム回収」）施設は国内にない。[41] にもかかわらず、ソウルではいま核兵器開発を巡る議論が政治家のあいだで活発に行われている。差し迫った戦略的状況の下、世界水準を誇る韓国の科学界と産業基盤が動員されれば、ソウルが配備可能な核分裂装置を数年のうちに開発できると考えるのは筋が通っているだろう。[42]

ひとつの問題は、日本の核武装化に中国がどう反応するかだ。中国の指導者たちは、２０２２・２０２３年の「中国の軍事力・安全保障の進展に関する年次報告書」が２０３５年までに中国が保有すると予測する１５００の核弾頭を大きく上回る数の核兵器が必要だと結論づけるかもしれない。[43] その判断は米国とロシアの核保有量を大きく左右するだろう。米国が保有する核の構成を見直すことに、日中間で核競争が起こる可能性を併せて考えると、東西冷戦時代にはなかった不穏なシナリオが少なくとも二つ提起される。最初のシナリオでは、米国の軍事計画担当者のあいだに、ロシアと中国が米国とその同盟国に対抗し共同で核の前線配備を進める懸念が生まれるだろう。冷戦時代には、そうした懸念が現実のものになることはなかった。それは、兵器開発技術、軍の構造、軍事態勢が著しく限られていた当時の中国が最小限抑止戦略をとっていたうえに、中ソが対立関係にあったからだ。

インドも同様に核保有量を大幅に増やし、配備を拡大すると予測される。前兆はすでにある。2022年12月、インドは最新の弾道ミサイル「アグニ5」の発射実験を実施した。伝えられるところによれば、現在のアグニ5の射程距離は7000キロメートルを超え中国全土を射程に収めている。[44]これまでの地政学的パターンからすると、インドが核弾頭の保有量を増やせば、パキスタンも同じだけ保有量を増やす可能性が高い。[45]

核兵器の拡散は中東にも影響を及ぼすだろう。イランはいまもじわりじわりと核兵器製造に近づいている。イランが核兵器を手に入れれば、イスラエルの先制攻撃を招くだけでなく、おそらくサウジアラビアもただちに核兵器の取得に向けて動き始めるだろう。最初はパキスタンと暫定的な核共有の取り決めを結び、その後は外国の専門知識を活用して国内での製造を目指すのではないか。サウジアラビアは、国内のウラン資源を使用するため国際原子力機関（IAEA）による保障措置（訳注／原子力が平和目的だけに利用され、核兵器製造などの軍事的目的に転用されないことを担保するためにIAEAが実施する、査察を含む検認活動）を免除される、完全な核燃料サイクル（濃縮を含む）をもつ大規模な原子力発電設備の建設を発表している。[46]

中国による台湾の強制統一後、核兵器拡散の流れは必ず起こり、世界の核備蓄に数百の核弾頭が加わる可能性がある。

おわりに

台湾は、中国の伝統や文化が民主主義、法治、自由の障壁ではないことを力強く照らし出す灯台だ。台湾の半導体は現代の世界経済を支えている。台湾が自治の炎を赤々と燃やし続けられるよう支援することで、私たちが暮らしたい世界をこの先50年間守らなければならない。台湾の強制統一は米中の緊張を緩和させるどころか、むしろ激化させる恐れがある。米国の無為無策、あるいは効果のない策が原因で台湾が中国に支配されるようなことになれば、同盟国の安全保障や民主主義の保護のためのコミットメントを主張してきた米国に、世界から疑いの目が向けられるだろう。

したがってこの章は、最も重大ないくつかの影響に焦点を当て、台湾の強制統一によるさまざまな混乱を回避するための行動喚起である。目下の戦いが激しさを増していくにつれて、米国の政策立案者は、威圧的な大国である中国に対する技術・産業的、地政戦略的、政治的に別の選択肢であり、重要な緩衝材の役割を果たす台湾を失うことがもたらす悲惨な影響を胸に刻まなければならない。リアルポリティーク（現実主義）に潜む孤立主義は議会の後方席からは魅力的に聞こえるかもしれないが、それは１９１４年、１９４１年と悲劇的な失敗を繰り返している。

経済や軍事に深刻な影響が及ぶのに加え、強制的な台湾統一が成功すれば世界の政治制度の競争において専制政治が優位に立つだろう。そしてそれは、過去80年間人類の状況を大きく向上させてきた米国主導の戦後秩序の終焉を告げる。中国中心の権威主義に支配された世界は米国と外国との貿易を壊滅させるだけでなく、将来の戦争の発端にもなる。インドの発展を制限し、米国の主要同盟国やパートナーを含む複数の中堅国家の安寧を妨げる。さらには経済的自由を抑圧し、行動の自由を抑え込み、莫大なリソースと能力をつぎ込んで世界支配の目的を追求すれば、中国共産党は自国民の将来への展望をも縮小させるだろう。米国は抑止への投資を強化すると同時に、大部分の台湾人が平和な現状を受け入れ、その継続を望んでいることを北京にはっきりと示し、それによって次の重要な三つのことを伝えていかなければならない。第一に、同盟国とパートナーはともに台北とワシントンを支持する立場をとっていること。第二に、われわれは軍事力による平和を追求すること。第三に、中国とその国民にとっていまは戦争に踏み込むときではなく、平和のための努力にエネルギーを向ける好機であること。台湾は支え、守るだけの価値がある。危険が迫っているのは明らかだ。ぐずぐずしている時間はない。

第3章 偶発戦争の神話

マット・ポッティンジャー
マシュー・ターピン

意図しない、「偶発的な」戦争などありえない。戦争において人の意図に左右されないのはその長さと悲惨さだ。敗北もまた然りである。

——ジェフリー・ブレイニー
『THE CAUSES OF WAR』（１９８８年、未邦訳）著者

この章では、戦争の原因にまつわるいくつかの神話に異議を唱え、これまで軽視されてきた、習近平の思惑に影響を与える可能性のある可変的な要素を掘り下げる。また、中国を「挑発」し台湾への武力攻撃を引き起こさないように、米国と同盟国がよかれと思ってとった行動が、その目的とは反対に習に戦争の実益とコストを楽観視させる恐れがあると主張する。

偶発戦争の神話

「意図しない戦争ほど悪いものはない」。10年あまり前、副大統領時代にジョー・バイデンは当時国家副主席だった習近平にそう語っている。[1] 米国、台湾、中国の戦闘機や艦船が台湾海峡で接近を繰り返している状況を踏まえ、この数年バイデンと閣僚たちはこのフレーズをいくたびとなく口にしてきた。アントニー・ブリンケン国務長官は2022年5月に行った政策演説で中国に触れ、『意図せぬ』紛争を防ぐために、「われわれは北京に対するクライシス・コミュニケーション（訳注／非常事態の発生によって危機的状況に直面した場合に、その被害や影響を最小限に抑えるために行う、情報開示を基本とした対外的なコミュニケーション活動）やリスク軽減のための手段を優先的に実行してきた」と述べた[2]。

偶発事故のリスク軽減策はもちろん重要だ。だが、軍事的な事故は戦争の口実の最たるものであって、原因ではない。「多くの政治科学者と数人の歴史学者が、戦争は偶発的だったとか、意図したものではなかったと語ってきた」。17～20世紀に起こったほぼすべての戦争の原因を丹念に調査し、影響力の大きな著書『The Causes of War（邦題：戦争と平和の条件）』にまとめたオーストラリア人歴史学者のジェフリー・ブレイニーは、同書にそう記した。「しかしながら、いくら調べても、この説明どおりの戦争はなかなか見つからない[3]」。

西側諸国の外交担当者やジャーナリストは、北京とのホットラインやコミュニケーション・ラインを増やすことが、事故から戦争に突入するのを防ぐカギだと無条件に思い込んでいる。万が一軍事的な事故が戦争のきっかけになったとしても、その原因はコミュニケーション不足ではないということを、彼らはわかっていない。実際のところはまったく逆で、戦争が起きるのは、北京が熟慮のうえで、いまこそ数十年間準備し予行演習を重ねてきた戦争に打って出るのに有利なタイミングだと判断したときだ。戦争は国のリーダーが、平和的手段では絶対に得ることができない戦略上の利益を手に入れられると考えたときに始まるのだ。ある日の午後突如として怒りにかられたからでも、ホワイトハウスにつながる電話番号をなくしたからでもない。

米中間にはこれまでも軍事的な事故が何度か起きている。1999年にベオグラードの在ユーゴスラビア中国大使館が米軍の爆撃機により誤爆され、2001年には中国の戦闘機が米偵察機EP-3のプロペラに誤って接触した。これらのインシデントは死傷者を出し、両国関係に強い緊張をもたらした。それでも、深刻な戦争の脅威が高まることはなかった。もしいま同様の事故が発生したとしても、それ自体が戦争の引き金になることはないだろう。とはいえ、北京が何かのインシデントを巧妙な言い訳にして、いずれはことを起こすつもりで虎視眈々と機会を狙っていた紛争を起こす気になる可能性はゼロではない。

北京はワシントンよりもこのことを正しく理解し、ワシントンの思い込みを自分の利益になるよう巧みに利用している。だから米国とは対照的に、中国の指導者たちは公式の声明やドクトリン、国内のプロパガンダにおいて「偶発」戦争や「意図しない」戦争という言葉をめったに使わないのだろう。私たちの知る限り、中国の評論家がその言葉を使ったのは、米国のリーダーたちは「偶発戦争」を防ぐことで頭がいっぱいだと記事のなかで指摘したときだけだ。伝えられるところでは、バイデン大統領就任後最初の電話会談で、習は偶発戦争について言及している。バイデン政権について書かれた最近の書籍によれば、そのとき習は「以前あなたは、お父様がかつて『意図しない戦争は意図した戦争よりも悪い』とおっしゃっていたと言っていましたね」と述べたという。[4] 習はバイデンの不安に共感したわけではなく、むしろそれを煽るためにおためごかしを言ったと考えるほうが合点がいく。

さらに、ワシントンが意図しない戦争やホットラインにこだわっているせいで、北京が大胆になり、南シナ海や台湾海峡で米国の船舶や航空機に異常接近し妨害を繰り返すなど、危険で攻撃的な行動に出るようになったとも考えられる。このような異常接近を画策しながら、中国は心理戦で米国より優位に立つのを楽しんでいる――中国は意図しない戦争など存在しないことを知っているのだ。だから、空中や海上で米軍と衝突したとしても、それが彼らにとってマイナスになるリスクは少なく、明らかにプラスに働くと計算していたのではないだろうか。その結果、神話でしかない偶発戦争をいつまでも恐れている米国に、西太平洋での軍事作戦を減らすよう促せるかもしれない、と。

中国がホットラインをそれほど重視していない証拠に、21世紀に入ってから中国は米国との軍事対話を何度も中断している（対照的に、米国側が軍事対話を停止したのは

2021年、米国防長官とそれに相当するカウンターパートとの対話の枠組み構築が不首尾に終わったときの短い期間だけだ(5)。偶発的な戦争の脅威をちらつかせては、米国が何らかの譲歩をするのと引き換えに軍事対話を再開するのが中国のいつもの手だ。米国がこれらの対話チャネルに中国同様に無関心な態度をとれば、そもそも中国は対話を停止しようとは思わないだろう。

中国に戦争を始める口実を与えないように、台湾と米国は慎重に行動すべきだという主張も成り立つかもしれない(この問題については、中国が台湾付近で展開する軍事行動に対し台湾がどう対応すべきかにからめ、イヴァン・カナパシーが第5章、第6章で掘り下げる)。だが、事故が戦争を引き起こすわけではないという明確かつ共通の基本理解がなければ、台湾と米国は慎重になりすぎて弱さを露呈する、あるいは抑止力を弱める恐れがある。

「挑発」についての間違った考え

偶発戦争に対する思い込みに非常に近いのが、台湾の国防強化が戦争を「誘発」しかねないという、人々のあいだにはびこる誤解だ。抜け目ないことに北京はこの誤解を武器に台北や東京、ワシントンの政治家たちを欺き、台湾海峡の抑止力強化の有効性に疑いをもつよう仕向けている。

この作戦はかつてロシアによっても使われ、大きな悲劇をもたらした。何年ものあいだ、米国とその同盟国はロシアを刺激することを恐れるあまり、ウクライナに防衛のための兵器を提供するのに二の足を踏んでいた。それは2014年にロシアが最初にウクライナに侵攻したあとでさえも続き、ようやく米国がウクライナに兵器供与の支援を始めたのは2017年のことである。だが、それからも武器の発送は2021年半ばのバイデン＝プーチン首脳会談の前などにたびたび「凍結」された。米国が兵器提供を差し控えてプーチンの歓心を買おうとしたのは明らかだ。[6] 2022年2月にロシアがウクライナに全面的な侵攻を開始したことから判断するに、その結果プーチンの目に米国は恐れる相手ではないと映った可能性が高い。

角度を変えてみると、中国とロシアの独裁者たちは同盟の存在そのものが「挑発的」だとほのめかしている。プーチン率いるロシア政府は間違いなく、ソビエト時代を含むどの政権よりも北大西洋条約機構（NATO）を嫌っている。30年前の冷戦終結以降NAT

O加盟国がロシアの隣国にまで拡大したことをよく思っていないのだ。だがNATOは防衛のための組織であり、NATO軍が武力を行使したことはこれまでに一度しかない（2001年9月11日の同時多発テロ事件を起こしたアルカイダの掃討作戦）。そのNATOがロシアを挑発してウクライナを侵攻させたと考えるのは無理があるというものだ。歴史に目をやれば、むしろそれとは逆の事実が見えてくる。1949年にNATOが設立されてからロシアが一度も加盟国を攻撃していないことからわかるように、NATOの存在は、欧州の平和維持に貢献したのだ。ロシアとウクライナが戦争に終止符を打ち、平和へと向かっていくときには、NATOの主要加盟国は確実に平和を維持できる何らかの形の安全をウクライナに保証するだろう。

敵対する国が軍事力を増強しいずれ危機的脅威をもたらすようになるのを防ぐために、戦争という手段に出る国があるのは確かだ。同じ理由で、1981年にイスラエルが、2003年には米国が、核兵器開発が疑われたイラクへの攻撃に踏み切っている。とはいえ、仕掛ける側がすでに軍事力で圧倒的優位に立ち、相手国からの武力攻撃の脅威にさらされる見込みがほとんどない場合、それは戦争を始める理由にならない。

今後数十年に台湾のほうから中国との戦争に打って出るとは考えにくい。国共内戦（訳注／日中戦争終結後の1946年6月に始まった国民党と共産党の内戦。共産党が勝利し、1949年10月に中華人民共和国が成立して終結。国民党政府は台湾に逃れた）後、蒋介石らが台湾から本土に戻り、1949年の共産党の勝利を覆そうと夢見ていたのは事実だ。だが今日の台湾に中国を威圧するような軍事力はなく、ましてや侵略などとても不可能である。台湾の防衛予算は公式発表されている中国の予算額の約10パーセント。これはフィンランドとロシアの差に相当する。台湾にはもう核兵器を製造しようという野心もない（そのような願望は何十年も前、台湾の民主化以前に米国によって押しつぶされている）。

言うまでもなく、北京は公式に独立を宣言しないという保証を台北とワシントンに求めている。しかし、ジミー・カーターと鄧小平が1979年に国交を樹立して以降、米国は台湾の独立を支持しない立場を取りつつ中国を軍事的に抑止してきた。対して、第一章で引用した習近平の数々の発言から明らかなように、いまの中国の狙いは米国や台湾のそれとは異なり、台湾海峡の現状維持ではなく、変更である。ブリンケン国務長官も、2022年10月のスタンフォード大学での講演でそれを認めている。ブリンケンは「中国の台湾に対するアプローチには近年変化があった」とし、「現状をこれ以上受け入れるわけにはいかないというのが中国政府の基本的な考えであり、予想よりはるかに速いピッチで再統一を目指す決意を固めている」と述べた。今後、台湾に関してはこの重大な事実を念頭に置いた真剣な政策議論がなされなくてはならない。

もうひとつ、中国には台湾併合を超える大きな目的があることも理解しなければならない。プーチンが西側諸国の一部にＮＡＴＯの存在そのものが戦争の意思表示だと信じ込ませたように、現在、中国の高官はアジアにおける米国の同盟について同様の主張をしている。

米国と日本、韓国、フィリピン、タイ、オーストラリアとの防衛協定は１９５０年代からある。いまや強大な力をもつ中国が、経済的にも軍事的にも脆弱だったとき以上にこれらの安全保障条約によって生じる「脅威」を懸念している、という事実は有力なヒントになろう。中国はきっと、そうした同盟関係を安全保障への脅威というよりは、中国が抱くアジア及び世界支配の野望の障害とみなしているに違いない。近年提案された中国のグローバル安全保障イニシアティブは、米国同盟に取って代わる、中国主導によるアジアの安全保障体制を確立するための取り組みだ。

米国同盟の弱体化を図る中国の本当の狙いは、ロシア同様に、帝国の構築にあるのだ。

「はぐれ将軍《ローグ・ジェネラル》」の神話

「偶発戦争」と同じような時代後れの思い込みがもうひとつある。それは、1964年の映画『博士の異常な愛情』に登場するジャック・D・リッパー准将を思わせる、常軌を逸した軍のリーダーが独断で戦争を始めるかもしれないという懸念だ。「はぐれ将軍」と呼ばれるそうした主戦論者の軍人は、上層部や政府の意向を無視して国を外国との戦争に引きずり込む。

前述した作家のブレイニーが調べたところ、この4世紀のあいだそのような経緯で起こった戦争はほとんどなかったという。確かに何世紀も前の欧州の帝国では、部隊が首都から離れた場所にいる場合、将軍や提督に戦闘判断を下す独立性がある程度与えられていた(7)。ただし、それはあくまで電信が発明される前、君主と軍の部隊との通信に数週間、どうかすると数カ月を要していた時代の話である。近代まれに見る例外としてブレイニーは、1931年9月、日本政府の許可を得ることなく、中国東北部の奉天（現在の瀋陽）市、ひいては満州一帯を占領するに至った大日本帝国陸軍を挙げた（訳注／奉天で南満洲鉄道の線路が爆破される事件が発生したのをきっかけに、駐屯していた旧日本陸軍部隊、いわゆる関東軍が奉天はじめ満洲各地の主要地点に戦闘部隊を送った「満洲事変」のこと)[8]。いずれにせよ、それはレアケースであり、「偶発戦争」に分類することはできないとブレイニーは記している。

今日の中国軍司令官がはぐれ者と化し、政府の指示に反して台湾や日本、米国に戦争を仕掛ける可能性はあるだろうか？　中国では、兵士は国家ではなく中国共産党に忠誠を誓い、最終的かつ明確な軍の指揮権は最高指導者習近平に与えられている。中国兵士は至るところで新たなスローガン、「習主席の命令に従い、習主席のために責任を果たし、習主席を安心させよ」を唱えている。

軍の指揮系統が麻痺し、派閥に分かれて闘争を繰り広げた文化大革命（1966〜76年）で国内が混乱したときでさえ、対外紛争（たとえば1967年にインド、1969年にソ連とのあいだで発生した国境衝突）は軍司令官の暴挙ではなく、北京の毛沢東主席の許可を受けた軍の組織的行動の結果起きたものだった。

つまり、中国の軍の指揮統制システムは世界で最も中央集権的で、その徹底ぶりから、かえって権限委譲の欠如を有事における中国の弱点とみる外国のアナリストもいるほどなのだ。したがって、中国軍の司令官が上からの指示なしに勝手に外国との戦争を始めることはありえない（反対に、習が発した戦闘命令に司令官が背く可能性もない）。

よって西側諸国の政治家は、偶発的な衝突やはぐれ者兵士の心配をする暇があったら、習に低いコストですぐさま勝利を手にできる自信を深めさせるような要因の対処に集中するべきだ。

楽観論の高まりは、戦争の前触れ

第一次世界大戦は、規模のとてつもない大きさと原因の複雑さから、戦争研究者が好んで扱うテーマである。しかし、戦争に至る前に、多くの主要関係者が状況を過度に楽観視していた事実は見過ごされがちだ。1914年夏の欧州には、大国間で衝突が起きればきわめて破壊的な結果を招くのではないかという不穏な空気が漂っていた。戦争による長期的な国家の衰退を懸念していたリーダーがいたのも事実だ。それなのに、欧州諸国のほとんどのリーダーたちはそろいもそろって、たとえ戦争が起きてもそれは長引かず、味方が勝利するはずだと楽観的な展望を表明した。(9)

1914年8月1日、テオバルト・フォン・ベートマン＝ホルヴェーク元ドイツ帝国宰相は、ドイツがロシアとフランスに運命を決める最後通牒を送ったことを連邦議会に明かし、「いま、鉄の賽《さい》が投げられたとしても、神はわれわれをお助けくださるだろう」と述べた。[10]「鉄の賽」という言葉からわかるように、戦争が常に偶然の要素に左右されることはベートマン＝ホルヴェークも自覚していた。だが一方では、賽がドイツにとって望ましい方向に転がると確信してもいたのだ。そんな楽観論を抱いていたのは、ベートマン＝ホルヴェークだけではなかった。ドイツ軍上層部のなかにも、英国が参戦しどちら側につくかにかかわらず、4～6週間もあればドイツはフランスを大方、いや完璧に打ち負かし、ロシアを叩きのめすに十分な兵力を残せると見込んでいる者がいた。

短期間のうちに勝負がつくと思い込んだのはドイツに限らない。英国の大臣たちのほとんども早々に結果が出ると予測していた。ただし、勝者と敗者はドイツの想定とは逆だった。英国は、数カ月とたたぬうちにドイツが決定的な敗北を喫すると楽観視していたのだ。[11]フランスのリーダーたちは1870～71年の普仏戦争での教訓を活かし、迅速に兵力を結集して意欲的に戦い、今度は勝てると自信をもっていた。ロシアでは、戦争の行方に不安を覚えていた皇帝に対し、軍事大臣ウラジーミル・スホムリノフ大将がロシアは数カ月でドイツに圧勝するに違いないと陰に陽に伝えた。ロシアの大臣のほとんどもその考えに同意した。[12] その前に欧州で起きていた戦争が、たとえばフランス・プロイセン戦争の6カ月など、短期間で終結していたことも、はびこる楽観論に拍車をかけた。

ところが1914年、鉄の賽は予想とはまったく異なる方へと転がっていく。第一次世界大戦は4年以上も続き、死亡者の数は推定2000万人、うち半分は民間人である。さらに負傷者の数は2100万人に上った。[13] 欧州のリーダーたちははっきりとした意図をもって戦争に突入した。ブレイニーの調査が示すように、第一次世界大戦は偶発的に起きたわけではないのだ。ただ、その結果だけはリーダーらが意図したようにならなかった。

すぐに決定的な勝利を手にできるという見当違いの楽観論から戦争が始まることは、歴史のなかで何度も繰り返されている。2022年2月、ロシア軍の優勢を信じて疑わなかったウラジミール・プーチンは、侵攻開始のわずか数日前まで陸軍司令官の多くに彼らの部隊が戦争に送られることを知らせていなかったという。[14] ウクライナ国境に配備されたロシアの大軍勢は、ただの演習に参加していると思っていたため、わずか数日分の食料しか携行していなかった。

そうした誤算をするのは独裁国家も民主主義国も同じだ。1914年当時のドイツをはじめとする欧州のリーダーだけでなく、1950年の朝鮮や2000年代初めのアフガニスタン、イラクにおける米国のリーダーもまた、「部隊はクリスマスまでに家に帰れるだろう」という何の根拠もない予想に浸って悠然と戦争に乗り出した。ところがふたを開けてみれば、戦争は何年も続くことになったのである。

行き過ぎた楽観主義は単なる皮肉な歴史の豆知識ではない。それは**戦争が近づいていることを示す指標**であり、抑止が失敗に終わるサインなのだ。「国際問題の解決を図るための、手っ取り早く手に入

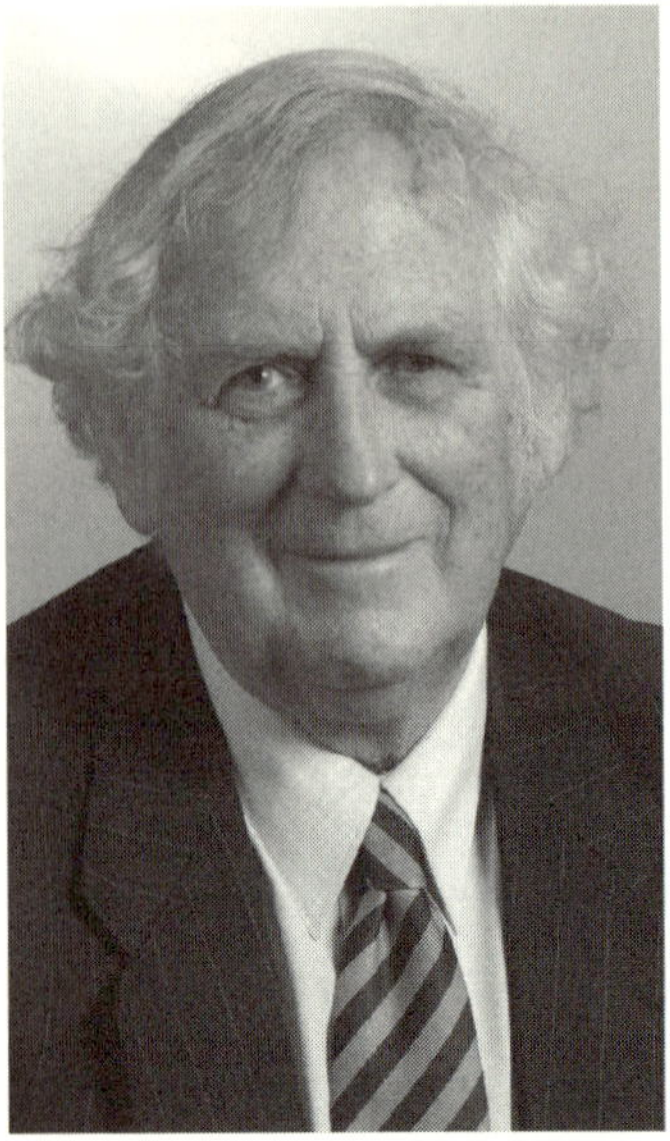

ジェフリー・ブレイニーは戦争や平和の原因について調査した革新的な著書『The Causes of War』(第3版、1988) のなかで、過度の楽観論は戦争の前触れであり、それを抑えるものが平和をもたらすことを明らかにした。写真提供：著者、本の表紙はサイモン・アンド・シュースターの好意による

る刃先の鋭い刀だと信じて、国家がたびたび戦争に頼ってきたのはなぜなのか？　その刀はなまくらなうえ、使った結果を予測できないことは、歴史が何度も証明してきたというのに。繰り返し生まれてくるこうした楽観論はきわめて重要な戦争の前触れなのである」と、ブレイニーは『The Causes of War』に記している。「むやみな楽観論は戦争を引き起こす。楽観論を抑えられれば平和がもたらされる」[15]。

　もちろん、怒りの感情が国際情勢の緊張を引き起こすことはある。外交上の礼儀を欠く行為や国家のプライドを傷つける行為などは敵意、ひいては憎悪を誘発する恐れがあるのも確かだ。だが、「国家間に対抗意識や緊張があっても、数世代にわたって平和を維持することはできる」とブレイニーは述べる[16]。実際のところ戦争の決断につながるのは、特に、平和によって実現できなかった重要な政治目標を、戦争によってなら実現することができるという楽観的な考えなのだ。

　米国の軍や諜報機関当局者が発表する、中国は平和的な目標達成を望んでいるとの評価に安心すべきでないのは、言うまでもない。1940年、バトル・オブ・ブリテン（訳注／1940年8月～9月、英国本土上空とドーバー海峡で展開されたドイツと英国の戦い。第二次世界大戦の結果に大きな影響を与えた）を目前に控えながら、アドルフ・ヒトラーは大胆にも英国に何度も和平交渉をもちかけている。1941年の日本の真珠湾攻撃も、ヒトラーにとっては起きなかったほうがよかっただろう。ヒトラーは敵にも側近たちにも、目的は平和的に達成するほうが望ましかったと明言している。だが、いざ戦争が必要となれば、それだけの犠牲を払う価値があるとばかりに、平和よりも自分の目的を優先した。

こうしたことは民主主義国でも起きている。米国も平和的手段によって目的を果たしたいと表明しながら戦争に訴えたことがこれまでに何度もある。報道によれば、2023年11月にサンフランシスコで行われたバイデン大統領との会談で、習は台湾問題について触れ、「平和も結構だが、どこかの時点で解決に向けて動く必要がある」と述べたというが、この発言にも同じような響きがある。[17]

つまり、武力行使によらない台湾の平和的統一を求めるという習の発言は、ダイエットソーダと同じレトリック――安くてカロリーゼロ――とみなすべきなのだ。

戦争の決心に影響を与えるもの

習が台湾に戦争を仕掛けるとすれば、それは習がその結果に対し途方もなく楽観的な展望を抱いたときだろう。それを思いとどまらせるためには、台湾、米国、及びその同盟国は習にそうした楽観論を抱かせるような要因をつぶしていくことに注力すべきだ。

ブレイニーの調査によると、戦争か平和かを決断する際、国のリーダーは少なくとも7つの要因に強い影響を受けると考えられる。以下にそれらの要因を挙げ、それが習近平の戦争開始の思惑にどのように影響するかを見ていこう。

①軍事力及び想定する戦域でその力を効率よく活用する能力

習近平が自信を深めている最も大きな要因はこれだろう。第二次世界大戦以降、平時において最も広範囲な軍事力増強に努め、ミサイルや爆撃機、軍艦などの従来型兵器から、宇宙、電子、情報、サイバー戦における最先端の能力に至るまで、量的にも質的にも優位性を積み重ねてきた国は中国をおいてほかにない。足踏み状態との報道もあったものの、中国の核兵器及びミサイル拡大計画は急ピッチで進展し、作戦運用可能な核弾頭の数は2020年代末までに1000基に達し、倍増するとみられている。(18)

②戦争発生時に他国がどう行動するかについての予測

台湾有事に米国が介入する可能性が、中国に武力行使を逡巡させる唯一にして最大の要因だと私たちは考えている。侵攻を決定するうえで中国が第一に検討するのは、①米国が台湾防衛に加わるか、②米国がただちに行動に出て台湾の陥落を阻止できるか、だろう。バイデン大統領は公式の場で四度にわたり米国は台湾を中国の攻撃から守ると述べているが、これは抑止強化を狙った意図的な発言だろう。将来の米国大統領は少なくともバイデンと同等のコミットメントを表明すべきだ。でなければ、中国に台湾防衛の意思が軟化したと受け取られるリスクがある。

③自国及び敵国の国内が一致団結しているか、不和が起きているかについての認識

ブレイニーの調査によって、社会不安が深刻化している国はできる限り戦争を避けることを望んだことがわかっている。戦争中の国にとっても、深刻な国内不和は平和を求める強いインセンティブだった。1905年と1917年のロシア、1918年のドイツ、1970年代初頭の米国がその一例だ。だが、たとえ経済が減速し若者の失業率が高くても、習の新型コロナ対策が大失敗に終わり人々が不満を抱いていても、国に外国との戦争をためらわせるほど社会が混乱していることをうかがわせる兆候は、いまの中国にはほと

んど見られない。習近平の「ゼロコロナ政策」によるロックダウンに反対し、おびただしい数の市民がデモを行った2022年秋の短期間を除き、中国は社会的安定を保っているようだ。それに対して米国は、1970年代初めに起きたベトナム戦争やウォーターゲート事件（訳注／1972年の大統領選挙運動期間中、民主党本部のあるワシントン、ウォーターゲートビルに侵入し盗聴器を仕掛けようとした男たちが逮捕された。のちに共和党、そしてニクソン大統領自身の関与が明らかになり、大統領が辞任に追い込まれた政治スキャンダル）以降で最大の危機をはらんだ政治的分断に直面している。しかも、中国の指導者たちはそれを認識している（そればかりか、膨大なリソースを費やして、ソーシャルメディア・プラットフォームで偽情報作戦を展開し分断を煽っている）。分裂が進めば米国はその問題の対処に追われるあまり、台湾危機介入の合意を築くことができないと中国指導者は結論づけるかもしれない。中国の作戦によって台湾、日本、オーストラリア、欧州諸国の国内で足並みが乱れるようなことになれば、やはり北京をつけあがらせ、戦争に関する楽観論に拍車をかける恐れがある。

④戦争の現実と苦しみを理解しているか、無関心か

中国人民解放軍は、多大な犠牲を生んだ1979年の中越懲罰戦争（訳注／中国側の主張に

よると、この戦争は国境紛争やベトナムのカンボジア出兵に対する懲罰である）を最後に、大規模な戦闘を経験していない。一般的な見解とは異なるが、戦闘経験のない新世代の軍人のほうが戦いたがる傾向が強い。なぜなら彼らは戦争の苦しみや予測不可能性に対し心の奥底からの感情をもち合わせていないからだ。

⑤ナショナリズムとイデオロギー

習近平時代のイデオロギーは、闘争と対決は不可避であるという運命論に彩られている。「西側諸国との争いにおいて、われわれは妥協するわけにはいかない。したがって戦いは必然的に長く、複雑で、ときに激しいものになるだろう」。中国軍の教範には習のこんな発言が引用されている。[19] 習はたびたび、自信たっぷりに、いや自信過剰と言っていいほどはっきりと、西洋民主主義は取り返しがつかないところまで衰退していると述べている。また第1章で言及したように、２０２１年11月に北京で行われた演説では、「どれほど強い敵であろうと、どれほど険しい道であろうと、どれほど厳しい挑戦であろうと、共産党は常に恐れず、引き下がらず、犠牲をいとわず、決してひるむことはない」と語っている。[20] 習はさらに、故毛沢東最高指導者の背筋も凍るような言葉、「祖国再建のためならば躊躇なく国を滅ぼす」を賛美している。だが、習が模範とする毛とスターリンは冷戦時代、やみくもに軍事力に訴えるような真似はしなかった。スターリンは勝算を周到に分析し、朝鮮戦争（1950～1953年）に陸上部隊を派兵するのを控えた。朝鮮半島から米国を追い出せると（過度に楽観的に）見込んだ毛は、莫大な数の部隊を犠牲にした。しかし、それ以降はソビエトも中国共産党も冷戦時代を通して二度と米国と直接戦火を交えることはなかったのだ。

⑥経済情勢と想定する戦争を継続するための国力

中国経済の活力は、すでに解除された習のゼロコロナ政策よりも複雑な理由で下降線をたどっている。債務、いびつな人口動態、経済的意思決定権の習への再一元化といった中国経済に対する逆風は、一見すると結果的に台湾海峡の安定を高めるように思える。しかし、そのためには中国経済が長期的に失速するという条件がつく。ただしその反面、経済に問題が起きれば、強みを謳歌できるいまのうちに、積み上げた軍事力を使ってしまおうという気にならないとも限らない[21]。中国には工業生産力という強みもある。今世紀初めに米国の二分の一だった中国の生産力は、わずか20年で米国の2倍にまで成長した。造船能力に至っては米国の200倍を超える。[22] 2024年初めにある米軍高官は、「経済の停滞にもかかわらず、中国は著しく高度な戦争遂行能力を維持している」と述べた。それに引き換え、ウクライナで起きた戦争は、米国の武器弾薬製造能力の不足を露呈させた。[23] 第1章でも言及したが、習はさまざまな手段で国を挙げて大規模な戦争に備えようとしている。[24] 食料などの備蓄や一般家庭への備蓄の要請など、政府が行っている措置の多くがそれを物語っている。

⑦意思決定を共有する人々の性格と経験

2022年10月の党大会で3期目続投（任期は5年）が決定した習は、レーニンやスターリンや毛沢東と同じタイプの最高指導者だ。習は自身が「独裁の道具」と明言するものの支配権を直近の前任者たち以上に握っている。台湾に戦争を仕掛けるか、どのタイミングで仕掛けるかを決定する権限が、習ひとりの手にあることに疑問の余地はない。では、習は武力行使の判断を本当に下すだろうか？　この章で考察した7つの要因の多くは明らかにその可能性を指し示している。ただ、習の性格から察するに、結果に絶対的な確信がもてない限り、戦争に打って出ることはないのではとも予想される。この数十年の言動を見れば、戦略の実行にかけて習が並々ならぬ忍耐の持ち主であることは明らかである。彼は派閥の陰の実力者にもその政治的野望の大きさや非情さを隠し、用心深く権力の階段を上ってきた。習が政策や考えを180度転換することはまずない（ゼロコロナ政策は明らかな例外）。とはいえ、慎重にことを進める人物でもある——中国語で言う「走一歩看一歩（zou yi bu, kan yi bu）」（一歩進んだら、辺りをよく見てからまた一歩踏み出す）だ。指導者としては抜かりなく、負けそうなときは努めて行動を起こさないようにしてきたが、彼自身は本来勝てないかもしれないときでも進んで行動に出るタイプだ。演説を聞けば、習がいつも「強敵を恐れず、果敢に戦い、果敢に勝利する活力と資質を築いた」与党内での困難や苦労を楽しんでいることがわかる。すでに鉄の賽を投げたプーチンはいずれ敗北するだろうが、習はいま、鉄の賽を投げるべきかじっくりと思案しているだろう。

おわりに

『The Causes of War』のなかでブレイニーは、敵対する国の「力が均衡した」状態は、この言葉が与える安心感とは裏腹に、往々にして戦争の前触れであるという鋭い分析を示している。逆に、力がどちらか一方に傾いているときのほうが、平和を維持できる。言い換えるなら、紛争が起きるのは、国が相手国との相対的な力関係に納得していないとき――両者の力が互角である場合はなおさら――なのだ。どちらが本当の強者であるかを決める道具として、戦争が使われるのである。台湾海峡の平和がこれほど長いあいだ首尾よく保たれてきたのは、20世紀末まで中国の軍事力が弱く、米国が西太平洋で不相応なまでに力をもっていたという事実によるところが大きい。

現在、中国と米国の力はかつてないほど拮抗している。15年前には米国に圧倒的勝利をもたらした机上演習の結果も、今日では五分五分だ。したがって、台湾海峡の抑止を強化するには、米国とその同盟国が戦争に打ち勝つための決定的な力を取り戻し、そのことを北京にわからせなければならないだろう。

ワシントンは東西冷戦時代、その策によって平和を維持した。ソ連の通常戦力（訳注／核兵器などの大量破壊兵器を除いた兵器、兵力、施設といった軍備）が数のうえでＮＡＴＯを上回っていた１９５０年代、米国は欧州におけるソ連の力を「相殺する」ために、核兵器における優位性を強化した。１９７０年代に入り、核能力でソ連が米国に並ぶと、米国はいわゆる「第二の相殺戦略」を開始した。このときは、優れた技術を活用し通常兵器における優勢を目指して争った。その結果構築された、精密誘導爆弾やステルス戦闘機、高性能センサー、敵の弾道ミサイルを迎撃・破壊することを目的とした「スターウォーズ」計画などの戦闘能力によって、米軍は数ではＮＡＴＯに勝るソ連よりも明らかに優位に立った。

台湾とこれを守ろうとする国々には地形という強みがあるので、軍艦、戦闘機、ロケット弾の数で中国に対抗する必要はない。上陸適地の少なさ、山が迫る沿岸部、（ウクライナ人がうらやむばかりの）幅１００マイルの台湾海峡は、冷戦時代式の「相殺」戦略を再現するにはうってつけの材料だ。台湾と米国、そして同盟国が台湾海峡を「煮えたぎる外堀」に変えることができれば、抑止は奏功する。そのためにはどうすればいいか、以降の章で説明していこう。

第Ⅱ部

台湾は、いま何をすべきか

第4章
新しい軍事文化を構築せよ

マイケル・A・ハンゼカー
エノック・ウー（呉怡農）
コビ・マロム

規律は軍の魂である。
それこそが数で劣る者を侮りがたい存在に変え、
弱者に成功を、すべての者に尊敬をもたらすのだ。
――ジョージ・ワシントン

モスクワとハマスの抑止は失敗に終わったが、台北とワシントンにはまだ北京に「鉄の賽を投げる」のを思いとどまらせる時間がある――ただし、そう多くはない。この章では、台湾が早急に対処すべき、台湾の軍事文化が抱える二つの重大な脆弱性を取り上げる。それは、長期戦に対する備えの欠如と、迅速な動員態勢の欠如だ（同じことは台湾の同盟国である米国、日本、オーストラリアにも言える。異なる角度から見た各国の脆弱性については以降の章で検討する）。

ウクライナでは8年の低強度紛争ののちに勃発した全面戦争もすでに2年を超え、長期化の色が濃くなった。台湾で起きる戦争も短くはないかもしれない。広い地域に飛び火すれば数カ月、場合によっては数年続く恐れさえある。しかも台湾には、ウクライナの戦闘継続を後押ししている二つの要因――戦略的縦深性（訳注／戦略的に利用可能な領域の広さのこと）と、兵器や物資の補給所としての役目を果たす米国の同盟国との地上国境――もないのだ。

一方で、２０２３年10月7日のハマスの大胆不敵な攻撃によって、台湾が急速な動員能力を備える重要性が改めて浮き彫りになった。ハマスの計画は察知されることなく進められ、広範囲に及ぶ攻撃準備の兆候が知らされたときでさえ、イスラエルはその解釈を誤った。それは、諜報活動が盛んな今日にあっても、覚悟を決めた敵の奇襲攻撃が可能であることを物語っている。

中国を抑止するには、台湾に関する軍事目標は達成不可能だと習近平に納得させなければならない[1]。台湾には侵略にとことん抵抗し続ける力があると確信すれば、習が攻撃命令を出す可能性は低くなるだろう。イスラエルやウクライナの戦争を見れば、なぜ台湾に、米国高官が好んで言うように、「今夜にも戦う準備ができている」、そしてその後何日間でも戦い続けられる軍と社会が必要なのかがわかる。

残念ながら、台湾の軍隊は迅速な動員にも長期的な戦争にも対応できる現状になく、それを可能にするための組織文化の変容にも取り組んでいない。台湾の軍事計画担当者は、中国の侵略準備を数カ月は無理としても数週間前には察知して、部隊を武装配備し、軍艦や戦闘機を集め、予備役を招集・訓練し、武器弾薬を用意する時間を作れると想定している[2]。ところが現実は、中国が攻撃に出るとすれば、台湾が人民解放軍の妨害を受けることなく軍を動員できる可能性はきわめて低いと考えられる。最低でも中国はだまし討ちや陽動作戦や偽情報を仕掛けてくるだろう。よって実際には、台湾はサイバー攻撃やミサイル攻撃が続くなかで、軍を動員せざるをえないかもしれないのだ。スリーパーセル（訳注／

一般市民を装って対象国の社会に溶け込みながら、命令が下れば破壊活動を実行する潜伏工作員）を大量に送り込み、国の力を象徴する重要なシンボル、指揮統制ノード、動員インフラを破壊することだって起こりうる。したがってワシントンと台北は、習の意図を90日も前に正確に把握できるという前提に立ってはならない。現実的な動員計画は、最悪のケースのシナリオに基づいて設計（及び予行演習）するべきである。

台湾のドクトリン、訓練、装備、組織のどれもが、海峡を挟んだ戦争は短期間のうちに決着がつくという想定の上に成り立っている。台湾国防部は全面戦争のリスクをまるで軽視し、国土防衛の態勢、能力、構想の最適化は、最も危険な行動方針である大規模侵略ではなく、中国の「グレーゾーン」活動（第6章で考察）に対抗することを目的とすべきだと主張している(3)。

台湾軍高官と政府高官が全面戦争を真剣に考えていないため、防衛計画も中国の侵略軍を台湾沿岸に近づく前に妨害・破壊できるという願望に基づいて策定されている。実際、台湾とワシントンにとっての最良の戦略は中国艦隊を撃沈すること（第5章、第7章を参照）だが、中国の侵入（敵と内通した妨害工作員、人民解放軍空挺兵、中国の水陸両用強襲部隊による限定上陸など）に対抗するには、地上部隊に加えて市民をも訓練・配備して、抑止の足場をいっそう強固なものにする必要があると考えられる。

この章では、台湾の重大な脆弱性に対処するための実践的で実現可能な措置を提案する。台湾は、市民の戦う意志を醸成し、中国軍の猛攻にどこまでも抵抗できる装備、組織やドクトリンを整備しなければならない。社会的縦深性を活かして台湾の地理的縦深性の欠如を相殺しようというのが、基本的な私たちの主張だ。

まず、台湾が長年続けてきた現役部隊、徴兵部隊、予備役部隊、民間防衛部隊の編成・訓練アプローチと、蔡政権が行ってきた改革について見ていこう。続いて、有事に高い能力をもつ予備役部隊を即座に招集・配備することに関し、世界一豊富な経験を有するイスラエル防衛軍（ＩＤＦ）を例に、迅速な動員とは何かを考えたい。そして最後に、防衛改革の障害に対処し、何よりも重要な変化の青写真と、変化を起こすための実践的な政策提言を示す。

台湾軍の現状

台湾の軍事力は、数字を見る限り立派なものだ。軍は常勤（現役）の志願兵と短期間兵役に就く徴集兵からなる正規軍と予備役部隊で構成され、陸、海、空軍と海軍陸戦隊（海兵隊）に分かれている。[4]公式発表された現役部隊の最終兵力には17万5000人の制服組が含まれるが、国防部は目標とする数の人員確保に苦労している。[5]2023年時点の現役部隊の兵士の数は16万9000人。うち常勤志願兵が約16万人で、残りは4カ月の兵役期間中の徴集兵だった。[6]少なくとも計算上では、予備役部隊は200万人の元軍人を招集できる。[7]

台湾では兵役が憲法で義務づけられているものの、現在ほとんどの場合その期間はわずか4カ月だ。かつて2年以上だった兵役期間は、この20年間に民主進歩党（民進党）政権、国民党政権によって4カ月まで短縮された。[8]以下に詳細を記すように、この要件は再び変更される。2024年1月から、2005年1月1日以降に生まれた台湾人男性に課せられる兵役の期間が1年間に延長されたのだ。若年男性の大部分が対象となるこの移行は2027年までに完了する予定だ。[9]また、台湾政府が2000年には徴兵対象者が兵役の代わりに特定の業務に従事する代替役を認めるようになったことも注目に値する。

台湾の軍隊は兵器保有量の多さも自慢の種らしい。[10]陸軍は、主力戦車650両（そこにまもなく最新のUS M1A2エイブラムス108両が加わる）、歩兵戦闘車約200両、装甲兵員輸送車1500両、攻撃ヘリコプター約100機、大砲2000門以上を保有する。海軍は駆逐艦4隻、フリゲート艦22隻、巡視船44隻、揚陸艦2隻(ほかに3隻が契約中)、上陸用舟艇44隻、潜水艦4隻(さらに国産ディーゼル潜水艦8隻の製造が進行中)を擁する。そして空軍には500機近くの戦闘機がある。また、対空、対艦、長射程攻撃ミサイルの数も増え続けている。

これらの数字を見れば、米国がなぜ侵略に対抗するための台湾の防衛力を懸念しなければならないのか、不思議に思うかもしれない。何といっても中国が攻め落とし、鎮圧し、占領したい相手は台湾海峡の向こうにいる。それを実現するのに必要な水陸両用作戦の計画・実行は、たとえベストな環境にあってもとてつもなく困難で、人民解放軍にはそのための水陸両用の輸送や戦闘の経験はないようだ。[11] しかも、天然の要塞である台湾本島の征服には、史上最大かつ最も複雑な水陸攻撃が求められよう。[12]

にもかかわらず、中国が明日にでも全面侵攻を開始すれば、台湾は米国とその同盟国が武力介入という断固たる措置をとるまで持ちこたえるのに苦戦するとみられている。とりわけ、台湾のドクトリン、訓練、装備、備蓄、そして兵士の士気は、長期戦にも不意をつかれた大規模攻撃にも対応できる状態にない。私たちがそう考えるのには、いくつかの理

図1　台湾海峡の軍事バランス（陸上戦力）

	中国		台湾
	合計	台湾海峡地域※	合計
陸軍兵力	1,050,000	420,000	89,000
軍集団／軍団	13	5	3
混成旅団	82	31（6水陸両用旅団）	7
砲兵旅団	15	5	3
陸軍航空旅団	13	4	2
空中強襲旅団	3	1	0
空挺旅団	7	7	0
海兵旅団	8	5	2
戦車	4,200	1,100	900
大砲※※	7,600	2,300	1,300

※本文書において、「台湾海峡地域」は中国人民解放軍東部及び南部戦区を含む。
※※本文書において、「大砲」は口径100mm以上の装置を指し、牽引式または自走式のいずれかで、多連装ロケット砲（MRL）を含む。

この表は中国と台湾の陸軍戦力を比較したものである。
出典：Office of the Secretary of Defense, Military and Security Developments Involving the People's Republic of China 2023: Annual Report to Congress, US Department of Defense, October 19, 2023, 185（米国防長官府、「中国の軍事力・安全保障の進展に関する議会への年次報告書2023」、国防総省、2023年10月19日）

由がある。

第一に、台湾は兵士の採用・離職防止に課題を抱えており、長期戦を戦える、訓練の行き届いた部隊の数が十分ではない。中国と台湾の人口差は明らかで、人民解放軍の規模が台湾軍よりも大きいのは当然だ。とはいえ台湾は長年、保有する人的リソースを最大限活用できないでいる。蔡英文総統が兵役期間延長を決断した大きな理由は、志願兵部隊の慢性的な新兵不足だ(13)。

問題が特に厳しいのは前線の地上戦闘部隊である。一部の部隊には公認定員の60パーセントの人員しかいないという報道もある(14)。兵役期間の延長はこのギャップを埋める一助にはなろうが、それもある程度までだ。後述するように、既存の計画では、徴集兵を訓練・配備する目的は前線における戦闘ではなく、後方地域警備やインフラ防護の任務に当たらせることにある。しかも、1年間の兵役が完全に機能するようになるまでに3年はかかる(15)。たとえそうなっても、免除や「代替役」を申請する者が出れば、前線の戦闘部隊の人員不足は解消しない。そのうえ、下士官兵不足が深刻なうえに、国防部は将校の任用にも頭を悩ませている。そのため、三つの将校任用制度――士官学校、予備役将校訓練課程（ROTC）、大学卒業生のダイレクト・コミッション（直接採用）・プログラム――のすべてで身体的・知的要件の水準を引き下げざるをえない状態が続いている。

第二に、台湾のドクトリンと装備が依拠する二つの前提では、そもそも攻撃に耐えられない可能性がある。そのひとつが、中国が大規模に侵攻の準備を進めれば、必ず情報が漏れて事前の警告となるため、台湾には部隊を動員し戦闘態勢を整える時間が十分にあるというもの。そしてもうひとつが、台湾の空域、シーレーン、領土を掌握するための決定的な戦闘で、台湾軍は中国の侵略軍と互角に戦えるというものだ。どちらの前提にも問題がある。アナリストのあいだでも、中国が大規模な演習とグレーゾーン活動を実行し、そちらに注意を引きつけて台湾を油断させておき、水面下で戦争準備を進めるのではないかとの懸念が高まっている。さらに、台湾海峡を挟んだ軍事バランスはますます中国有利に傾いており、人民解放軍はすぐにでも台湾の防衛軍を質的にも量的にも圧倒する立場に立つだろう。[16] それに対し、第5章で考察するように、台湾では小型で機動力のある、安価な致死兵器の大量投入に向けた軍の方針転換が、遅々として進んでいない。

第三に、台湾軍の訓練は現実的でもなければ厳しくもない。新兵は戦法、戦闘技術、戦闘手順、応急処置、兵站、地図判読を学ぶより、管理上の指示事項を聞き、密集隊形教練を行い、庭仕事をするのに多くの時間を費やしている。[17] 個人や小規模部隊の訓練を主導する責任者、すなわち下士官及び初級幹部（訳注／軍の階級区分で中尉・少尉の総称。佐官の下、下士官の上）自身が最新の訓練方法を熟知していないのだ。現役部隊が行っている部隊レベルの現場訓練もそれと大差はない。演習はきっちり台本どおり[18]。指揮命令系統で下位に位置する者は「悪いニュース」を上に伝えるのを嫌がる。上級幹部（訳注／軍の階級区分で大佐・中佐の総称。将官の下、尉官の上）はすべてを細かく管理し、西欧諸国の軍なら下士官に処理を任せるタスクにまで手を出す。このような頭でっかちで高度に中央集権化された指揮命令文化を変えるには、時間と相当な労力が要るだろう。

第四に、台湾の予備役部隊は長期に及ぶ防衛戦にとって不可欠だが、危機発生時に資格を満たすわずかな数の予備役を動員、訓練、装備する能力が国防部に備わっていると考える台湾や米国のアナリストはほとんどいない[19]。実を言うと、台湾の予備役要員のうち、長年の規則に基づいて実際に再訓練への参加が義務づけられているのはわずか30万人かそこらである[20]。しかも、再訓練は1年おきに、たった5日間しか行われない。実際問題として、大半の予備役が再訓練に呼ばれる頻度はそれよりも低い。収容能力に限りがあって、軍は年間11万人ほどの予備役しか訓練できないのがその理由だ[21]。さらに悪いことには、そんな貴重な訓練期間を、予備役はパワーポイントを使ったブリーフィングに出席したり、書類に記入したりしてムダにしている。[22] 信頼できるところからの情報によると、陸軍には予備役全員に行きわたるだけのライフルや防具がないという。

第五に、台湾は本島防衛の長期戦に必要な軍事備蓄が十分でなく、ましてや離島の防衛となるともっと心許ない。台湾ではエネルギー不足や食料備蓄の必要性が大きく取り沙汰されてきた。[23] いまやその問題が台湾の軍にも及んでいるのだ。平時でさえ台湾軍は多くを外国から購入している兵器の部品を手に入れるのに苦労している。そのため、輸入した戦車、装甲兵員輸送車、自走砲車で常に完全に稼働できる状態にあるものはその半分にも満たない。[24] 航空機も物資不足の影響を被っている。戦争が起きて即任務に就くことができるのは半分以下だろう――中国の「グレーゾーン」の挑発行為に対する迎撃飛行任務によって機体疲労が蓄積し、ただでさえ使える航空機が少ないのだ。[25] 中国の航空機が異常接近する事案はますます増えている。[26] 憂慮すべきは、国防部には高烈度の戦闘のための武器弾薬がまったく足りていないことだ。[27] 侵略が始まれば中国はあらゆる手を尽くして台湾を外の世界から遮断しようとするだろう。それを考えれば、軍事備蓄が絶対に不可欠であることがわかる。少なくともひとつの公表報告書が、台湾の備えがたった2日間の航空戦に必要な武器弾薬の半分以下である可能性を示唆している。[28] 地上部隊は小型武器、弾薬、個人火

器、ヘルメット、防弾ベストに関しても同程度の不足に直面するかもしれない。(29)

最後に最も重要な点を指摘しておきたい。台湾軍は兵士の士気に問題を抱えていて、それによって社会が軍に対して抱くイメージが損なわれている。台湾では兵役は名誉あるものではなく、同じように困難な状況に直面しているフィンランド、エストニア、イスラエルといったほかの小国とは異なり、社会的ステータスが高くないのだ。

その理由を理解するには、国防部の起源が国民党政府軍であるという事実を改めて意識することが重要だ。人民解放軍が中国共産党に属する党軍であるのと同じように、数十年間台湾軍は国民党による独裁政権の指揮下で執行機関としての役割を果たしてきた。多くの台湾人にとって国防部は、台湾の民主化プロセスに追いついていない、非近代的な国の組織だ。台湾の有権者はまた、現役兵士の誰ひとりとして実際の戦闘を経験していないことを嫌というほどよく知っている。よって、国防部は変化しない、その必要もなかった、いまだ試されざる組織というわけだ。一方で、相次ぐいじめ事件により若者は軍への信頼をなくし、軍内部では汚職事件やスパイ事件も多発している。そうしたことが積み重なった結果、軍は自信を失い、守るべき社会から乖離したものになった。

前述したような厳しさと現実性に欠けた訓練は、士気の問題をいっそう悪化させる恐れがある。多くの招集兵と予備役は、あまりにも中身のない兵役を時間のムダと考えている。そうした意識は、国を侵略から守る台湾軍の覚悟に対する不信感を反映している、いや、かき立てているのかもしれない。それなら、有事の際はみずから進んで国を守ると主張する人の割合が増えているのとは裏腹に、台湾が目標とする数の兵士を集めるのに苦労し続けているのも当然というものだ。

台湾が目指すべき軍の姿

もちろん、台湾の政治リーダーはこうした問題を認識し、解決のためさまざまな措置を講じている。

2022年12月27日、全国に中継されたテレビ演説で、蔡総統は一連の軍事制度改革における最重要事項を正式に発表した。[30]兵役義務を4カ月から1年に延長する決定は、当然各紙の見出しを飾った。演説のなかで蔡総統は、侵略から国を守るために台湾軍をどのように再編すべきかの青写真も示した。

蔡総統は、国防の要は相互に強化し合う四つの要素——主戦闘部隊、常駐の守備部隊、民間防衛体制、予備役部隊――であると述べた。国土防衛の最前線として機能する主戦闘部隊は、侵略軍に対抗し陸海空の軍事作戦を遂行する任務を負う。高い意欲をもち、適切な訓練を受け、十分な装備が与えられ、即応力に優れていなければならない。そのため、蔡総統は現役の陸、海、空軍兵士と海兵隊員18万8000人に徴集兵2万2000人を加えた21万人の主戦闘部隊を組織する計画だ(31)。

それに対し、道路や橋、交差点、病院、飛行場、その他の重要インフラを守り、指揮所や補給所の警護などの後方地域警備に対処し、前線に侵入する侵略部隊に対抗し局地防衛戦を統括するなど、いわゆる「銃後の守り」を担うのが守備部隊である。これまで台湾では予備役部隊がその任務に当たってきたが、蔡総統は予備役部隊の動員に時間がかかりすぎる点を懸念していた。そのため、守備任務は兵役訓練を終えた徴集兵に移行された(32)。兵役期間延長の理由のひとつが、短期間軍務に就く徴集兵が重大な守備任務にしっかり対応できるようにするためだった。

主戦闘部隊と守備部隊の両方をサポートするのが民間防衛体制だ。中央及び地方政府機関に加え代替役務者と志願者で構成される民間防衛部隊は、連携して災害救助に当たり、必要な物資を配り、重要な情報を伝達し、公共の安全を監視し、応急的な修理を行う(33)。

そして、その規模の大きさゆえに扱いにくい予備役部隊についても、蔡総統は合理化と転用を指示した[34]。侵攻発生時の一刻の猶予もない状況を踏まえ、前線における戦闘と後方地域の防衛に独立した部隊を配備するのをやめて、予備役は今後どちらかのカテゴリーに分類されることになる。正規軍の現役兵士として軍務に従事した経験をもつ者（退役軍人や年金受給資格を得る前に除隊した者）は、主戦闘部隊を支援・補充する予備役部隊に配属され、元徴集兵は部隊に分けられて守備部隊に投入される。これについても、兵役義務の延長が守備部隊支援に当たる予備役の確保にかかる時間の短縮につながると、蔡総統は述べた。

蔡英文から総統を引き継いだ頼清徳がこの計画を維持するか、変更するか、中止するかは現時点では不明だ[35]。

軍によるこれらの組織改革では十分でないことを、蔡総統ははっきり認識していた。２０２２年12月の演説でも、「多くの市民が兵役を時間のムダと感じている」と認めている。兵役を１年間に延長したところでムダが３倍に増えるだけではないかとの懸念に先手を打つため、蔡総統は国家安全保障会議（ＮＳＣ）と国防部に米国などの先進国の軍隊がどう戦争に備えているかを学び、必要に応じてそれに倣うことで軍事訓練の質を向上させるよう求めた。[36] さらに、徴集兵と予備役を対象に、最新兵器（対戦車ミサイル「ジャベリン」、対空ミサイル「スティンガー」、ドローンなど）の操作訓練、実弾射撃演習、近接戦闘訓練、ほかの部隊との合同演習、民間防衛部隊との連携の機会を拡大するよう要請している。蔡はまた、兵士の士気と兵役期間中の生活の質向上を約束し、市民、なかでも新たな兵役義務要件の影響を受ける若い世代にはびこる不信感を払拭しようとした。これらの方針に沿った重要な改革には、徴兵手当を少なくとも最低賃金近くまで引き上げ、徴兵期間を退職金や年金の計算に必要な在職期間に「カウントする」ことも盛り込まれている。

注目すべきは２０２２年12月に発表された改革だけではない。土台を作ったのは、それより前に実施された予備役部隊の改革だ。２０２１年５月、蔡政権は予備役動員を統括する新たな組織を国防部内に設立した。それが、全民防衛動員署である。既存の二つの下位組織を合併して作られ、予備役訓練の向上、（公衆衛生と安全の管轄機関を含む）関連省庁の調整、米国州兵部隊との合同軍事演習の調整といったタスクが与えられた。蔡政権は全民防衛動員署の地位を上げて国防部直属機関とし、正規職員の数を１５０名に増やした。

もうひとつ重要なのが、２０２２年初めに国防部が発表した新たな予備役訓練計画の試行だ。[37] 先ほど述べたように、台湾の予備役は８年間に最高四回、５～７日間の訓練に招集されるのが一般的だ。新しい制度では招集回数は8年間に二回だけだが、予備役は14日間の訓練演習に参加する（そのため実際のところ、新制度になっても訓練日数は変わらない）。しかし、年に1週間ほどの現行の訓練プログラムの大半が講義と基本教練に終始しているのに対し、新制度の下では可能な限り現実に即した厳しい訓練が14日間実施される。国防部は少なくとも2025年を通して試験的に実行したうえでその有効性を評価する意向だが、兵役義務終了直後の予備役を優先し、14日間の訓練サイクルを通じて年に1万5000人の予備役を部隊に送る計画だ。

よりよい軍の構築

蔡総統が策定した防衛改革の青写真によって、現状は改善するだろう。だがこの方針に従って編成し、訓練を行い、装備しても、戦略的奇襲や長期戦に直面した場合に生じる構造的な問題が解決されない以上、台湾軍が中国の抑止に悪戦苦闘することに変わりはなく、ましてや攻撃に打ち勝つのはとうてい無理だと考えられる。それに、こうした継続的な改革は、組織文化、市民の認識、組織全体の士気という相互に関連した問題を解決するための特効薬ではない。

台湾の防衛体制の基盤を最強のものにするために、頼清徳総統は前述した軍事改革を以下に説明する三つの方法で強化するべきだ。

①国防部の人員を刷新する

まずは国防部の大掃除だ。有意義で永続的な改革の主な障害は官僚の抵抗であって、何を実行すべきかわからないことではない。したがって台湾の新政権は、階級に関係なく、改革を支持し、新しい戦闘構想を模索し受け入れる意欲があり、国土防衛は社会全体で取り組むべき任務であることに同意する将校を見つけ出し、昇進させるべきだ。次に、若く活力ある軍のリーダーたちは、専門的な軍事教育と先進国の軍隊をモデルとした現実的で厳しい訓練方法を優先し、時間と労力を投資すべきだ。なかでも特に難しい課題として、新たな軍のリーダーは進取の気性、強さ、そしてリスク許容の文化を台湾軍という組織のあらゆるレベルで構築するという困難な取り組みをただちに開始しなければならない。

②米国でなくイスラエルを模範とする

米国は台湾の最も重要な軍事訓練のパートナーであり、今後もそうあるべきだが、米国の軍隊が台湾にとって最良のモデルかと言えばそうではない。模範にするなら、大きな敵と対峙している小国、たとえばウクライナ、エストニア、フィンランド、リトアニア、とりわけイスラエルが望ましい。これらの国々の防衛構想や文化を細かく分析し、台湾にとってのベストプラクティスを早々に採り入れる必要がある。

たとえばイスラエルの人口は台湾の半分にも満たず、国を守る海や山にも恵まれていない。それでもイスラエルは、数的に優位で最先端技術を有するイランなどの敵に対抗し、自分たちの力で50年間すべての戦争に勝利し——２０２３年10月7日にハマスに襲撃されるまで——敵の侵略を抑止してきた。

効果的な抑止を成功させるための秘密の要素は文化である。

イスラエルでは、若い男女が男性で32カ月、女性で24カ月の兵役義務に就く。また、実際に予備役として頻繁に訓練を受けている。現役勤務を終えても、多くの場合、所属する予備役部隊に長年残り、ともに訓練を行って、迅速な動員が可能な団結した戦闘チームを結成している。

イスラエル社会では兵役に大きな敬意が払われている。男女とも最高のエリート部隊への入隊を目指し競い合う。米国で言えば、さながらアイビーリーグの入学試験といったところだ。兵役を通してリーダーシップと専門スキルが身につき、それがイスラエルの経済や繁栄をきわめるテクノロジー分野の強化にもつながっている。

さらに、イスラエルが保持する高い民間防衛能力も台湾にとってよいモデルになるだろう。

イスラエル（及び前述したほかの国々）から退役軍人や下士官を招き、台湾の国土防衛にかかわるすべての組織の編成や訓練の向上を目的とした長期の実践的な取り組みに参加してもらうのはどうだろう。北京との外交関係を考えると、イスラエルは政府間の公式の人材交流に二の足を踏みそうだが、非公式な領域でもできることはたくさんある。昨年10月のハマスによるテロ攻撃後、北京が外交やプロパガンダでイスラエルに強く反対する姿勢を見せていることから、イスラエル政府、少なくとも退役軍人や防衛の専門家個人がこのような方法で台湾に助言を行う土台は整いつつある。

③内政部内に地域防衛隊を構築する

台湾は国土防衛を社会全体の任務にしなければならない。つまり、国防部だけが国の安全保障に責任を負い、国防関連の予算やリソースの大半を手に入れて当然と考えるべきではないのだ。そのために、総統は内政部内に局地的（「地域的」）な防衛部隊を設置する必要がある。兵役義務は国防の屋台骨であり続けるべきだが、徴兵年齢に達した台湾市民に性別を問わず兵役の選択肢を用意するのが望ましいだろう。たとえば、正規軍で1年間兵役を務めるか、エストニア防衛連盟のような民間防衛組織をモデルとした地域防衛隊に参加するか、選択できるようにするのだ。地域防衛隊の人員はコミュニティから採用され、そこで訓練を受け、戦争が起きれば地域を守るために戦う。最新の武器、弾薬、防具が豊富に備蓄された武器庫を設け、隊員が利用できるようにする。また、地域防衛隊は日頃から緊急時対応要員と連携し、台風や地震などの自然災害に常に対応できるようにしておくべきだ。

念のため言っておくと、地域防衛隊だけで大規模な侵略に打ち勝つことは不可能だ。しかし、台湾の人々は即座に対応し、破壊工作や政府転覆の試み、暗殺、そして戦争から復活できる力があることを中国に見せつけて、敵があっさり勝利を手にするのを阻むことはできる。同じように、地域防衛の強固なネットワークは長期的な紛争に備えるのにも一役買うだろう。要するに、たとえ前線で台湾の戦闘部隊をどうにか打ちのめせたとしても、中国が台湾の人々を支配下に収められるかどうかはまた別の話なのだ。正しい訓練を受け、十分な装備を与えられた、まとまりのある地域防衛部隊があれば、それは容易ではない。台湾中にそうした地域防衛隊を配備することで、うまくいけば、大きな犠牲を払わなければ侵略は成功しないと習に納得させられるかもしれない。最悪のケースで抑止が失敗しても、地域防衛隊の働きが台湾の窮状に対する国際社会の同情を呼び起こし、米国とその同盟国が以降の章で説明するような方法で対応するまでの時間を稼ぐことができる。

何より重要なのは、強固な地域防衛体制が台湾の人々に侵略に抵抗できる自信を与え、ひとりひとりに国を守るための重要な役割と現実的な方法があると確信させられることだ。

国防部でなく内政部内に地域防衛隊を設立するのはなぜか？　ひとつには、国防部がこれまでそのような部隊を設ける試みや提言――台湾軍元参謀総長によるものでさえ――にことごとく抵抗してきたからだ。[38]　もうひとつの理由は、地域防衛隊を内政部の管轄下に置けば、国防部は台湾の海岸に敵を寄せつけないよう主戦闘部隊を組織、訓練、装備するための改革に注力できるからだ。実務面で言うと、新総統は国防部と内政部に防衛予算を割り当て、両者間の武器や装備の移転を進めて、地域防衛隊をできるだけ早く結成・稼働させるのに必要なものをそろえられるようにするべきだろう。台湾の政治リーダーは防衛ニーズへの対応により積極的なほうに投資を行って、二つの機関が相互に競い合える環境を目指す必要がある(39)。

国防部と内政部が協調して取り組みを実施するよう、総統は首相と緊密に連携し社会全体による国土防衛を監督する権限を国家安全会議秘書長に与えるべきだ。少なくとも、この新たな地域防衛スキームには採用活動、組織編成、装備、訓練を速やかに開始するために十分な初期資金が必要になるだろう。ただ幸いにも、内政部はゼロから地域防衛隊を作る必要はなく、フォワード・アライアンスなどの既存の草の根組織を基盤にする――場合によっては統合する――ことができる(40)。

障害と前進

変化を起こすのは難しいものだ(41)。台湾はすでによい方向に向かって重要な歩みを進めているが、頼総統が今後、私たちがこの章で述べた考えのいくつかでも検討してくれることを願う。そのとき、彼は必ず何らかの障害にぶつかるだろう。最後に、最も重大な三つの障害の解決策を提案しておきたい。

最適には及ばない現在の戦争への備えで妥協すべきだと批判する人たちは、その理由に物資の制約を挙げるだろう。確かにそれは疑いようがない事実だ。訓練スペースは限られている。兵舎、弾薬補給所、武器庫、射撃練習場などの重要施設も多くはない。すべての現役部隊に必要な軍需物資、部品、武器、防具の供給も不足していて、予備役の一部にまではとても回せない。よって、新政権は訓練スペースを拡張し、多くの軍事インフラを建設し、必要な装備の購入を増やすことを緊急の優先事項とすべきである。

批判する人たちはまた、現実の予算を考えれば、必要不可欠とされるアイテムの購入は難しいと主張するだろう（詳細は後述）。ところが実は、政府と国防部はその乏しい防衛費を、奇襲攻撃や長期戦に太刀打ちできそうにもない、見かけ倒しで高価な兵器プラットフォーム（訳注／武器を搭載し戦場で展開できる乗り物の総称。潜水艦、戦闘機などが含まれる）に費やし続けているのだ。[42] たとえば国産のディーゼルエンジン潜水艦や玉山（訳注／台湾海軍が独自に建造した新型の揚陸艦）級の強襲揚陸艦のような、コストがかさむうえ軍事ドクトリンにとっても健全でないプログラムから資金を引き揚げれば、即応力、長期戦闘能力の両方を高める低コストで殺傷能力の高い兵器を製造・購入・備蓄するだけのリソースを確保できるだろう。
言うまでもなく、本章で示した改革案には高コストなものを削減して節約できる以上の予算が求められる。確かに蔡政権は防衛支出を2018年の110億ドルから2023年には190億ドルに増額する（特別防衛予算を含む）というみごとな実績を挙げたが、現実とは過酷なもので、必要なレベルの防衛を実現するには、さらなる予算が必要だ。台湾はすでに国家予算の22パーセントを防衛費に充てている。つまり、選挙で選ばれたリーダーたちは、現在の財政・税務政策に厳しい変更を加える覚悟をしなければならないということだ。(43)

台湾の防衛予算の大部分が人件費や福利厚生に充てられている（多くの新兵を集める必要性からどちらも近年著しく上昇している）ことから、徴集兵への依存度を高めれば、より大規模で有能な地上防衛部隊の配備に伴うコストの一部は減らせるはずだ。それでも、頼総統はなぜ税金を引き上げなければならないか、なぜ社会福祉支出を減らさなければならないかを有権者に説明する必要があるだろう。どの民主主義国でもそうした政策は容易には受け入れられないが、収めた税金が目に見える形で有意義に自国の防衛力を向上させ、はるかに大きな犠牲が生じる戦争のリスクを減らすのに使われていることがわかれば、台湾の人々は増税に快く従うのではないだろうか。

地域防衛隊を設立するもうひとつのメリットがこれだ。守るべきコミュニティで訓練を行う地域防衛隊は、台湾は自力で国を守ることができ、税金が平時にも有事にも台湾の力になるために使われていることを示す紛れもない象徴になるだろう。さらに、最終的にどのように編成されるかにもよるが、地域防衛隊は低いコストで台湾の防衛を大幅に強化できる可能性がある。それを実現したのがエストニア防衛連盟だ。エストニア防衛連盟には正規軍の兵士の数より多い1万6000人（訳注／エストニア防衛連盟のウェブサイトによれば1万8000人）の参加者がいるが、全員が無給のボランティアで、政府は訓練と装備にかかる費用だけを負担している。[44]

ただし、繰り返すが迅速な改革にとっての最大の障害は国防部の内部にある。蔡政権下に国防部は建設的な改革計画のほとんどすべてに反対するか、対応を引き延ばすか、骨抜きにするかしてきた。[45] 無論これは台湾特有の問題ではない。軍の官僚主義は変化に抵抗することで悪名高い。[46] たとえば、2014年以降ウクライナは軍内部の人員を刷新する必要に迫られた。[47] 本書でも指摘があったように、米国高官は中国人民解放軍の台湾侵攻を抑止または阻止するのに必要な対艦兵器の製造をきっぱり拒否してきた。いずれにせよ、有意義な防衛改革を実行するには、国防部に染みついた官僚的利害関係と組織文化に対処する必要がある。

破壊的戦争の抑止を真剣に考えるなら、台湾の新総統には改革の妨げとなる将軍や提督の解任を含め、かなりの政治的資本を投じて必要な変化を起こす以外に選択肢はない。ワシントンはそのために力を貸すことができるし、すべきである。ただしその方法は、小規模部隊の訓練のみ実行できる機動力を備えた数十のチームを配備するといった単純なものではない。本章で強調したように、軍全体を変えなければならないのだ[48]。ワシントンは台湾と米国における二国間訓練を通じトップダウンの、ボトムアップの、内側からの、徹底的な改革を支援する準備をすべきだ。さらに、台湾軍（願わくは地域防衛隊も）とウクライナ、エストニア、イスラエルの訓練チーム間の安定的な交流を促進すべきである。なかでもいちばん重要なのは、米国議会と大統領があえて「悪役」を引き受け、たとえ台北に明確な条件を課してでも、改革を断固要求しなければならないことだろう。その結果、米国に逆らうわけにはいかない状況を逆手にとって、台湾の総統が改革を断行できれば、大きな意味があるというものだ。

どのように改革を遂行するかに関係なく、国防改革は頼清徳の最優先課題でなければならない。抑止力を強化し、台湾が犠牲者ではなく、自由と民主主義の最前線の守護者であり続けるための文化を構築しなければならないのだ。平たく言えば、台湾はいまの軍では戦えない。そして、必要な軍を構築するための時間は限られているかもしれない。

第5章
中国の武力行使に対抗せよ

イヴァン・カナパシー

戦争において何より予測不可能なのは、
抵抗という形で表われる人間の意志である。

――B・H・リデル＝ハート（英国の軍事評論家）

この章では、全面侵攻を含め、台湾征服のために中国がとる物理的破壊を伴う行動について見ていこう。中国はいくつかの方法で台湾を威圧しようとしてくるとみられるが、**なかでも台湾軍が全精力を注いで対処しなければならないのは、上陸侵攻の脅威である。**台湾は中国軍の上陸に抵抗しながら、全面的な禁輸や爆撃に少なくとも2カ月は耐えられるだけの準備をしなければならない。本章は台湾が米国及び同盟国からの支援を引き出しつつ、中国人民解放軍の伝統的な上陸作戦を阻止する戦略について述べる。すなわち、米国を中心とした同盟軍の介入を促し、みずからの生存可能性と相手の致死性を最大化するための作戦構想だ。そして最後に、そうした防衛戦略を可能にするため推奨される台湾軍の戦力構成の改変リストを提示する。

「グレーゾーン」が黒に変わるとき

近年の中国のグレーゾーン活動は、台湾の友好国を奪う、台湾の政治家候補を脅迫するため標的を絞った経済制裁を科す、台湾の世論に偏った情報や偽情報を拡散するなど、多岐にわたっている。ほかにも台湾の人々の徒労感を助長させることを狙った海軍、空軍、ロケット軍、海警局による非戦闘行動もある。

中国のグレーゾーン活動は侮りがたいので、それらの詳細と台湾が講じることができる対抗策については、第6章で検討しよう。ただ、これまでのところそうした活動は、中国との政治統合を望まぬ声が広まっていく台湾の状況を逆転させるには至っていない。過去3回の台湾総統選挙でも、北京が望んだ結果は出なかった。率直に言って、中国は「戦わずして勝つ」ための戦略に頼りながらもいまだ勝てずにいるのだ。

戦闘行動にエスカレートしない限り「グレーゾーン」に分類される、検疫や封鎖といった著しく強力な作戦を中国はまだ試みていない。しかし、それらが実行に移されたとしても、ウクライナ国民と同様に台湾の人々が民主主義の自由と事実上の主権を維持するため苦難に耐え忍ぼうとする可能性は高い。それを考えると、中国が強硬な行動に打って出るのは、それが武力行使にエスカレートすると見込んで、すでに計画を立てたうえでのことになるだろう。それに、台北がキーウのように他国の圧力に抵抗する選択をすれば、北京は本格的な侵略に進むよりほかないと考えるかもしれない。ウラジミール・プーチンが大きな犠牲を払ってウクライナで10年間続けている戦争を見れば、最初から一気に圧倒的な軍事力を振るい、既成事実を示していたなら、ロシアがもっと容易に勝利を手にしていたであろうことは、たとえ事情を知らない人でも想像がつく。ロシアはそれをせず、段階を踏んで徐々に戦争に入っていったので、ウクライナやその西側同盟国にはウクライナの防衛力を強化する時間があった。プーチンが起こした戦争についてたびたび明らかな懸念を表明してきたことから判断すると、習も同様の結論を導き出している可能性がある。(1)

空中、海上での異常接近に対処する

政治的に侮辱を受けたと感じれば、それを非難するために砲撃やミサイル発射で軍事的に反応するというのが中国のやり方だ。1995〜96年に台湾総統が米国を訪問したときも、2020年と2022年に米高官が台北を訪問したときもそうだった。ただ、いずれの場合も台湾の軍や領土への武力攻撃に発展することはなかった。1958年以降、人民解放軍と台湾軍は戦火を交えていない。2001年4月に米中の航空機が衝突したときも、2018年に両国の艦船が衝突寸前になったときでさえも、武力紛争は起きなかった。

2023年末にフィリピンの補給船を妨害するなど、中国は近年米軍やその同盟国軍との上空、海上での接近におけるリスク許容度を高めている。放水砲を浴びせる、閃光弾を発射する、攻撃的な機動を行う、米同盟国の艦艇や航空機にわざと衝突するなどといった中国軍による危険行為の責任を、中国が他国に転嫁するのはいつものことだ。自分たちに都合のいい物語を延々と繰り返すのが中国のプロパガンダのやり方なので、台湾は、公海とその上空でエスカレートする危険のある人民解放軍との対峙を避けなければならない。第3章で説明したように、問題はそれが偶発戦争の引き金になりうることではなく、前々から計画されていたエスカレーションを現実のものにする格好の口実を北京に与える恐れがあることだ。対峙を回避するには、台湾は軍ではなく海上法執行機関（海上警察）を配備する中国の戦略を真似るのがいいだろう。

すでに台湾は領有権をもつ南シナ海の二つの島礁に海巡署（沿岸警備隊）を常駐させてはいるものの、軍の支援要員の派遣は最小限にとどまっている。台湾は海軍ではなく、海巡署と内政部空中勤務総隊（航空捜索救助機関）を南シナ海の島への定期的な補給と公海の海上警備に当てるべきだ。軍用輸送船同様、沿岸警備艇も自衛用の近接防御火器システム「ファランクス」を含む20ミリ砲で武装することができる。軍用と民間の輸送機も同じように相互に代替可能だ。公海とその上空で挑発を受けた場合は、２０２３年末からフィリピンがしているように、台湾はその事態を動画に収めながら撤退するべきだ。人民解放軍は公海上で戦略上の優位性を見せつけているだけだと理解し、台湾は「グレー」の軍艦ではなく海巡署の「白い」巡視船をより多く配備して、冷静に対処すればいい。

しかしながら、中国の艦艇が台湾の接続水域（領海基線からその外側24海里の線までの海域）に接近した場合は、台北はリソースを集めて軍事的対応に備えなければならない。(2) 南シナ海や東シナ海での事例を見る限り、中国はまず非武装海上民兵を使ってくるかもしれない。あるいは、ドローンを飛ばして台湾の防衛体制を試そうとする可能性もある。いずれにしても台湾は、中国の浚渫船や漁船に対する措置と同様に、まずは法執行機関で対応するべきだ。(3) 台湾海巡署は接続水域まで接近してくる船に警告を発し、標的の素性や意図を判断しなければならない。12海里の内側では、国際法で定められているように、無害通航の範囲を逸脱する行為が確認された場合は軍が対応しなければならない。状況が許せば、台湾は侵入船の船首に向かって警告射撃することができる。だが、侵入船の数が多すぎたり、高速で航行していたりするケースでは、領海内で指示に従わない標的にその権限内で致死兵器を使用することになる。自国の領海内で中国が意図的に挑発行為を繰り返すなら、台湾は引き下がるわけにはいかないのだ。

同じことは領空侵犯にも当てはまる。航空機が40海里上空に接近した場合、飛行プロファイルや航空機の種類によっては警告として戦闘機をスクランブル発進する必要があるかもしれない。40海里は台湾本島から台湾海峡中心線までのおおよその最短距離である。台湾の戦闘機は、台湾の基線から12海里の上空に近づく前に中国機の接近を阻止するためにその装備と意図を判断する必要がある。この場合も、侵入者が領空内で指示に従わなければ、台湾は主権が侵犯されていくのを黙って見ているのでなく、標的に対抗措置を講じるべきだ。ただし、それは中国に報復に出る口実を与える恐れがある。よって台湾は先手を打って、その事態が国土防衛を目的として発生した旨を証拠となる動画とともに速やかに発表し、その後中国が展開するプロパガンダに対抗しなければならない。

中国のドローンが侵入してきた場合は、20ミリ機関銃や同等の軽機関砲を（上空または海上から）使用してそれらを無力化する。海上民兵や浚渫船に対しては、無害通航の範囲を超えていれば台湾海巡署は彼らを拘束しなければならない。台湾のジェット戦闘機は上空または海上の脅威に対応可能であり、空海両方の不測の事態に備え兵器による警戒態勢を継続しなければならない。同じように、海巡署と海軍は緊急発進に備え各地の港に待機する。その任務に最適なのが、海のジェット戦闘機としての機能をもつ高速ミサイル攻撃艇だ（台湾は１８０トンと６５０トンのミサイル巡視艇を保有している）。戦闘機やミサイル艇の警戒任務と連携し、作戦に縦深性を与えるために、地上発射型の沿岸防衛巡航ミサイルと中距離防空を担う砲兵中隊を台湾沿岸に配備するべきだ。
台湾はまた、過剰反応を避けることにも細心の注意を払わなければならない。2024年1月の総統選挙を前に、中国はジェット気流に乗せて気球を飛ばしたり、台湾領海内で無害通航を装いタグボートを航行させたりと、台湾に揺さぶりをかけようと試みている。[4]いずれのケースにおいても、台湾は適切に判断を下し対応に当たった。[5]
沖合諸島(台湾が領有する島が中国本土の沿岸にある)の場合、台湾の領海は12海里に届かない。よって台湾軍は、2022年夏に小型ドローンが飛来したときのように、直接的な領空侵犯をターゲットにするべきだ。沖合諸島及び南シナ海の島礁に配備されている離島防衛部隊は、主として人民解放軍の占領に抵抗する準備をしておかなければならない。

離島奪取

中国共産党の政治目的が統一に向けた目に見える進捗を示すことなら、公海を巡る論争を煽動するだけでは満足しないかもしれない。北京はむしろ、本土沿岸または南シナ海にある台湾周辺の島のどこかを占領し、台湾の領土を奪う選択をする可能性がある。そのようなシナリオでは、米国は台湾のために介入するのは気が進まないだろうし、不可能だろう。米国の台湾関係法の範疇に離島は含まれていないうえに、人民解放軍の力が大幅に勝っている現状を考えると、離島占領作戦は数時間は無理でもおそらく数日もあれば完了するだろう。ターゲットの第一候補は原住民もほかに領有権を主張する者もいない東沙礁(Pratas Reef)だ。沖合諸島の一部を占領する可能性もある。ただしその作戦は戦略上あまり意味がないかもしれない。というのも、歴史的に沖合諸島は台湾を本土と結びつけ、台湾が独立に傾きすぎるのを防いでバランスを保つ役割を果たしているからだ。さりとて、中国はたびたび計算を間違え、策に溺れることがあるので、台湾は対応策を立てておかなければならない。

占領行動を抑止し、必要ならそれに抵抗するには、スティンガーやジャベリンのような短射程の防御兵器を離島に数多く配備するべきだ。台湾はクリミアのように無抵抗で占領に屈することは是が非でも避け、その強い意志を証明し、中国に致死力の行使を余儀なくさせなければならない。離島の占領に強い抵抗を示せば、台湾は世界に断固たるメッセージ——中国は粗暴な修正主義の大国で、台湾は自国の防衛のために戦う用意がある——を送ることができる。

どのようなシナリオにおいても、台湾の乗組員や防衛要員は中国軍とのやり取りを記録して世界に伝えなければならない。島の占領、海上での衝突、輸送船や輸送機への武器使用など、限定的な物理的破壊行動のシナリオの下で中国の侵略性が明るみになれば、同盟国は憤慨し、台湾の人々は身構えるだろう。中国が「平和的な再統一」を実現する可能性はいっそう遠のくはずだ。

火力攻撃による海上封鎖

ナンシー・ペロシ米下院議長の台湾訪問を受けて中国が2022年8月に実施した実弾演習は、さらなるエスカレーションを避けることを狙った、台本どおりの政治的抗議だった。世界の関心を集めることを意識して、軍事演習は事前に発表され、期間が決まっていて場所も限定されていた。民間の船が迷い込まないよう人民解放軍の艦艇が指定された弾着区域を巡視していた。中国国営メディアは、演習では「共同封鎖、対艦攻撃、地上目標打撃、制空作戦」の検証を行ったと発表した。(6) 台湾周辺の海域に向けて弾道ミサイルが複数発射されたが、これには台湾を正確に標的にできる人民解放軍の能力を誇示する目的があった。

しかし、たとえ誘導ミサイルを何千発発射しても、それによって相手を降伏させられる可能性は低い。核兵器を使用した場合を除き、人々に強引に敗北を認めさせた空爆作戦は歴史上存在しないのだ。むしろ空爆は人々の決意を固くさせることが多い。それでも、中国が遠く離れた場所から爆撃によって台湾の人々を服従させようとしてくる可能性はゼロではない。よって、台湾は軍事インフラを含む重要インフラを標的とした大規模なミサイル攻撃に耐えられるよう、精神的にはもちろん兵站面でも準備しておく必要がある。台湾だけでなく、世界中の人々のあいだで反中感情がさらに高まると予想されることから、中国があえて市民を標的にミサイルを発射するとは考えにくい。前述のような物理的破壊を伴う限定的な作戦と同じくらい、世界とのコミュニケーション能力が台湾が諸外国を糾合し介入を促すうえで非常に重要になるだろう。世界から支援が得られるまでのあいだは、数千隻の漁船が必要不可欠な物資へのアクセスを確保するパイプの役割を果たすことができる。台湾の人々がレジリエンスと生き残る意志を示せば、世界の人々は中国に対して憤りを募らせる。それを目にすれば、米国などの同盟国は、台湾が強い存在感を示す電子機器のグローバル・サプライチェーンの大混乱も相まって、物理的破壊を伴わない（非キネティックな）封鎖（次の章で考察する）が行われた場合よりも早急に介入意志を固めるに違いない。

爆撃と封鎖が長期に及べば、確かに台湾は悲惨な状況になるが、多くの人々がこの2年間レイプや拷問などといった敵の行為に苦しんできたウクライナやイスラエルを思えば、どうにか耐えられるだろう。そのあいだ、封鎖を維持するためにより多くのコストを費やさねばならない中国は経済的に苦境に陥り、米国に対しますます不利な立場に置かれる。(7) 政治的には、先進国が中国共産党を非難し孤立させ、中国政府は大きな課題を抱えることになろう。

さらに、このシナリオでは台湾は中国に属さない状態を維持できるばかりか、米国や主要同盟国の支援を受けて正式な独立に動く可能性さえある。そうなれば、2022年に始まったウクライナ侵攻と似たり寄ったりの結果と言えるだろう――プーチンが浅はかにも攻撃に打って出たことによって、結局は彼が絶対に避けたかったNATOの強大化が進んだのだ。数週間、台湾が中国の禁輸措置に対抗しながら同盟国とうまくコミュニケーションをとることができれば、中国は1958年同様に撤退するか、小さな島の奪取という限られた勝利で妥協するか、台湾本土に侵攻するかの判断を余儀なくされるだろう。

ほかの選択肢（次の章で検討するものを含む）の欠点を考えれば、勝利を手にするために中国が選ぶ可能性が最も高いのは、台湾をあっという間に武力で支配する全面侵攻かもしれない。何と言っても、人民解放軍はほかならぬそのシナリオのためにこの数十年間準備を行ってきたのだ。２０２２年2月、ロシアはウクライナで同じような既成事実化ができると見込んでいた。しかし、ウクライナの人々が侵略に抵抗し、最初の攻撃に耐えたため、戦争は数年に及んでいる。台湾の人たちも同じことをする意志と覚悟をもたなければならない。

八二三砲戦

水陸両用作戦の前兆として起きる可能性が最も高いのが、人民解放軍による封鎖と台湾領土への破壊的な爆撃だ。台湾は過去にそうした攻撃にさらされた経験がある。１９５８年8月23日に勃発したことから八二三砲戦と名づけられたその戦闘は、３カ月以上続いた（第二次台湾海峡危機とも呼ばれている）。台湾の国府軍（中華民国軍）が支配する二つ

八二三砲戦のさなかの金門島の台湾軍兵士たち。写真：ジョン・ドミニス／The LIFE Picture Collection/Shutterstock

の沖合諸島、大金門島と小金門島に激しい砲撃が加えられたが、米国がタイミングよく介入したことで占領されるには至らなかった。国府軍が後退し陣地を遮蔽するなか、人民解放軍は金門を封鎖して砲弾を打ち込み続け、多くの犠牲者を出した。2週間ののち、米海軍による国府軍補給船団の護衛が開始された。中国は米軍に先導された船団への砲撃をしなかったため、補給物資や武器弾薬を金門に運ぶことができた。

米国はジェット戦闘機、武器、水陸両用艇も台湾に送った。金門では国府軍の地上部隊8万5000人の大半が掩蔽壕《えんぺいごう》に残り、戦闘機は100マイル以上離れた台湾本土の基地から作戦を展開した。米国と台湾の海軍船団も人民解放軍の砲撃射程圏外の海域にとどまった。金門から数マイルの距離を航行できたのは、中国の攻撃に抵抗を続けるための砲弾や物資を運ぶ台湾の揚陸艦だけだった(8)。

台湾に物資が補給され、自軍の弾薬の備蓄が減りつつある事態に直面した中国は、数週間のちに膠着状態にあることを認めた。時宜にかなった米国の支援を受けて、台湾は金門の防衛に成功し、中国の侵略を防いだのだ。

人民解放軍による今後の水陸両用攻撃を抑止するため、台湾は八二三砲戦の経験から得られた三つの教訓を活かさなければならない。

①敵の対地砲撃の射程圏内にいる部隊の防衛力と生存可能性を高めなければならない。　1958年の第二次台湾海峡危機では、高級将校を含め、台湾の金門防衛部隊が人民解放軍の砲撃を受けて死傷したが、彼らは地下の掩蔽壕で守られていなかった。現在人民解放軍が保有する精密弾道ミサイル及び巡航ミサイルは、島嶼部のみならず台湾全土を射程に収められる。しかも、猛烈なミサイル攻撃を相殺できる弾

道・巡航ミサイル防衛システムを、台湾は十分に備えていない。コストのかかる限られた数の迎撃手段だけで、台湾は政府中枢機関、主要都市、重要インフラを最優先で保護しなければならないのが現状だ。

②**敵の対地砲撃の射程圏内にいる部隊は、敵を撃破するに足る物資と武器弾薬を保有しなければならない**。中国が攻撃してきた場合、台湾は漁船を展開し、日本やフィリピンなど近隣の友好国の中継港から必要な食糧や物資を運ぶべきだ。だが中国が同盟国の領土にまで攻撃を加えれば、台湾は補給物資なしで長期戦を生き抜かなければならない可能性がある。いずれにせよ、交戦状態になってから台湾に武器を輸送するのは非常に困難だろう。そうした事態を想定し、台湾は有事に必要な糧食、武器弾薬、装備を十分に備蓄しておかなければならない。

③**海軍と空軍は敵の対地砲撃の射程圏外から作戦を展開しなければならない**。ミサイル攻撃でまず標的とされるのは、軍港とそこに停泊している艦艇だろう。同様に、空軍を無力化するには、人民解放軍は飛行場の燃料貯蔵庫や電力ハブ、誘導路や滑走路といった脆弱なノードを攻撃するだけでいい。迅速な滑走路の修理、高速道路への着陸などの構想と能力を見ても、台湾にはものの数分で固定目標を識別・攻

撃できる人民解放軍のキル・チェーン（訳注／敵を攻撃する手順を標的の識別、標的への兵器割り当て、攻撃判断、標的の破壊の四つに分類した一連の手順の概念）をしのげるほどの即応力はない。

最重要ミッション――侵略に反撃する

中国抑止の効果は、台湾の防衛力のみならず米国介入の可能性によって左右される。ウクライナと同じで、台湾が他国の支援なしで強大な敵に抗い続けるのは不可能なのだ。よって、台湾の主要防衛戦略は人民解放軍の通常戦力による上陸作戦を阻止し、米国主導の同盟国から最大限の支援を引き出すという共生する二つの目標を基盤とすべきだ。ウクライナがキーウへの攻撃に抵抗し、いまも戦い続けているように、台湾は「中国は攻撃的な好戦者、台湾は罪のない犠牲者」の構図を維持したままで、中国の武力行使を抑え込み続けなければならない。グレーゾーンの緊急事態発生時同様に、国際的な連携を確立して支援を得るためには、諸外国との関係維持が重要かつ不可欠になろう。

中国の攻撃を受けたときに米国が正式に台湾防衛にコミットするかどうかにかかわら

ず、台湾軍が果たすべき任務は同じだ。[9] それは、台湾の領土と市民を中国の侵略から守ること、そしてそのための戦いを外国の支援が届くまで、あるいは中国が諦めるまで続けることだ。もし中国が台湾で拠点（作戦展開に利用する港湾や空港など）の構築に成功すれば、世界がその状況を受け入れ、それ以上の行動を自制しようとする可能性は大きいだろう。ウクライナとは対照的に、台湾は友好国と国境を接していないため、同盟国が台湾の地上作戦に安全保障支援を行うのは困難とみられる。台湾の国際社会からの孤立と現状の曖昧さに加え、中国の強大な経済力・軍事力は、介入に二の足を踏む諸外国の動きを顕著にする。これらの理由から、台湾軍は人民解放軍による拠点の確立の阻止を何よりも最優先すべきだ。

台湾は、上陸作戦を阻止すると同時に、ミサイル攻撃や爆撃、強制的な禁輸措置、重要インフラへのサイバー攻撃、偽情報作戦、その他関連する脅威に最長で2カ月間耐えられるよう準備をしておかなければならない。その間に、同盟国は1カ月かけて偽情報への対処、連携の確立、軍の動員などに関する政治的意志決定を行うことができる。さらに台湾は、米国主導による軍事作戦が、同盟軍を台湾付近に近づけないことを目的に配備された中国の接近阻止・領域拒否（A2AD）部隊を「薄皮を一枚ずつ剥ぐように突破する」までにもう1カ月かかるものと想定しておいたほうがいい。言い換えるなら、米国とその同盟国は数百マイル離れた場所から戦いながら台湾に向かって前進しなければならないのだ。この作戦がどのようなものでどれくらいの期間続くかは、政治状況の展開によってさまざまだろう。たとえば、エスカレーションをコントロールし、米軍兵士へのリスクを回避するために、米軍は最初のうちサイバー戦、電子戦争、長距離使い捨てドローン、水中戦などの半否認可能な（訳注／「否認可能」とは国が当該行為への関与や責任を否認できること）戦闘能力の範囲内に関与を限定するかもしれない。

人民解放軍の上陸作戦で大きな脅威となるのが、揚陸艦、上陸用舟艇、航空攻撃ヘリコプター、空挺部隊の輸送機だ。これらのプラットフォームが、拠点を確保・占拠する第一攻撃部隊を運んできて、後続部隊が妨害を受けずに台湾に入ることを可能にする。その直後に起こりうるのが、台湾と澎湖諸島に襲いかかる、上陸作戦を援護する数千もの（大半が陸上発射の）弾道・巡航ミサイル、ロケット弾、ドローン、攻撃機の脅威だ。これらの脅威に対し、台湾は、第一攻撃部隊を迎え撃ち、後続の脅威を阻止しなければならない。

常識を覆すようだが、中国海軍の潜水艦、水上戦闘艦、空母は、拠点の構築を拒否する最重要任務にとってあまり重要ではない。台湾侵攻作戦の核をなす攻撃部隊は、主として陸軍のほかの部隊の支援を受けた人民解放軍陸軍水陸両用混成旅団と考えられる。[10] 一部の海軍部隊も上陸作戦に参加する可能性がある一方、外洋型艦艇は中国のA2AD作戦の一環で米国及び同盟国が台湾付近に近づくのを妨害する任務を担うだろう。攻撃に伴うコストやリスクが高いことから、台湾は外洋海軍目標の優先度を下げ、代わりに長距離精密攻撃兵器や先進潜水艦などの質的優位を活かせる米軍にその任務を任せるべきだ。

台湾の一部の防衛アナリストは、心理的ダメージを与え敵の意志をくじくために、上海や人民解放軍の空母を攻撃の第一目標にすべきだと考えている。これについてもウクライナの経験に学ぶのが有益だ。戦略レベルでは、ウクライナがそのような攻撃を行っても、プーチンは戦争を止めていないし、ロシアにおける彼の人気が下がり、権力支配が弱まったわけでもない。同じように、台湾が中国の市街地を狙って象徴的な目標を攻撃しても、それは危険度をエスカレートさせ、人民解放軍の撤退の可能性を低下させるだけだろう。台湾による中国本土攻撃の標的は、人民解放軍の上陸作戦を最も直接的に支援する軍事目標とすべきだ。

作戦レベルでは、ウクライナが縦深攻撃を遂行できるのは、台湾の17倍の面積を有し安全な後方地域から作戦を展開できるからにほかならない。地形的に見て、台湾はクリミア半島に似ている（クリミア半島の面積は台湾の四分の三）。この最新兵器システムの時代に、台湾は事実上単一の戦域だ。安全な後方地域を維持するには、台湾軍は人民解放軍の上陸部隊を断固として撃退し、台湾全土と澎湖諸島を保持し続けなければならない。

非対称的な防衛戦略

米国は数年間台湾に「非対称的な」防衛戦略の導入を勧めていたが、その定義や能力について両国のあいだに合意があるわけではない。米国が台湾に要請したのは、沿岸防衛巡航ミサイル（トラックから発射される対艦ミサイル）のような回復力と費用対効果の高いプラットフォームの増強、作戦を持続させるための武器弾薬の増強、そして訓練と整備への投資強化だった。しかし台湾は、老朽化が進んでいる花形のプラットフォームを新しくする――最新鋭のジェット戦闘機やヘリコプター、フェーズド・アレイ・レーダーと垂直ミサイル発射機を搭載した艦艇、最新式の戦車や牽引式火砲など――ことを優先した。

人民解放軍は特に米国のプラットフォームを中心とした戦力投射戦に反撃することを目指して近代化を図っているので、紛争時に格好の標的にされる兵器システムをいくつか増やしたところで中国を抑止することはできない、と米国は主張した。台湾軍の指導者は長年、中国が台湾を攻撃する可能性を否定し、米国の警告を軽く扱っていた。たとえば、台湾のある陸軍大将は米国の対談者らに、中国本土と台湾は「いとこ」同志なのだから、絶対に戦争などしないと、まるでかつての中共内戦など起こらなかったかのように語ったという。(11) またある海軍提督は、台湾はなぜ水陸両用攻撃作戦の訓練をするのかと問われ、南シナ海でベトナムと戦争しなければならないかもしれないからだと主張した。空軍大将のひとりは、人民解放軍によるミサイルの集中砲火を浴びたら台湾の飛行場はひとたまりもないと指摘されても、誇り高き空軍の支柱はジェット戦闘機以外ありえないと素っ気なく答えた。台湾の将官たちは、台湾軍は共産党体制が崩壊した場合に備え中国本土の実権を握る用意をしておくべきだという世界観で凝り固まっていた。だから台湾は、戦車、攻撃用ヘリ、パラシュート部隊、水陸両用攻撃、空中早期警戒のような戦力投射能力こそ重要との考えを脱却しようとしなかったのである。

しかし、2019年頃からようやく、蔡政権が米国のビジョンに沿った部隊開発計画を防衛指導層に指示するようになった。台湾は携行型防空ミサイルシステム「スティンガー」、対艦ミサイル「ハープーン」と垂直発射装置、高機動ロケット砲システム「ハイマース」

ランチャー、情報・監視・偵察（ISR）無人機「MQ－9リーパー」を調達する意向を発表した。2022年に始まったウクライナの戦争が、台湾のこうした方針転換が賢明であることを証明している。抑止強化のために台湾が向上させなければならない戦闘能力に関し、現在ワシントンと台北の意見は一致しているものの、計画の実行は依然遅々として進んでいないのが懸念される。

基本的な意味で、非対称性を活かすとは、ダビデとゴリアテのように、敵の強みを真似るのではなく、自分の強みを使って敵の弱点を攻撃し優位に立つことである。台湾は、資金力が豊富で高度な技術をもつ敵と長年軍事競争を行っている。ほんの30年前は、台湾のGDPは中国の半分強だった。それがいまでは20分の1にも満たない。この経済力の非対称性が軍事力にも影響するため、台湾は非対称的な防衛戦略を取らざるをえないのだ。

関連する数字で見ると、米国政府の評価によれば台湾の2022年の防衛支出はGDPのわずか1・6パーセントなのに対し、経済大国中国の不透明な部分の多い防衛支出はGDPの3・8パーセントに上る。[12] 確かに台湾は2023～24年の防衛費を2パーセント以上増やしたが、少なくとも米国（GDPの3・5パーセント）と同程度にまでは増やすべきだ。台湾防衛の重い負担が台湾人以上に米国人の肩にのしかかるのはありえない。必要な戦闘能力が調達されるという前提だが、米国からの防衛購入の増加は台湾の戦う決意を示し、抑止を強化させるだけでなく、米台はより均衡した貿易関係を築くことができるだろう（2022年の台湾の対米貿易黒字は510億ドルだった）。

非対称性を活かす

台湾は防衛リソースの有効性を徐々に最大化していく必要がある。そのためには、政治リーダーが優先事項を明確に示し、防衛指導層を人民解放軍の侵略からの国土防衛という核となる重要任務に注力させなければならない。本章で先に述べたとおり、人民解放軍には作戦を成功させられるだけの圧倒的な軍事力があることを認識し、台湾の沖合諸島には中国軍の占領に確実に抵抗するための最低限の軍備を敷くべきだ。次の章では、台湾のグレーゾーン防衛は探知による抑止の構想を採り入れた長時間航続無人ＩＳＲプラットフォームを中心にすべきであることを明らかにする。[13] これらのプラットフォームは重要性が高い割に、必要なコスト、人的資源ともに比較的低いのが魅力だ。

台湾軍には外交や災害対応支援の任務もあるが、軍の開発（つまり人材確保・訓練）リソースを、士官候補生のカリブ海クルーズや台風発生時の救援活動などに割り当ててはならない。そうした二次的任務の遂行には、すでに対応可能な既存の部隊を当たらせるべきだ。

つまり、台湾軍は人民解放軍の攻撃を撃退することにその圧倒的な強みを集中させなければならないのだ。その一方で、民間の力を活用し、社会全体で国土防衛体制を構築する必要もある。これにはサイバーセキュリティ（ＩＴ関係者）、医療（外傷治療医）、航空（パイロット）、物流（トラック運転手）、国土防衛（地域コミュニティの住民）などの分野の、非常勤の補助要員も含まれる。

リソースが限られているというなら、台北は敵の軍事施設への反撃能力の保持についても検討する必要がある。人民解放軍が米国やその同盟国の領土に致死力を行使しない場合、核エスカレーション・リスクを抑えるため、米国は中国領土への攻撃を控えるかもしれない。だがその場合も、台湾が中国の武力攻撃に対抗するために、たとえば沿岸部にある人民解放軍の指揮統制施設や港に停泊中の揚陸艦を標的にすることは正当化されるだろう。

この目的に沿って、台湾はすでに対地巡航ミサイル「雄風ⅡＥ」（ＨＦ－２Ｅ）と移動式発射機を数百基保有している。また現在陸軍戦術ミサイルシステム「ＡＴＡＣＭＳ」弾道ミサイルを調達しているが、これに代わって精密打撃ミサイル（ＰｒＳＭ）を大量調達するべきだ。台湾の飛行場が運用不能になる事態を想定し、台湾軍は先んじて米国及び台湾基地にある戦闘機を第二列島線に再配備し、台湾の戦闘機のみが本土の目標を攻撃する許可が得られる可能性が高いスタンドオフ航空作戦に備えることも可能だ。そうした作戦を支援するために、台湾は統合空対地スタンドオフミサイル（JASSM）（及び長距離対艦ミサイル（LRASM））を大量調達し、グアムの米軍基地に事前配備しておくべきだ。台湾の戦闘機を再配備できない状況になったら、米軍がこれらのミサイルを使って台湾を守ることができる。

海中領域では、中国は台湾周辺海域での水中センサー網の構築に投資を行ってきた[14]。それに対し台湾の潜水艦技術は数十年遅れている。日本には非大気依存推進潜水艦がある。米国、そしていまは中国も新たにポンプジェット推進の技術を潜水艦に搭載している。台湾が保有する最新の潜水艦はこのような高い技術をもたないうえに、法外なコストがかかるだけの、現代で最も騒音の激しい最も脆弱な船だ[15]。ウクライナに倣い、台湾はこれ以上有人潜水艦を建造するのをやめ、水上ドローン、特に殺傷能力の高い使い捨ての無人機（スマート魚雷）の開発を進めるべきだ。

最新の対艦・対空ミサイルシステムなら、何分の一かのコストで有人の戦力投射プラットフォームと互角に戦える。ウクライナを見ればわかるように、現代の戦争では費用曲線は地域防衛に有利に傾く。太平洋上で最も有名な例が、米軍の介入からの防衛を目的として作られた中国のA2AD網だ。ご推察のとおり、有効距離が短いほど、飛翔体は安価で、発射装置の機動性は高くなる（よって生存可能性も高い）。人民解放軍の上陸を2カ月間阻止するには、台湾は機動性の高い短・中距離防空・沿岸防衛システムを備えた独自のA2AD網を構築しなければならない。

加えて、積極的なミサイル防衛と広範囲にわたる堅牢化には、攻撃用弾道・巡航ミサイルの調達以上に多額の費用がかかる。たとえば、地対空迎撃ミサイル「ペトリオット」一基は400万ドルと、それが迎撃する飛翔体よりも高い。したがって、台湾は主に機動力を活かしたミサイル防衛戦略を追求するべきだ。高価値の固定目標が人民解放軍の攻撃を免れる可能性は低い。有人の戦闘機や艦艇など、大型のプラットフォームにも同じことが言える。国内の基地で破壊されなくても、台湾周辺の上空や海上に隙間なく張り巡らされた人民解放軍のA2AD兵器に対しては脆弱だろう。

数的不利を軽減するには、台湾軍は回復力の高いセンサーと兵器プラットフォームを活用し、効率的に標的を定め、致死性を最大化しなければならない。中国は禁輸作戦や火力攻撃と同時に、人民解放軍の上陸作戦を成功させる軍事ドクトリン上の三つの必須条件――情報、航空、及び海上優勢――を達成するために、サイバー攻撃のほか、もしかすると直接行動や「第五列」（スリーパーセル）による破壊工作も仕掛けてくる可能性がある。台湾軍はこれらの作戦を回避し、あるいはその効果を最小限に抑えながら、巧みに機動・攻撃し三つの優勢の達成を妨げなければならない。

人民解放軍の情報優勢工作のひとつに、敵の目をくらませ通信手段を破壊する企てがある。台湾は指揮統制系統を分散させることでその影響を最小限にすることができる。戦術レベルの運用者にＩＳＲ、発射、交戦権限があれば、彼らは既定の特徴を満たす敵部隊（上陸部隊など）を識別し、近距離で息の根を止めることが可能だ。非対称性を効果的に利用したければ、たとえ限られた期間であっても、航空優勢や海上優勢の獲得を試みるべきではない。なぜなら海上や上空で人民解放軍が自由に作戦を展開するのを阻止するだけの場合に比べ、コストとリスクがとてつもなく大きいからだ。広範囲に及ぶ拒否作戦を効果的に展開するための根幹をなすのは、高い致死性をもち、分散型で生存性の高い対空・対艦ミサイルの大量配備なのだ。

台湾の軍事計画策定者は、その防衛計画の「戦力防護フェーズ」は戦争が終結するまで終わらないことを認めるべきだ。たとえば、台湾東部沿岸のトンネル複合体内に駐機された戦闘機は、戦闘中は利用不可能になるかもしれない。そうなったら、台湾軍は人民解放軍の攻撃にさらされれば必ず鎮圧されるとの想定に立ち、「スタンドイン・フォース（訳注／敵のミサイルなどの射程圏内に配置され、移動しながら戦闘を行う部隊）」の役割を受け入れなければならない。日本の南西部及びフィリピン北部の米軍部隊も、それらの地域まで戦争が拡大すれば、やはりスタンドインの役割を担うことになるだろう。それ以外の米国及び同盟国の部隊は最初は離れた場所で作戦を展開し、敵のミサイルなどの射程圏外（スタンドオフ）から戦闘にアプローチする（これについては以降の章で説明する）。

したがって台湾は、スタンドイン・フォースまたは顧問部隊を台湾に事前配備できる米海兵隊や特殊部隊との相互運用性を重視した訓練態勢を整備しなければならない。アリゾナ州での日々の訓練と演習を通じ、台湾のF－16戦闘機はすでに米国との相互運用がおおむね可能で、不測の事態が発生した場合はスタンドオフ作戦に参加できる。台湾軍のほかの部隊は、国土防衛スタンドイン・フォースとして、米国及び同盟国との衝突を回避し味方による誤爆事故を防ぎさえすれば十分である。台湾は近くの沿岸部に火力を集中し、公海上の目標を標的にするのは控えるべきだ。米国は台湾と連携したきわめて慎重を要する潜水艦作戦は行わないとみられるため、台湾は沿岸海域外の海中での行動は避けなければならない。前述のとおり、台湾の最重要任務は、人民解放軍海軍の外洋アセットを標的にすることではない。たとえば、台湾は有人プラットフォームを領空・領海12海里内、砲撃を40海里内、目標攻撃を中国の領空・領海内にとどめる。そうすれば同盟国の部隊は味方同士の衝突を防ぐことができるだろう。

推奨される戦力構成の改変

台湾の防衛指導層は、戦闘能力獲得のために今後2年間で以下の調達を加速するべきだ（重要度の高い順に記載）。

①携行型防空ミサイル（例：スティンガー）4000基以上
②3回の再装填ミサイルをもつ、車両搭載型の機動型短距離防空ミサイル（例：MADIS、アベンジャー／スティンガー、アンテロープ／TC-1）200

基以上

③10回の再装填ミサイルをもつ、対UAS（無人航空機）、対C－RAM（ロケット、砲弾、迫撃砲弾）システム（例：MRIC／スカイハンター、アイアンドーム／タミル）40基以上

④5回の再装填ミサイルをもつ、車両搭載型の機動型中距離対空ミサイル（例：NASAM高機動ミサイル発射機／AMRAAM、機動型ミサイルTC－2）200基以上

⑤艦艇の上陸に対抗するのに適した、携行型対戦車ミサイル（例：ジャベリン）2000基以上

⑥3回の再装填ミサイルをもつ、車両搭載型の、機動型沿岸防衛巡航ミサイルシステム（例：HCDS、NMESIS、HF－2）200基以上

⑦優先度の高い、海軍部隊を輸送する標的の発見・識別に役立つ、小型で使い捨てのインテリジェントな自律型無人航空機システム2000基以上

⑧中国の港に停泊中及び移動中の揚陸艦を標的にした、小型で使い捨ての自律型水上／水中ドローン1000機以上

⑨軍、予備役、民間防衛部隊全員が非常時に使用するのに十分な数のライフル、ピストル、弾薬（定期的な点検・発砲を行う）
⑩機動型ロケットランチャー（例：ＨＩＭＡＲＳ、ＲＴ－２０００）50基以上、沿岸防衛のための精密誘導弾（例：ＧＭＬＲＳ）１０００基以上、本土の軍事目標攻撃のための精密誘導弾（例：ＡＴＡＣＭＳ、ＰｒＳＭ）１０００基以上
⑪対艦・対空識別・目標設定能力を有する戦闘機（例：Ｆ－１６バイパー）最大２００機
⑫２００トン級高速戦闘ミサイル艇（例：光華ＦＡＣＧミサイル艇）90隻以上
⑬６００トン級誘導ミサイル巡視艇（例：沱江、安平ＰＧＧ）36隻以上
⑭中高度高航続海洋監視無人航空機システム（例：ＭＱ－９リーパー）25基以上
⑮低高度空域監視用エアロスタット・レーダー・システム
⑯衛星監視データ・サブスクリプション
⑰低軌道インターネット通信サブスクリプション
⑱米軍が第一列島線の外側に保有し、再配備された台湾の戦闘機が使用する、長距離空対地巡航ミサイル（例：グアムに保管されているＪＡＳＳＭ）３００基

以上

⑲米軍が第一列島線の外側に保有し、再配備された台湾の戦闘機が使用する、長距離対艦巡航ミサイル（例：グアムに保管されているＬＲＡＳＭ）１００基以上

おわりに

生存可能性、致死性、持続可能性を最大化するために、台湾は数百の兵器プラットフォームと数千の弾薬を用意しなければならない。さらにそれらのプラットフォームが地上（あるいは沿岸部）に配備され、機動性が高いのが理想的だ。発射プラットフォームは複雑な地形を背景に配置し（広い野原や海は避ける）、発射後数分以内に遮蔽される位置まで動かせなければならない（「シュート・アンド・スクート」戦法）。センサーも、特に電波を発出中は常に位置を変えるようにする。重装備の装甲車両よりも頑丈な自走式プラットフォームのほうが、台湾の都市部や山の多い地形では融通が利く。

台湾軍が限られた兵器を戦術的に使用するには、人民解放軍の有人戦闘機や部隊の海上輸送への攻撃を最優先に、効率重視を徹底しなければならない。数百の燃料補給廠、武器庫、備蓄弾薬は台湾全土に分配し、防護された掩蔽壕、洞窟、建物内で保管する。台湾の防空部隊には任意の交戦権限を与えるべきだ――その意味でも、台湾上空で友軍が有人航空作戦を展開するのは無謀である。対艦ミサイルチームが戦術ドローンを活用し優先度の高い海軍目標の発見・識別を支援する。人民解放軍が上陸作戦を試みた場合、歩兵数百名は対装甲弾（例：ジャベリン）で上陸舟艇を、対空ミサイル（例：スティンガー）で沿岸に近づく輸送機やヘリコプターをそれぞれ標的に攻撃する準備をしておかなければならない。

抑止の効果を上げるには、不測の事態が起きれば台湾は十分な戦闘能力を配備できると中国に信じさせる必要がある。きわめて高度な諜報能力を有する北京は、台湾軍の戦闘能力と耐久力を正確に評価している可能性が高い。いくら評判のいいプラットフォームを整備し、パフォーマンス的発言を繰り返したところで、実を伴わなければ容易に見破られてしまう。抑止は人員、訓練、整備、部品、弾薬、兵站など、即応力に必要なあらゆる要素を含む戦闘能力が現実のものであってこそ実現されるのだ。紛争を防ぐには、台湾は持続可能な方法で効果的に戦う意志と能力の両方を兼ね備えなければならない。

台湾では数十年間、陸軍は機甲化機動旅団を中心に展開され、海軍は水上戦闘群が作戦行動を担い、空軍は戦闘機を軸としてきた。だがそのいずれの戦闘能力も、量的にも質的にも勝る、覚悟を決めた近くの攻撃者から国土を守る任務には適していない。海峡を挟んだ紛争に関する信頼できる分析はどれもみな、中国は数日で台湾の主力プラットフォームを破壊し、無力化するとの結論を導き出している。台湾のリーダーが今後もそうしたプラットフォームを国土防衛の屋台骨にし続けるなら、それらは攻撃を受けてあっという間に失われるだろう。そしてそれが部隊や市民の気力を奪い、台湾の敗北は決定的になる。そうならないために、台湾の新政権は前章で言及したまったく新しい軍の文化を推進し、本章で述べた有事における確実な防衛戦略を採用し、次の章で提示するようにグレーゾーン防衛戦略を調整しなければならない。

第6章
中国のグレーゾーン作戦に対抗せよ

イヴァン・カナパシー

獲物を狙うヘビは、まず唾液で相手を包み込む。

――ウィンストン・チャーチル、1936年かつて香港に約束されていた「高度な自治」。その息の根を止める国家安全法の起草・施行を北京が決定してから2年ほどたった頃、中国の高級外交官が香港の主要英字紙に論評を執筆した。2022年5月、のちに外交部長を務める秦剛が『サウスチャイナ・モーニング・ポスト』紙に記したその論評のなかで語りかけたのは、かつての英国植民地の人々ではない。台湾だった。

読者に向かって秦は、中国は「平和的再統一に向けて全力を尽くす」と同時に、「分離主義者と外国の介入」を止めるためなら「武力の行使を放棄しない」と述べた(1)。

酢の酸味をスプーン1杯の蜂蜜で薄めるかのように、秦はそこに台湾人フィットネス・トレーナーの話を盛り込んだ。数千万の中国人フォロワーをもち、ソーシャル・メディアのインフルエンサーとして注目を集めるその人物を取り上げて、政治的統一を待たずともデジタル統一はすでに始まっていると言いたかったのだろう。「本土のソーシャル・メディア・アプリケーションは、台湾の人たちに広く愛され、利用されている」。

「平和的再統一を推し進めつつ武力行使を放棄しないことは、コインの裏表のようなものだ」と秦は記した。理由はわからないが、彼は2023年夏に最高指導者習近平によって粛正され、以降の消息が不明である。とはいえ、その文章が北京のアプローチをみごとに言い表していることに変わりはない。

前の章では中国が講じる可能性のある武力攻撃について考察したが、本章は秦の言うコインのもう一方の面——台湾を惑わせ、怯えさせ、意のままに操るために中国が企てる物理的破壊を伴わない（非キネティックな）方法——について考える。情報戦、経済的誘因、長期的な上空・海上封鎖など、さまざまな措置について見ていこう。また、そのような中国共産党の活動に対抗するうえで求められる辛抱強さと正しい判断力の原則を中心とした、台湾が採り入れるべき戦略も検討したい。具体的に言うと、台湾はサイバー侵入の防止、誤／偽情報への対処、中国による上空・海上侵入についての情報発信方法の調整、持続的な情報・監視・偵察（ＩＳＲ）能力の獲得、世界とのコミュニケーション能力と長期的封鎖に対する忍耐力向上のための最新ツールの調達に注力しなければならない。

言うまでもなく、活発なグレーゾーン活動をもってしても、これまでのところ台湾の人たちを中国との政治的再統一が望ましいと納得させることには成功していない。ただし、だからといって油断すべきではない。中国は「戦わずして台湾を奪う」ための新たなアプローチを常に探しているのだ。しかも、この現状からは残念なパラドクスも浮かび上がってくる。それは、台湾は今後も中国のグレーゾーン活動に抵抗し続けなければならないが、それが奏功しないことがはっきりすれば、中国は武力行使を選ばざるをえなくなる、ということだ。中国の軍事侵攻を抑止する、またはそれに打ち勝つために台湾が早急に講じるべき措置は、前の章で取り上げている。

情報作戦

中国共産党が台湾に仕掛けているサイバー・情報作戦は多面的だ。台湾人を使って、故意に、あるいは意図せずにバーチャル・ネットワークと対面ネットワークの両方に偽情報を溢れさせ、誤情報に尾ひれをつけて拡散させるのだ。(2) 台湾のメディアとネットワーク市民が物事を見抜く力をつけているのは確かだが、それでも不穏な話はたびたび聞こえてくる。たとえば2023年7月に、台湾の大手新聞社は米国が生物兵器を開発するよう台湾政府に圧力をかけたとする誤った記事を発表している。(3)

また、中国は台湾の言論の自由も利用している。台湾では、中国から間接的な資金提供を受けている放送局や、親中の立場を取って中国で優遇されている台湾企業がメディアに大きな影響力をもち続けている。(4) とりわけ、野党である国民党を中心とした汎藍陣営派（訳注／国民党のシンボルカラーが藍であることから、国民党支持派を意味する。対する民進党のシンボルカラーは緑）のメディアはしばしば、米国に批判的な記事や中国が好むナラティブを支持するコンテンツを大きく扱う。それに対し､台湾の放送規制当局は２０２０年､中国寄りのメディアである中天新聞台（CTi NEWs）の放送免許更新の申請を却下している。(5) 台湾では非常に珍しく例外的なこの一件は、むしろ台湾に言論の自由が浸透していることの証明となった——政府がテレビ局を閉鎖させたことに市民が反発し、ソーシャルメディア・プラットフォームやウェブサイトにコンテンツの正確性についてより大きな説明責任を課す法案を頓挫させる結果になったのだ。(6)

その一方で、中国の情報作戦の影響を誇張しないことも重要だ。というのも、そうした作戦は中国政府がみずから招いた失敗によって効果が弱められる場合が多いからだ。たとえば、２０１９年1月に発表された台湾との関係に関する談話において、習近平はすでに人々に信用されていない「一国二制度」による統一を呼びかけて台湾中の反発を買った。その年の夏、北京は香港で民主主義を支持する平和的な抗議活動の取り締まりを強化したが、その頃台湾で行われた統一か独立かを問う世論調査では、後者に賛成する意見が前者を大幅に上回る結果となった。(7) 台湾の人々のナショナル・アイデンティティに対する考え方が世代を追うごとに変化していることが、中国にとっての問題を大きくしている。

実際のところ、中国のプロパガンダや影響作戦はこの流れを逆流させることはおろか、止めることすらできていない[8]。その結果、台湾人のほとんどは中国を挑発したくないので正式な独立は主張しないが、台湾と中国とは別の国であると考えるようになっている[9]。こうした現状に危機感を抱く中国は、飴を減らしてムチを増やす方向へと方針転換を図りつつある。例を挙げると、2023年10月、中国の省税・土地利用当局は台湾の電子機器メーカー、フォックスコンの本土子会社2社で税務調査を行ったが、これには同社創業者の郭台銘を混戦の台湾総統選挙戦から撤退させたい思惑があるとみられた（訳注／フォックスコンは中国各地にスマホや薄型テレビの製造工場を有し、親中派と考えられている。郭会長は一時総統選出馬の意向を示したが、親中統一派の票の分散を危惧し候補の統一を図りたい中国当局が介入し、出馬をやめさせたと言われている）。

とはいえ、台湾は中国が仕掛けてくる情報戦への警戒を怠ってはならない。2024年以降、中国は影響作戦をさらに拡大してくる可能性がある。また、習近平がいくら作戦をたたみかけても効果が出ていない理由は、台湾が本来もつレジリエンスにあるというよりは、中国の政治戦がうまくいっていないからだとも考えられる。いずれにせよ、中国共産党が拡散する、その意向を反映した偽情報が台湾で勢いを増しているのは気がかりだ。したがって、台湾は他の開かれた国々との協力関係を維持する必要がある。なぜなら、脅威がもたらす影響やそれに対抗するためのベストプラクティスを世界と共有し、とりわけ（台湾がすでに経験している）人工知能を使ったディープフェイクやアルゴリズムが成熟し拡散しつつある、変化を続ける情報環境において中国共産党の政治戦に対抗しなければならないからだ[10]。

そのために、2022年に台湾は偽情報と戦う政府と非政府機関の取り組みを統括するデジタル発展部（MODA）を発足させた。最初の年に、MODAは米国、英国、欧州連合、イスラエル、多国間組織など、多くの民主主義国や民主主義を支持する組織と交流を図った[11]。10年ほど前にファーウェイやZTEの通信インフラに対して実行したように、台湾は中国に拠点を置くクラウド・インフラやソーシャル・メディア・プロバイダーを排除する法律を制定するべきだ。すべての問題が解決するわけではないにせよ、そうした規制によって、台湾の人々が消費するコンテンツを生成しているデータやアルゴリズムに対する政府の信頼が高まるだろう。加えて、非中国系民間セクターのプラットフォームと密接に協力し、中国共産党によって拡散される、分断を招く煽動的な偽のナラティブに注意を喚起して広まりを食い止めなければならない。

サイバー攻撃

MODAはまた、サイバー侵入に対する台湾の対抗策を統括している。これまでにMODAは、たとえば2022年8月のナンシー・ペロシ米下院議長による台湾訪問後に発生したような、比較的害のないサイバー攻撃に対する防衛措置をいくつか実施した[12]。中国の工作にさらに抵抗するには、台湾はすべての政府及び重要インフラのシステムに高水準のサイバー衛生を維持するための投資を行わなければならない。それを怠るのは大きな過失と言えるだろう。

2022年の攻撃が浮き彫りにしたように、中国には台湾の重要インフラや軍事施設を大規模に妨害し、ダメージを負わせられるサイバー戦闘能力がある。だがいままでのところ、北京はその最強のサイバー戦闘能力をグレーゾーンで発揮するのを渋っている。サイバー攻撃が注目を集めれば、結局は中国の戦闘能力が露わとなり、将来不測の事態を起こす際のアクセス・ポイントが危うくなりかねないからだ。高度なサイバー攻撃を行えば、台湾はそれを中国のしわざであると訴えて、国内や世界の反中感情を盛り上げるだろう。ペロシ訪問を受けて中国が軍事演習やサイバー攻撃を行ったときがそうだった。[13]そのため、今後の破壊活動に向けて情報を収集し態勢を整えながら、サイバー領域で時間を稼いでいるというのが中国の現状である。

しかし、台湾はグレーゾーンの偵察活動に対して積極的な防衛策を講じなければならない。なぜなら中国は、サイバー侵入によって得られた情報を今後の攻撃に活かす可能性があるからだ。それを防ぐために、台湾のデジタル発展部が先頭に立ち、重要なネットワーク防衛を助け必要に応じて攻撃作戦に力を貸す有志の専門家を集められる、ウクライナのIT軍のようなボランティア・グループを設立するべきだ。[14]さらに、米サイバー国家任務部隊を招き、台湾政府、重要インフラ、産業ネットワーク全体で防衛のための「ハントフォワード」作戦（訳注／米サイバー軍が同盟国やパートナー国の同意を得て、ネットワーク内に侵入したサイバー攻撃の痕跡を特定してコンピュータウイルスを削除する作戦）を実施する必要がある。[15]このような作戦を行うには、台湾と米国の政府及び軍高官のあいだに、互いの手の内をさらけ出せるほどの信頼関係がなければならない。中国のサイバー軍が高い能力を有することを鑑みれば、台湾のレジリエンスを向上させるための緊急かつ例外的な措置が求められるのだ。

経済的な誘因と威圧

情報戦を補完するために中国が利用するのが経済戦で、両者は密接にからみ合っている。中国は多国籍企業に、中国にとって好ましい政治的立場を逸脱しないよう強く求め、近年ではマリオット、デルタ航空、全米プロバスケットボール協会などがその圧力に屈した（訳注／2018年にマリオット・ホテルグループは、サイト上の検索機能で台湾をひとつの国として扱っていることを中国当局に問題視された。同年1月にはデルタ航空が中国語サイトで台湾を国家と表記していたことを非難された。両社は是正の要請に応じ、謝罪文まで公表した。また、2019年、NBAに所属するヒューストン・ロケッツのゼネラルマネジャーが「香港とともに立ち上がろう」と書かれた画像をツイッター（現X）に投稿。中国国営メディアなどから大きな批判を浴びた。NBAは、これは個人の見解であり、NBA自体は関与していないとの声明を発表し謝罪した）。台湾企業はより強い圧力にさらされている。中国共産党は、現与党である民進党を支持する台湾企業の中国子会社を脅し、罰金を科す一方で、中国の党路線に従う台湾企業に利益を供与している(16)。

親中派は彼らの支持者に投資や事業取引で便宜を図り、中国の意向を支持する台湾の地方官僚を支援している。その反面、民進党の牙城を標的に、それを支持する製造企業や製品に査察を行っている。ペロシ米下院議長の台湾訪問を受けて2000品目を超える台湾産食品の輸入を停止したのもその一環だ。

言うまでもなく、経済的威圧は逆効果を招く可能性がある。経済制裁は短期的に見れば打撃となるが、長引けば台湾の生産者は中国依存を減らそうと考えるようになるのだ。経済的な威圧が台湾の有権者に中国のごきげんをとろうという気にさせる証拠はない。むしろそれとは逆の方向に向かう社会の流れが加速し続けている。

10年前、当時与党だった中国国民党（国民党）は密かに中国とのサービス貿易協定を締結した。それは台湾経済の幅広い分野を中国に開放するという取り決めだった。市民の賛同を得られないと確信していた国民党政府は、パブリック・レビューを経ることなく強引に協定の批准を推し進めようとした。それを契機に強行採決に抗議する学生たちが24日間にわたって立法院を占拠した「ひまわり運動」が起こり、一連の運動の結果、サービス貿易協定はストップし、国民党は市民の支持を大きく失った。

2016年以降、台湾は別の道を進んできた。新南向政策（NSP）の下、台湾政府は特にきわめて重要な半導体産業において、台湾企業に南アジア、東南アジアへの投資を促す一方で、中国本土とのビジネスを抑制させ、経済面での中国依存を減らし多様化を図っている。パンデミックや広範囲に及ぶ地政学的傾向が後押しとなって、これらの政策は奏功し、現在中台間貿易・投資は減少している。(17)

経済多様化の取り組みを強化すると同時に、中国が一方的に南シナ海に「九段線」(現在は十段)を設定して主張する管轄権に根拠はないと反論することで、台湾は東南アジアの海洋国家、自由で開かれたインド太平洋のコンセプト、及び国際法との連携を強化することができる。中国が根拠とするのは中華人民共和国の建国よりも前の中華民国の地図であり、台湾はこれらを公文書館に保管している。それを引用し、九段線の内側の海域における主権や資源に関し中国が主張する歴史的権利には法的根拠がないと判断した2016年の常設仲裁裁判所の判決に従って、台湾は海洋上の主張を明確にすることができる。と同時に、南シナ海に位置する南沙諸島のひとつで、台湾が管理する太平島は排他的経済水域を形成しないという判決を、台湾は公式に受け入れるべきだ。そうやって国際法を遵守することで、中国の違法な海洋上の主張をいっそう弱体化させることができる。さらには、東南アジアの国々が占拠する南シナ海の島について、台湾が主張する領有権の放棄を検討してもいいかもしれない。

航空・海上における挑発行為

人民解放軍が空や海で行う活動の多くは、政治的シグナルと理解するのが最も正しい。中国は、多くの場合東シナ海や南シナ海で行動する米軍に反応する形で、自分たちにそれに対抗する決意があることを示そうとするのだ。そうしたシグナルは言うまでもなく、日本や台湾、フィリピンなど、領土問題で係争中の国にも向けられている。基線から12海里を越える、台湾の領空・領海の外で軍が活動することで、中国は台湾への物理的破壊活動とはほとんど関係のないグレーゾーンの政治戦を遂行しているのだ。

したがって台湾は、上空や海上での人民解放軍の巡視や演習を適切な文脈でとらえることが重要だ。そうした活動は、とりわけ中国のスタンドオフ打撃戦闘能力に比べれば、台湾にとって物理的な脅威ではない。たとえば人民解放軍ロケット軍は、台湾の至るところを射程圏内に収める精密打撃能力を有する弾道ミサイルを数千基保有している。陸軍も低コストで誘導装置のついた短距離ロケット砲（近距離弾道ミサイル）を数え切れないほど保有している。中台間の距離の短さを考えると、台湾がこれらの地上発射兵器の発射の兆候や警告をつかむことは、配備された人民解放軍の艦艇や戦闘機以上にはるかに難しい。さらに、奇襲攻撃が行われるときは、人民解放軍空軍の爆撃機と海軍の艦艇は台湾の防衛網を避けて数百マイル離れた場所から巡航ミサイルを発射するだろう。

台湾の防空識別圏(ADIZ)や台湾海峡上のいわゆる「中間線」内への中国の侵入をメディアがことさら取り上げることも、誤解を招き、逆効果だ。それらの規制措置は過去の時代に決められたもので、中国はどちらも認めていない。冷戦時代に設定された台湾のADIZには、山東半島から海南島までの距離の約半分に相当する中国の海岸線400海里が含まれる。加えて、台湾のADIZの半分は中国領土上空にかかっていて、時代に合っていないことは明白である。台湾が中国のADIZを無視しても、中国は台湾のADIZを尊重しなければならないと、台湾は主張しているのだ。

2019年9月より、台湾国防部は主に台湾ADIZ南西部への人民解放軍機の侵入事案を公表するようになった。台湾軍はそうした侵入を台湾本島のさらに南西に位置する東沙礁に配備された部隊への脅威とみなしたのかもしれない。だが、東沙礁とADIZ南西端は台湾本島よりも中国に近いため、人民解放軍機の飛行を「侵入」と主張するのは難しい。しかも、その地域は台湾戦闘機の戦闘作戦行動半径の外側にあり、もし東沙礁防衛のため緊急発進した場合でも、滞空時間はほんの数分しかないだろう。それに対し、人民解放軍の戦闘機はより近い場所から作戦を開始できるうえ、空中給油も可能だ。

台湾海峡上に非公式に設定された中間線も、やはり冷戦時代に起源をもつ。かつてそれは、台湾関係法の適用範囲でない沖合諸島を防衛するために米軍機を運用できる西の境界線の役割を果たしていた。台湾が中国の進入禁止エリアとして中間線を明確に定義したのは、人民解放軍が最新の戦闘機を調達した2004年だった[18]。ADIZと同じように、台北が宣言した中間線にも役に立たない歪曲がある——その北東端は人民解放軍のADIZ内に位置し、南西端から台湾までの距離は中国までの距離の2倍以上あるのだ[19]。このような中間線の両端を人民解放軍の戦闘機は日常的に越えているが、それはフィリピン海で行動する米海軍やその他の外国海軍への反応である場合が多い。

推奨される処分と移転

上述の戦闘能力を獲得するために、予算の余白と部隊構成の隙間を作る必要がある。

①**強襲揚陸艦を処分する。**現実に不測の事態が起こっても、台湾には水際攻撃の必要はない。台湾海軍は古い米国製揚陸艦をすべて退役させ、国産の玉山級ドック型輸送揚陸艦（ＬＰＤ）の新規調達をキャンセルし、新しい玉山ＬＰＤ1隻のみを保有するべきだ。

②**装甲車両を処分する。**装甲車両は遮蔽物のない開かれた土地を攻撃するのに最適化されている。台湾陸軍は古い装甲車両をすべて退役させ、新型戦車「Ｍ１Ａ２」１０８両のみ保有するべきだ。台湾海軍陸戦隊は古い装甲車両をすべて退役させ、新型水陸両用車「ＡＡＶ-Ｐ７」90両のみ保有するべきだ。

③**海軍水上戦闘艦を移転・処分する。**台湾海軍はラファイエット級フリゲートを海巡署に移転させ、それらと最近退役したノックス級フリゲートに代わって、沿岸防衛巡航ミサイル（ＣＤＣＭ）ユニット及び２００トン級・６００トン級ミサイル艇を配備するべきだ。

④**有人機を処分する。**台湾の戦闘機は拠点防空に使用するべきだ。台湾空軍は戦

闘機「ミラージュ２０００」と早期警戒機「Ｅ−２」を退役させ、その部隊に、無人移動式の対空「連結式エアロスタット（係留気球）」に監視能力をもたせるべきだ。

⑤**ＡＳＷヘリコプターを処分する。**台湾海軍は海軍ヘリ「Ｓ−７０Ｃ」を退役させ、洋上警戒監視には「Ｐ−３」と「ＭＱ−９」を利用するべきだ。

⑥**潜水艦を処分する。**台湾海軍は4隻の潜水艦「グッピー」と「ズヴァールトフィス」を退役させ、潜水艦の新規調達をすべてキャンセルし、新造したナーワル級国産潜水艦1隻のみを保有するべきだ。ウクライナに倣い、台湾海軍は無人潜水艇及び使い捨て可能な水上ドローンに投資するべきだ。

⑦**輸送機を移転する。**輸送任務、特に南シナ海にある台湾の二つの島礁、太平島と東沙礁の沿岸警備隊への定期的な補給任務を遂行するために、台湾空軍は輸送機「Ｃ−１３０」10機以上を内政部空中勤務総隊に移転するべきだ。

とはいえ、中間線の中央部分は台北港や台湾最大の空港などの主要な戦略ノードから40

海里も離れていない。現に中国は２０２０年に二度、中間線の中央部分を越境し――二回とも米高官と台湾総統が台北で会談するタイミングに合わせて――紛れもない政治的シグナルを発している。このようなより大きな脅威をもたらす中間線越えはごくたまに起きているのだが、残念ながら、台湾から１００マイル以上離れた中国沿岸付近に浮かぶ中国の観測用気球といった、頻発する脅威の小さな活動に埋もれあまり知られていない。[20]

総じて見れば中国軍のグレーゾーン戦略は成果を挙げていない。10年前に比べて台湾は、甘言につられたり圧力に屈したりして中国との政治統一に向かうような社会ではなくなっている。[21]したがって、より効果的な対応戦略に必要なのは次の二つ――忍耐と洞察力――である。具体的に言うと、台湾は情報作戦を通じた抑止、監視能力の向上、想定される封鎖または検疫シナリオへの備えに注力するべきなのだ。

情報作戦を通じた抑止

中国に対して対称的に反撃しても、台湾はグレーゾーンで勝利を得ることはできない。

戦闘機による迎撃や水上戦闘艦の巡視を強化することで上空や海上での人民解放軍の「侵入」を抑止できるという意見があるが、それはとても信じがたく、人民解放軍の挑発行為の目的を正しく理解していないと言える。中台の軍事的不均衡の大きさからすれば、人民解放軍は部隊を次から次へと出撃させ、台湾が挑発に乗ったところで満を持してエスカレーションさせることも可能なのだ。そうなったら台湾は、不利な状況に置かれ続けリソースが逼迫するだろう。公海及びその上空で台湾軍と人民解放軍が交戦すれば、中国によって「痛い目に遭わされた」台湾は引き下がるか、小競り合いで打ち負かされるか、いずれにしても中国の「勝利」で終わることはほぼ確実だ。中国の軍や政治指導者がそれより悪い結果を想定しているとは思えない。

海上での嫌がらせに台湾が力で対応すれば、人民解放軍はエスカレーションの度合いを上げ続けるだろう。もしかすると東沙礁や沖合諸島を掌握しようとするかもしれない。そうした作戦は数時間もあれば片がつき、台湾の領土が永久に失われる可能性がある。人民解放軍は近代化を続けていて、もっと悪ければ中国のリーダーがきわめて攻撃的な戦術をとるようになる恐れすらある。同時に、習は全面侵攻を許可して戦略をエスカレートさせる意志をますます強めるかもしれない。自分から最初に手を出して習に武力攻撃の口実を与える余裕は、台湾のリーダーにはない。事実がどうであろうと関係なく、中国はそれをネタに台湾を非難するに違いないからだ。

だから、公海やその上空で量的、質的に中国と互角に対抗しようとするのは、台湾の限られたリソースの使い方として間違っているうえに、明らかに逆効果である。人民解放軍のグレーゾーン作戦を「抑止」し「防衛」するために、台湾の軍指導者が戦闘機やフリゲート艦を増強しようとしていると聞いて、中国は喜んでいる。なぜなら、いくらそんなものを増やしたところで、台湾が限られたリソースで将来起こる実際の戦争に対応できるようにはならないからだ。このことを頭に入れて、台湾の防衛計画担当者は、人民解放軍の地上発射ミサイルは人民解放軍の戦闘機、爆撃機、水上戦闘艦すべてを合わせた以上の死者と破壊をもたらす可能性があることを肝に銘じなければならない。

台湾の人々が軍事力に自信をもつためには、最新鋭のプラットフォームを追加する必要があると主張する人は、台湾市民の知性や判断力を過小評価している。世論調査の結果、人民解放軍と肩を並べる力をもてるという台湾軍の見通しを台湾の人々が信頼していないことがわかっている。李喜明元台湾軍参謀総長とその革新的な非対称戦構想に対する支持が示すように、多くの台湾人はむしろ現実的かつ費用対効果の高い国防戦略に好ましい反応を示すだろう。[22]

よって、台湾政府はグローバル・コモンズ（訳注／地球規模で人類が共有する資産のこと。大地や大気、森林、海洋などの自然資産から、生態系、自然資源、特定の国の管轄権が及ばない公海・宇宙・サイバー空間などが含まれる）において人民解放軍に立ち向かうのではなく、独自のグレーゾーン政治戦で中国に対抗すべきである。台湾軍は引き続き人民解放軍の活動を公表する必要があるが、前述のとおりそれはＡＤＩＺや中間線にからめてではない。台湾がリソース保全のため戦闘機のスクランブル発進の対象範囲を引き下げたのは賢明だったが、それだけでなく、情報発信のやり方を工夫して、人民解放軍の政治戦の効果を減じさせなければならない。船や航空機の侵入を妨害するだけでは台湾周辺で活発化する人民解放軍のグレー活動を抑制できないのと同じように、人民解放軍の演習を逐一発表しても、敵のメッセージが強調され、抵抗してもムダだという中国共産党のナラティブを裏付けるだけだ。

さらに、特にグローバル・コモンズで米国や同盟国が行っている作戦を考えれば、沖合での中国の軍事活動に異議を唱えても、それは法的にも規範的にも正当であるとはみなされない。地理的にも軍事的にも脅威ではない人民解放軍の「侵入」に、台湾は抗議すべきではないのだ。[23]そうした事案に大げさに反応していると、市民がそれに慣れてしまい、真の脅威に対する警戒心が鈍るだけだ。そうならないために、国防部は公式の海上境界線地図を用いて人民解放軍の活動を説明するべきだ。この地図にはＡＤＩＺも中間線も描かれていないが、台湾の領土基線と領海が示されている。それこそが現実に台湾が守らねばならない、重要な合法的領土なのだ。しかもそれは台湾関係法の適用を受ける領土に一致している。主要なエリアには、西は澎湖諸島、北は彭佳嶼《ぼうかしょ》、南は蘭嶼《らんしょ》などの島嶼部が含まれるが、中国本土沿岸や南シナ海の沖合諸島は含まれない[24]。この範囲での人民解放軍の活動だけを発表すれば、国防部は長期的な傾向を含め、人民解放軍がいつどのようにして台湾の主権と領土を脅かそうとするかについての情報を効果的に世界に発信することができるだろう。

台湾は米国、日本、韓国はじめ友好国の防衛方針や情報発信のやり方を参考にしてもいい。米軍は中国、台湾どちらの国にも事前に通告することなく両国のＡＤＩＺを越えて飛行している。米国も、通過する外国の軍用機に米国のＡＤＩＺ手順を遵守することは求めていない。日本は米国よりもさらに控えめだ。人民解放軍の航空機はかなりの頻度で日本のＡＤＩＺ内に入ってくるが、日本はそうした侵入事案をいちいち公表していない[25]（忘れてならないのだが、米国、日本、その他同盟国の軍用機は中国のＡＤＩＺ内をたびたび飛行している。中国側もこれらの「侵入」を大げさに取り上げていない）。ただし、中国当局の船が日本の管理する尖閣諸島周辺の接続水域を航行し、領海に侵入した場合は、日本政府は一部の事案を公表している。[26] また、近年韓国と中国の「中間線」も明らかに形骸化しつつあるが、韓国はそれらの事案を公表していない。おそらく、抗議してもムダに終わると計算しているからだろう。

監視を通じた抑止

国際水域における人民解放軍の演習や巡視は、それ自体が台湾の軍や人々、領土や繁栄を危険にさらすものではない。とはいえ、中国の船舶やジェット機の近くに台湾軍がいれば、不注意か意図的かを問わずエスカレーションが起きる可能性は高まる。どちらのリスクも、迎撃などの対称的な対応を最小限にすると同時に、早期の正確かつ詳細な情報収集を重視することで減らすことが可能だ。そのために、台湾は「平時における競争」力の大部分を、断続的に使用されるコストの高い戦力投射プラットフォームから常時使用される低コストの監視プラットフォームに変えるべきである。

探知による抑止の構想で想定されるのは、複数の領域で多様なプラットフォームやセンサーを持続的に運用するパートナーで構成される、責任監視エリアが重なり合うネットワークである。(27) 台湾は、西太平洋における同盟国のISRネットワークにとって不可欠な存在になることを目指すべきだ。そのためには、一世代前のものではなく、最新鋭の監視能力を備えたプラットフォームを調達・配備しなければならない。加えて、それらの調達方法も考える必要がある。実際には、台湾は新しいプラットフォームを購入するのではなく、DaaS(サービスとしてのデータ)サブスクリプション、あるいはハードウェアのリースを選択するほうが望ましいだろう。サブスクリプションならば調達所要日数を短縮し、人材育成所要を減らし、アップグレード・コストを下げることができるだけでなく、ユーザーに柔軟性を提供できる。さらに、パートナー国が対敵諜報活動、知的所有権、あるいは政治的な懸念を理由に直接的な移転を渋る可能性のある、極秘の最先端技術を台湾にもたらすことにもなろう。

たとえば米国から「MQ-9リーパー」を数機入手するのに加え、台湾は空中ドローンをリースし、保有するP-3哨戒機とともに海上ドメインを常時監視するべきだ。航続時間が長いプラットフォームを増やせば、偵察範囲が広がり早期警戒が可能になるため、抑止の強化に役立つだろう。適切なセンサーを搭載すれば、リーパーはソノブイ（訳注／潜水艦の捜索のために航空機から水面に投下されるソナー装置）の投下をはじめ対水上戦及び対潜水艦戦の監視任務を遂行することができる。[28]加えて台湾は、航空プラットフォームに目標探知やキューイングを提供できる（時間ではなく月単位で）航続時間の長い水上ドローンのネットワーク網にも投資する必要がある。[29]

いずれのケースにおいても、ハードウェアや訓練よりむしろデータ及び運用管理権を購入することによって、台湾はより容易に監視任務を米国や同盟国と一体化できるようになるだろう。米国の民間・非政府組織が所有・運営するＩＳＲプラットフォームを、台湾や日本、フィリピン、グアムから、あるいはこれらの国々が共同で運用することが可能だ。これらのアセットを攻撃・破壊する前に中国は第三者への影響を考慮する必要があることから、抑止の本質的な強化につながるはずだ。

航空領域では、ＡＤＩＺに関する日次報告から台湾が地上配備システムを使用して人民解放軍機を探知、識別、追跡できることは確かだ。だが、それに加えて見通し外のヘリコプターのほか、巡航ミサイルや小型ドローンといった被観測性の低い目標を確実に識別できなければならない。重要な監視能力の不足を埋めるには、高度な連結式エアロスタット・

レーダー・システムを複数調達する必要がある。これらは空中早期警戒プラットフォームよりもはるかに安価で持続性が高い。また、人民解放軍のミサイル警戒・追跡を含む、宇宙ベースのISR活動を持続的に行うためには、DaaS衛星の運用者を確保し続けなくてはならない。

封鎖または検疫への備えによる抑止

この章ではこれまで、グレーゾーン活動のなかでも比較的脅威性が低いものにフォーカスしてきた。だが、中国の物理的破壊を伴わない活動には脅威性が高いものもある。そのうち最も攻撃的なのが封鎖だ。台湾に圧力をかける方法はいくつかある。まず、完全な航空・海上封鎖を命じ、そこに徹底的なサイバー戦争や電子戦争を仕掛けて追い打ちをかけるというやり方が考えられる。あるいは、特定の船舶または貨物に船上検査、または中国の港への進路変更を強いる部分的封鎖（検疫）を行うこともできるだろう。

どちらの方法を選ぶにせよ、封鎖と検疫は国連が北朝鮮に、米国がイランに課してきたような、域外の経済制裁である。どちらのケースも、軍事的強制力で相手を完全に服従させることはできていない。

前述した人民解放軍のグレーゾーン活動同様に、台湾には封鎖や検疫に軍事力で「勝利」を収める方法はない。海軍を使って封鎖をかいくぐったり破ったりしようとすれば、物理的破壊を伴う衝突へと発展し、エスカレーションを正当化するうってつけの口実を中国に与えることになる。この場合もやはり中国は軍事的優位を笠に着て、台湾との戦いから引き下がることはないだろう。前の章でも述べたが、北京が封鎖を行う可能性が高いのは、侵略を実行に移す準備が完全に整ったときなのだ。

ただし、台湾を窒息させようとした中国が直面する課題やトレードオフも軽視できない。たとえば、限定的な検疫は中国に政治的、経済的コストがのしかかるうえに、必ずしも台湾を無理矢理服従させられるわけでもない。どう考えても、一部の民間航空機や船舶が自由に台湾に出入りしている以上、中国は乗客や貨物を立ち入り検査することも管理することもできない。となれば、台湾と日本の南西部の間で航空貨物をピストン輸送して、台湾の半導体産業はどうにか事業を維持できるだろう(ベルリン空輸の再現)。

だからといって全面的な航空・海上封鎖を行えば、罪のない2350万もの人々を監禁し、飢えさせようとしているとして、中国は世界から政治的反発をくらうだろう。いかなる封鎖も、台湾を一加盟国とはっきり認識している世界貿易体制の正統性に異議を申し立てるのと同じ意味をもつ。しかも中国は台湾在住の数十万の外国人を閉じ込めることの責任をとらなければならなくなる。制限が長引くほど、中国は家族の分離、病人の治療、その他人道上の懸念を巡る国際社会からの強い圧力にさらされるはずだ。

全面的な台湾の航空・海上封鎖は、グローバル・サプライチェーンから最も重要な原材料のひとつであるシリコン・チップを奪うことになる。その点で台湾は世界経済にとって唯一無二の存在であり、世界で半導体の備蓄が不足すれば、中国に対する激しい国際非難の潮流は高まろう。台湾が誇る世界有数の半導体製造業が侵略を抑止することはない――中国共産党はすでに、中国を経済的に自由主義世界から早急に切り離す政治判断を下している――までも、台湾の「シリコン・シールド（半導体の盾）」には封鎖や検疫のような長期に及ぶ攻撃性の低い人民解放軍の作戦を抑止する力がある。

軍事的に見れば、封鎖の遂行は人民解放軍と中国海警局に重い負担を課すだろう。台湾の領海の外側で台湾の複数の港に向かって接近する船舶に海上封鎖または検疫を行うには、大規模かつ継続的な海軍の海上プレゼンスを要する。また、戦闘機が東側から近づく航空機の進入をすべて妨害しなければならないため、航空封鎖は事実上不可能だ。24時間上空で戦闘機のプレゼンスを維持するには、人民解放軍は空中給油機を含む多数の航空機を長距離にわたって投入しなければならず、膨大なリソースが使い尽くされ、即応能力もたちまちのうちに摩滅していくだろう。上空に人民解放軍機が飛んでいなければ、同盟国の輸送機は妨害を受けることなく容易に沖縄から台北まで飛行できる。中国が保有する空母の戦闘能力でこの問題に対処できるようになるには、数年かかる。

封鎖や検疫を長期間続けるのは政治的、経済的、軍事的に見て困難であることを考えれば、中国がそれを命じるのは次の二つを確信した場合に限られるとみられる。それは、台湾が封鎖に抵抗しそうにないこと、そして数日とはいかなくとも数週間で降伏する可能性が高いことだ。したがって、中国の封鎖を抑止するためには、台湾はそれに抵抗し長期間耐え続けるための能力と意志に疑いをもたせてはならない。

封鎖への対処

いま述べたような理由から封鎖が実行される可能性は低いものの、それでも台湾はそうした不測の事態に備えておく必要がある。喜ばしいことに、封鎖への準備は全面侵攻への反撃にも有効だ。総攻撃になれば、過激主義者たちは作戦の一環として封鎖を実行するかもしれないからだ、封鎖や検疫が行われた場合の台湾の主な目標は、どうにかしてそれに耐え抜き、情報を発信し続けることである。接続性を確保するため、台湾は米国及び同盟国の複数の低軌道（ＬＥＯ）衛星インターネット・システム内の大規模なアクセス帯域に投資すべきだ。生存可能性を向上させるには、エネルギー備蓄を増やし、糧食、エネルギー、インターネット帯域幅を配給する準備が必要だ。

台湾が封鎖に長期間耐えることができれば、その作戦によって外国やグローバル・サプライチェーン、そして世界経済に多大な影響が及ぶ。短期的には、台湾の人々が意志の強さを証明できれば、自由主義世界から多くの共感が得られるだろう。よって、もし封鎖が起きたら、２０２２年にロシアの侵攻を受けてウクライナのボロディミル・ゼレンスキー大統領が行ったように、台湾は国際社会に向けて中国に政治圧力や経済制裁を課すよう働きかける必要がある。中国の戦略家は「マラッカ・ジレンマ」（訳注／経済成長によりエネルギー輸入に依存するようになった中国にとって、マラッカ海峡は「生命線」であり、ここを封鎖されれば大打撃を受ける。その戦略上の脆弱性を「マラッカ・ジレンマ」と呼ぶ）として知られる封鎖に対する中国自身の脆弱性があることを認識している。[30] 同盟国が台湾封鎖への対抗策を打つ見込みが確実ならば、それも抑止策のひとつだ。もし実行されれば、中国海軍のアセットをいっそう消耗させるだろう。

専門家の予測では、長期的には台湾封鎖の一次的影響により世界の生産高は年間２兆米ドル以上減少し、世界は経済不況に陥る恐れがある。[31] 世界の主要経済国は、台湾の半導体サプライチェーンが分断された場合は特に、封鎖の早期終結に重大な関心を寄せるだろう。したがって、台湾は、あらゆる範囲の封鎖シナリオに備えて、半導体産業を中国に対抗する武器にする準備をしておかなければならない。

部分的封鎖、すなわち検疫

国際的な反発を減らすため、中国は航空機の航行を制限しない選択をすると考えられる。このシナリオならば外国人も台湾市民も台湾を離れることができるため、この島を吸収するための作戦に対する国際的な抵抗を弱められるかもしれない。中国の指導者がこの方法を選ぶとすれば、それは彼らが台湾の人々は外国人扇動者や筋金入りの分離主義者の影響を受けなければ統一を受け入れるだろうし、両者とも脅しをかければ逃げ出すはずだと確信しているからだ。そのため封鎖に代わる方法として、北京はたとえば武器の輸入など、特定の品目に限定したセクター別の部分的封鎖を宣言する可能性がある。

平時であれば、台湾の半導体製造産業は入荷を待つ多くの顧客を抱えフル稼働している。中国がどんな選択をするかによるが、サイバー攻撃、破壊工作、部品や消耗品の不足、エネルギー不足、労働者離れなどの理由で台湾のチップ製造工場の生産能力は通常を下回るかもしれない。いずれにせよ、国の安全が脅かされる状況に直面したら、台湾政府は国内産業に顧客を戦略的に選択させる必要がある。

たとえ限定的な検疫であったとしても、台湾は中国の条件を受け入れるわけにはいかない。というのも、それを認めればこの先台湾が主権を譲り、実際に「平和的再統一」に向かって進んでいく可能性が大きいからだ。そうならないように、台湾政府は中国とのテクノロジー製品の取引を制限して部分的封鎖に対応する必要がある。今後も友好国のサプライチェーンとエンドユーザーのみが台湾製チップを手に入れることができるように、厳しい輸出管理体制によって、承認済みの第三国へのチップの輸出は再輸出の制限を条件に許可しなければならない。米国の主導によって友好国が中国を非難し、制裁を科すようになれば、その状況に合わせて台湾はどの国にチップを供給するかの優先順位を決めればいい。

この戦略の成果は、攻撃を受けても台湾の半導体産業の大部分を持続できるかどうかに大きく左右される。よって、前述したように、重要インフラのサイバー・レジリエンスへの重点的な投資に加え、国家安全保障の問題として、半導体組立工場への最新の小型モジュール炉を設置した原子力発電設備の早期導入も目指すべきだ。

全面封鎖

台湾への航空機の往来を制限する厳格な全面封鎖が実行されたら、政府は民間航空会社の航空機を国有化し管理下に置かなければならない。この方法は台湾の国家総動員計画に含まれているが、即応性と抑止力を強化するために民間航空機の管理権限を委譲するプロセスを定期的に予行演習するべきだ。人民解放軍が台湾東部の戦闘空中哨戒を持続させることは不可能と思われるので、台北はルソン島（フィリピン）、沖縄（日本）、マリアナ諸島（米国）などで半導体を人道物資などのさまざまな物資と交換する空輸作戦を開始できる。この場合戦闘機が使用されるわけではないので、非武装の民間航空機を海軍の艦対空ミサイルで攻撃しエスカレーションさせるかどうかは中国しだいだ。どのような命令が下

台湾における緊急空輸作戦は、西側につながる道路と鉄路がソ連により封鎖された西ベルリンに物資を供給した、1948〜49年のベルリン空輸に似たものになるだろう。写真：Bettmann via ／ Getty Images

されるか予測するのは不可能だが、中国が10年以上前に東シナ海ADIZを宣言して以来、人民解放軍がそこで軍事行動に出たことは一度もないことは考慮に入れるべきだ。台湾はまた、2021年にC－17輸送機が台湾に上陸した前例に言及し、米軍に空輸作戦への参加を要請することもできるだろう。

台湾政府は大型コンテナ船や石油タンカーの航行を管理する準備もしなければならない。台湾が保有するこれらの船舶の運航は台湾が行うが、中国をジレンマに陥らせるために、船籍は外国（友好国）でなければならない。台湾が海上封鎖に抵抗してエネルギーなどの必需品を輸入することを決めた場合、これらの船舶が軍の護衛なしでその任務を遂行する必要がある。中国海警局の監視船や人民解放軍の軍艦がその何倍もの大きさの商用船の航行を阻止しようとしたり衝突したりすれば、総トン数の法則（訳注／小さい船が大きい船に航路を譲る、海上交通におけるマナー）（ニュートン物理学）によって致命的な損傷を受けるだろう。中国は乗船するかミサイルを発射せざるをえなくなるかもしれないが、この場合もやはり国際水域を航行する非武装の民間船に対するエスカレーションの責任は中国が負うことになろう。乗船検査が行われる場合、台湾の港を24時間態勢で効果的に監視するのに海軍ヘリコプターや特殊作戦兵が新たに必要になるなど、ますます多くのリソースが求められる。実際に物資を運ぶことになれば、航行の状況をライブ配信できるよう、台湾の輸送船には衛星トランシーバーを装備しなければならない。

最後に、台湾は有志の漁船団民兵を動員できるようにするべきだ。これらの漁船は台湾沿岸に点在する数多くの漁港から作戦に参加する。漁船団民兵の主な任務は、食料や燃料、薬などの必需品を近くの島に設けられた友好国の物流ハブから台湾に運ぶことだ。海上民兵の力を借りたとしても、人民解放軍と海警局が公海上で数千には満たないが数百隻の台湾漁船の航行を妨害したり、乗船検査を行ったりするのは不可能だ。もし中国の船や航空機が台湾の領海・領空に侵入したら、第5章で説明したように、台湾はその航行を妨害し、適切な場合は致死兵器を用いてそれらを迎撃しなければならない。

民間機や大型商船と同様に、台湾政府にはすでに漁船の動員に対処する関連当局があるが、運用レベルで予行演習を行って、実行する能力と意志の両方を証明し、抑止の強化につなげなければならない。ここに挙げた三つの手段を使って物理的破壊を伴わない封鎖や検疫に対抗する際の主導機関は、交通部である。前に述べたように、封鎖は本質的に経済戦の一形態なので、それに対して軍事的に反応するのは避けるべきなのだ。それによって中国に有利なナラティブができあがり、台湾に対する国際支援が減り、人民解放軍にエスカレーションの口実を与える恐れがあるからだ。台湾議会は関連する法規制を再検討し、必要なら変更を加え明確化を行って、選ばれた文民指導者が国家動員のあらゆるレベルにおいて最高の権限を保持できるようにしなければならない。

おわりに

台湾には、中国のグレーゾーン作戦を成功させないために必要となる多くのツールや構想がすでにある。情報戦では、中国による台湾のデジタル・インフラへのアクセスを妨害することに加え、台湾の人々は最新ツールを活用して誤／偽情報を特定・理解・選別しなければならない。いろいろな意味で、台湾は経済やテクノロジーの分野で率先して中国依存のリスクを排除し多様化を進めてきた。そうした取り組みを拡大・加速させると同時に、中国の海事に関する違法な主張に対しては同盟国としっかり足並みをそろえるべきだ。加えて、台湾はサイバー・レジリエンスやエネルギーの確保に多額の投資を行わなければならない。

政治戦のひとつである中国軍の不毛なグレーゾーンの挑発行為について、台湾は情報発信戦略を見直し、中国沿岸で行われるすべての軍事演習ではなく、最大の脅威をもたらす作戦だけにフォーカスする必要がある。人民解放軍の活動に関し最速で詳細な情報を得るには、台湾は地下及び低高度のプラットフォームと武器弾薬、地上発射型ロケットをカバーする持続的なISR情報収集能力に投資しなければならない。効果的に配備すれば、これらのツールはグレーゾーンからのエスカレーション、あるいはそれよりも深刻な事態の抑止強化に貢献できるだろう。

万一中国が封鎖や検疫を発表した場合、台湾はそれを物理的活動を伴う作戦、おそらくは侵略の前兆とみなすべきだ。ただし、実際に領土が侵略されたり攻撃されたりするまでは、台湾が挑発しているかのような印象を世界に与えるわけにはいかないため、領海・領空外で軍事アセットを用いるのは避ける必要がある。台湾が優先すべきは、世界とのつながりを保持し配給によって封鎖や検疫に長期間耐えることで、国際社会から中国に対する反発を引き出すことだ。半導体輸出を武器に、民間輸送アセットを国有化すれば、台湾は中国の封鎖作戦を阻止または終結させることができるだろう。

台湾吸収の目標を達成するために、中国はいま二つの並行した道を進んでいる。本章は「平和的再統一」に向けた中国共産党の活動を取り上げた。対台湾政策を強硬化させる中国は暴力的な武力による再統一の脅威をちらつかせるようになった。平和的再統一が実現する見込みが薄くなっていけば、中国はますます武力による再統一へと傾くだろう。前任者とは異なり、習近平は任期中に台湾問題の進展がなかったと認めることはできず、早ければ2027年に侵略を開始するための準備を軍に命じた。残念ながら、本章で推奨したようなやり方で台湾がグレーゾーンの防衛に成功すれば、中国共産党の失地回復主義の主張が強固になるだけかもしれない。したがって、台湾軍の喫緊の任務は、前の章で述べたような方法で全面侵攻への中国のエスカレーションに対する準備を万全に行うことである。

第Ⅲ部

米国は、いま何をすべきか

第7章
中国海軍を撃沈せよ

ロバート・ハディック
マーク・モンゴメリー
アイザック・（アイク）・ハリス

戦争を計画する際の第一の課題は敵の重心を特定することであり、可能であればそれを一点にまで絞り込むことである。
第二の課題は、その一点に対抗するための戦力を確実に主攻撃に集中させることである。

——カール・フォン・クラウゼヴィッツ『戦争論』

台湾の支配を巡る戦争は、すべての戦闘員にとって血なまぐさいものになるだろう。だがそうした予想も、習近平をはじめとする中国共産党の指導者たちにとって、結果的に台湾が手に入るのであれば、戦争を思いとどまる理由にはならないはずだ。中国共産党からすれば、人民解放軍が台湾を急襲することで生じる短期的なコストやリスクは、自分たちの千年王国（訳注／キリスト教の地上の王国）を築くという夢の達成に比べれば取るに足らないものなのだろう。

したがって、米国とその同盟国は一定の軍事力を備え、行使する必要がある。それは、武力による台湾統一と生き残った住民の制圧を狙う中国のいかなる行動方針も直接的に無効化するための軍事力だ。これを「拒否的抑止」という。敵にその軍事戦略が成功する見込みが薄いことをわからせ、侵略を阻止するものだ。

第7章から第9章まで、台湾有事のシナリオに関する軍事バランスに焦点を当てる。台湾の未来のような、どちらに転ぶかわからない地政学的な闘争の結果を左右するのはハードな軍事力だからだ。紛争がハイリスク・ハイリターンであり、目標を達成するために有効な軍事的選択肢が一方にある場合、その選択肢をもつ側には、紛争を有利に解決する決定打となる選択肢へ行動をエスカレートさせる強い動機が生じることになる。その選択肢を発動することはできないと敵に納得させることが、拒否的抑止の目的だ。第7章から第9章では、台湾に関する拒否的抑止を達成し、その命運を賭けた戦争を防ぐために米国とその同盟国がとるべき対応について述べる。

現時点で、中国人民解放軍は、台湾上空及びその周辺に圧倒的な戦闘力を集結させることができる。中国の軍備増強は、1930年代以降の平時における主要国によるもののなかで最も急速な拡大を示している。[1] 現在、人民解放軍は世界のどの海軍よりも多くの軍艦を保有し、アジア最大の航空戦力を備え、インド太平洋地域で最大のミサイル戦力をもっている。さらに、現代的でハイテクかつ高強度の軍事作戦にとって必須の指揮・偵察能力を整備した。その結果、センサーと長距離ミサイルを組み合わせた、地域をまたぐ戦闘ネットワークが構築された。このネットワークは、グアムなどの第二列島線（訳注／伊豆諸島を起点に小笠原諸島、グアムなどを通りパプアニューギニアに至るライン）から発進する米国海軍部隊を撃破し、西太平洋における米国の空軍・海軍基地を壊滅させるための特別な設計になっている。[2]

それでも米国とその同盟国は、中国の弱点に対する競争優位性に焦点を置いた戦略と軍事力を構築することができる。重要なのは、その戦略と軍事力によって、中国人民解放軍に同様の対抗措置をとる機会を与えないことだ。これから述べる改革を米国とその同盟国が迅速に実施すれば、中国人民解放軍が台湾に対して仕掛ける水陸両用攻撃や、長期に及ぶ航空・海上封鎖を破ることができる。米国を中心とする連合軍は、緊急の投資を行う必要がある。その投資によって、西太平洋における戦闘ネットワークが中国人民解放軍の脆弱性を攻撃することが可能になり、その結果として、現時点では人民解放軍の手にあるとみられる好機を確実に奪うことができる。

拒否的抑止という必須事項

「拒否的抑止」は「懲罰的抑止」とは別物で、大国間競争における抑止の形態としては、より強力で、優先すべきものである。敵対国の軍事戦略や軍事力を直接的に無効化する、つまり「否定」する能力をもつことで、敵対国は有用な軍事的選択肢や成功への筋道をそれ以上とることができなくなる。[3] この状態が存在するという認識が両者で一致すると、拒否的抑止が成立する。

防衛側が侵略者の軍事戦略を無効化する、つまり「否定」することができない場合、その代わりとして防衛側は、侵略者を思いとどまらせるために苦痛を与えるという手段をとらざるを得なくなる。侵略者は、受け入れる苦痛の程度について決定権をもつ。実際は、歴史上の数多くの戦闘員が示してきたように、かなりの苦痛でも受け入れられる。懲罰的戦略をとる者は主導権を懲罰の対象者に譲り、あとは最善を祈るしかないのだ。残念ながら、祈りは優れた戦略ではない。敵対国の戦略や戦力を直接的に無効化する能力をもち、敵側に望ましい選択肢や主導権を与えないことのほうがはるかによいのだ(4)。

中国人民解放軍の台湾侵攻を阻止するための軍事戦略がすべきこと、すべきでないこと

したがって、米軍及び同盟国の軍事計画者は、中国人民解放軍が台湾への軍事侵攻において必要とする戦略と軍事力を直接的に無効化するための作戦構想を練り、その作戦を支える軍事力を獲得するべきなのだ。これは自明のことのように思えるが、この概念は深く分析するほど複雑になる。中国人民解放軍は過去30年にわたって増強を周到に計画してきた。そこからわかるのは、中国の司令官と計画立案者が、自分たちが達成すべき任務を把

握し、軍事技術の急速な進歩が生み出す機会について深く理解しているということだ。

中国人民解放軍が台湾に投入するとみられる軍事力は驚くべき規模だ。たとえば、控えめに想定しても、人民解放軍の航空戦力は、中国の沿岸から3000キロメートル離れた第二列島線内の米同盟国の基地や軍艦に向けて、1日当たり1400発以上の精密誘導対艦ミサイルや対地攻撃巡航ミサイルを連日発射することができる。(5) 人民解放軍の空対地巡航ミサイルの数は公には知られていないが、異例の増強と中国の軍事産業能力を考慮すると、同軍の攻撃航空部隊が利用可能なものは1000基単位に及ぶと推測される。

さらに、米国防総省は2023年10月、中国人民解放軍が陸上配備型地対地弾道ミサイル及び巡航ミサイルを2800発（同省の2022年の報告から70パーセント増）保有していると確認し、その一部はグアムまで射程範囲内であり、航行中の水上艦に対する精密攻撃も可能だとしている。(6) 中国人民解放軍海軍の水上艦及び潜水艦は、どちらも大量の長距離対地攻撃ミサイル及び対艦巡航ミサイルで武装している。一部のアナリストは、中国が巡航ミサイルを標準的な輸送用コンテナ内に隠して発射する能力を開発したとみている。この能力により、世界中のどこでも攻撃目標を奇襲することができる。(7) 米国とその同盟国の司令官及び計画立案者は、これほどの量の精密誘導火器による攻撃から台湾を防衛するという厳しい課題に直面している。

米国と同盟国の軍事計画立案者は、この難題にどう備えればいいのだろうか。米国防総省の「統合教範、共同計画（Joint Publication 5-0, Joint planning）」（以下、「ＪＰ５－０」）は、軍事作戦を計画するための同省の公式なドクトリンである。ＪＰ５－０は軍事計画者に、敵対国の「重心（center of gravity）」を特定し攻撃するよう勧告している。重心とは、同書の定義によれば「軍事力の目的達成を可能にする力の源、または強さの源であり、対抗勢力がそこに行動を志向することで敵の敗退につながるもの」である。(8)

戦闘部隊の作戦に必要不可欠な軍事能力が重心である場合、重心という資産の喪失は敗北を意味する。航空母艦や、その艦載機及び乗組員といった政治的・軍事的アイコンの喪失は、政策立案者や国民の士気を低下させ、これも同様に敗北につながる可能性がある。中国人民解放軍は「対介入」戦力構成、つまり長距離戦闘ネットワークを特別に設計した。それは同軍が台湾を攻撃した場合に、その攻撃に介入・対抗するために使用される西太平洋の米空軍基地及び海軍基地や空母打撃群を発見、攻撃、破壊するためのものだ。ＪＰ５－０には米国の軍事計画立案者に対する助言として、敵対国の重心を攻撃しながらも、そのあいだに米軍や同盟国の重心が暴露されることを回避せよと記載されている。西太平洋において、人民解放軍を相手にこれを達成するのは容易ではないだろう。

中国人民解放軍の重心は海軍

ＪＰ５–０の重心に関するガイダンスにしたがって軍事戦略を設計すれば、中国による台湾征服を阻止するために人民解放軍全体、あるいはその侵攻部隊すべてを撃破する必要はない。米国及び同盟国の計画立案者は、人民解放軍の侵攻部隊の重心、つまり同軍が台湾侵攻を成功させるために必要不可欠な能力を見出し、それを破壊するだけでよいのだ。重心として最重要の攻撃目標は同軍の海軍である。(9) 中国が台湾を征服し、長期的な平定を行うには、数十万の兵士と何百万トンの装備と物資を上陸させる必要がある。そのためには、海軍が無傷で自由に活動できなければならない。空輸だけでは必要な輸送能力を確保できないのだ。中国の海軍を無力化すれば、その軍事的成功を否定することになる。

中国人民解放軍は地域全体をカバーする戦闘ネットワークを構築しており、それによって同海軍は米国及び同盟国の介入から守られている。この状況において、米国及び同盟国の軍隊が台湾海峡で人民解放軍海軍に接近するには、どうすればよいだろうか。２０２２

年8月、米戦略国際問題研究所（CSIS）の研究チームは、台湾に対する人民解放軍の水陸両用攻撃をシミュレートする図上演習を行った。研究チームと演習参加者は、シミュレーションの前提条件やパラメーターを変化させ、24回の演習を行い、興味深い発見をした。この研究結果は2023年1月に発表された。これは、台湾侵攻シナリオに関する厳密かつ非機密研究で一般に公表された数少ないもののひとつである。[10]

この研究において、台湾や、米国及び同盟国にとっての朗報は、米国を中心とする連合軍が中国人民解放軍海軍を壊滅させることによって同軍の侵攻計画をほぼ毎回、阻止できたことだ。ただし、西太平洋における米国の軍艦、戦闘機、基地、人員の損失が甚大だった。人民解放軍の継続的で激しい対艦・対地ミサイル攻撃は、空軍・海軍基地や、航行中の艦艇群に莫大な損害をもたらした。主な損失は次のとおりだった。台湾の救援に向かっていた二つの米空母打撃群が壊滅し、米軍を台湾に輸送中だった強襲揚陸部隊も破壊された。何百機もの米空軍及び海兵隊の戦闘機が西太平洋の基地の地上で破壊され、3週間のミサイル戦で戦死した米軍兵士は1万人を超えた。[11]

これが実際に台湾を救うための犠牲になりうるだろう。図上演習で米国と同盟国は中国の脆弱な重心である海軍を攻撃したが、そうすることで同盟国は自国の重心を人民解放軍の火力にさらすことになった。わずか数週間に圧縮された戦闘だったが、これほど激しい損失が出れば米国民に衝撃を与え、中国が戦争の継続を選んだ場合に米側の戦争を継続する意志が揺らぎかねない。米国の軍事計画立案者は、それほど深刻な犠牲を払うリスクを冒すことなく人民解放軍海軍を撃破できる作戦コンセプトを政策立案者に提供すべきなのだ。

中国人民解放軍海軍を撃破するための幅広いチーム編成

本章で説明するが、今後起こりうる中国人民解放軍による台湾への水陸両用攻撃について、米軍の全部門が撃退に貢献できる。全軍種がこの取り組みに貢献すれば、人民解放軍の司令官や計画立案者が抱える作戦上のジレンマは増大する。そのジレンマによって、侵攻部隊を率いて台湾海峡を無事に越えるという同軍の課題がより複雑になる。幸いなことに、現時点で米軍の全部門が人民解放軍の脅威に対する準備を整えている。それでも、これらの備えには不足や逸した好機があり、米国政府をはじめとする同盟諸国の政策立案者や計画立案者はそれに対処しなければならない。

グアムのポラリス・ポイントを母港とするロサンゼルス級攻撃型原子力潜水艦スプリングフィールド。太平洋における米国の前方展開潜水艦部隊に所属している。写真：マーク・パヴェリー／米海軍

米宇宙軍は、その他の政府機関や民間の宇宙ベースの情報収集リソースとともに、中国人民解放軍による台湾攻撃の阻止に最初に貢献することになる。画像情報収集衛星や信号諜報衛星は、中国の戦争準備を公になる何カ月も前に検出することができる。そうした兆候には次のようなものがある。人民解放軍が台湾攻撃の際に必要とするミサイルや武器弾薬の生産の急増。軍装備品、物資、人員などの輸送や配置に必要な新しい基地や倉庫、インフラの建設。兵士の訓練や軍備の整備間隔のパターンの変化。沿岸の基地や乗船エリアにおける兵力の再配置及び指揮所の戦時拠点への再配置。通常は民間で使用されているフェリーや貨物船、トラック、鉄道設備、航

空機の軍事利用への転用。燃料、食料、その他の物資の転用と、乗船エリア付近における備蓄。予備役部隊の招集と配備などだ。[12]

こうした兆候のほかにも、間近に迫る軍事行動の数多くの兆候が宇宙ベースの情報収集リソースによって検出される。事前にこのような警告を受ければ、米国及び同盟国の政治指導者は、外交、経済、情報面で準備を整えられる。そして言うまでもなく、各国の軍の司令官たちはこの時間を利用して軍備を整え、部隊を再配置できる。

中国の指導者らが台湾攻撃に踏み切った場合、戦争の物理的な段階で最初に投入されるのは米海軍の攻撃型潜水艦部隊の可能性が高い。米海軍は49隻の攻撃型潜水艦のうち24隻を太平洋に配置しており、それぞれが20発以上の重魚雷Ｍｋ48を搭載している。[13]米海軍の攻撃型潜水艦は世界最高水準とされ、海中戦における米国の優位性の基盤となっている。[14]よって、台湾海峡を越えようとする中国人民解放軍海軍の水陸両用部隊に対抗するのに適している。

大量のペイロードを搭載でき、空中給油により地球規模の航続距離をもつ１４１機で構成される米空軍の爆撃機部隊も、中国人民解放軍海軍に対する最適な戦力である。[15]米国の各爆撃機は人民解放軍の到達範囲外に配置されており、同軍の迎撃範囲外で給油ができる。

よって、台湾海峡や中国の港湾にいる人民解放軍海軍に対して長距離ミサイルによる急襲が可能であり、その後、安全な基地まで戻ってさらなる任務に備えることができる。各機は16～24発の長距離精密誘導対地攻撃ミサイルと対艦ミサイルを搭載・発射できるため、部隊の約3分の1の爆撃機を毎日飛行させれば、1日当たり約800発のミサイルを人民解放軍の強襲部隊に対して発射できる。[16] 米海軍の洋上哨戒機P-8ポセイドンは、長距離対艦ミサイル（LRSM）の発射に適応した最新機種だ。ボーイング737型の改修機であり、空中給油が可能である。米海軍はこれを100機以上保有しており、人民解放軍海軍が考慮すべき攻撃ベクトルを大幅に増やすことになるだろう。

人民解放軍の司令官や計画立案者は、米海軍が太平洋に配備している数十隻の誘導ミサイル駆逐艦も考慮しなければならない。それらはまもなく、長距離巡航ミサイル「トマホーク」の海上攻撃型を発射できるようになる。さらに米海軍は、駆逐艦が発射する長射程防空ミサイル「スタンダードミサイル6（SM-6）」を水上の攻撃目標に対して使用できるように改良した。[17]

米陸軍も独自に陸上対艦能力を構築している。同軍は、精密打撃ミサイルPSMを獲得し、将来的には航行中の水上艦を攻撃する能力をもつ予定だ。[18] 米海兵隊は、第一列島線沿いの前哨基地から行う中国人民解放軍とのミサイル戦に備えて組織を再編している。同隊は、陸上対艦部隊が使用する海軍攻撃ミサイルNSMを取得する予定だ(19)。

西太平洋におけるミサイル戦の課題

米軍の全軍種がこのような能力を開発していることからも、米国防総省が、今後起こりうる中国の軍事侵略への対抗策に重点を置きはじめていることは明らかだ。しかし、中国人民解放軍はおそらく膨大な量と一連の多様なミサイル火力を備えており、米国と連合軍が攻撃しなければならない目標は数多く、西太平洋は広大で、米軍基地として利用可能な島嶼部は相対的に少ない。これらが相まって、米軍が構築を試みているもののほとんどは、その有効性が制限される。

前述したように、2022年8月にCSISが行った台湾に関する一連の図上演習では、第二列島線から西方へ作戦を展開しようとする米軍と同盟軍に、中国人民解放軍のミサイルが壊滅的な打撃を与えた。この惨状には三つの原因がある。ひとつめは、前述のとおり、人民解放軍の航空戦力が1日当たり1400発以上の対艦・対地巡航ミサイルを発射可能なことだ。さらに2800発の陸上ミサイルと、多数の艦載ミサイルがこれに加わる。

二つめは、中国人民解放軍の電子光学合成開口レーダーと約300基の電子情報衛星だ。これらは、中国沿岸から3000キロメートル超の範囲に広がる人民解放軍のミサイル交戦区域内で活動する米軍と同盟軍の部隊を、全天候下で昼夜にわたり継続的に、きわめて詳細に偵察することができる（現在、宇宙配備の合成開口レーダーの画像解像度は50センチメートル以下のものまで識別可能で、どのような天候でも艦船のタイプや個々の車両を識別できるほど精細である）。人民解放軍は、60基を超える通信衛星と49基の航法衛星に支えられた包括的で冗長性がある指揮通信システムを保有しており、同軍の司令官はこれらを通じて戦域全体のミサイル作戦を指揮するとみられる。[20]

三つめは、米軍と同盟軍が身を隠せる場所がほとんどないということだ。洋上には潜伏できない。さらに中国人民解放軍の上空偵察システムは、西太平洋の小さな島々を継続的に監視することができる。

したがって、人民解放軍が台湾へ水陸両用攻撃を仕掛けた場合、それに対抗する任務が最も重くのしかかるのは、米国及び同盟国の攻撃型潜水艦と、人民解放軍のミサイルの射程外を拠点とする米空軍の長距離爆撃機だ。米国の陸軍及び海兵隊の対艦ミサイル計画によって、人民解放軍の計画は複雑化するだろう。だが、第一列島線上のこれらの部隊はおそらく生き残ることが難しく、現時点ではわずかな貢献しかできない。CSISの研究チームも同様の結論に達している。[21] 短距離戦術航空機及び水上部隊も同じく大きなリスクにさらされる。CSISによる一連の図上演習によれば、米国の司令官が台湾付近に海軍及び戦術航空部隊を増強するほど米国にとって悪い結果になった。それは、人民解放軍のミサイルの攻撃目標を増やすことになるからだ。[22] 米軍の司令官は、これらの部隊が戦闘に貢献できるか、それともたちどころに破壊される可能性が高いかを比較検討しなければならない。

成功の条件と能力ギャップ

米軍と同盟軍の作戦立案者は、1000隻を超える攻撃目標に対処しなければならないだろう。その船団は主に中国人民解放軍海軍の軍艦「灰色の船」300隻超から構成され、中国の準軍事組織である海警局や「海上民兵」のほかに、台湾海峡を横断して軍用車両や物資を輸送するために設計された大型で高度なフェリーや民間貨物船などの数百隻超がそれを支援する。[23] 米軍と同盟軍は、人民解放軍の水陸両用攻撃を阻止するために、同軍が台湾への上陸部隊を出航させるために使用する港湾、埠頭、倉庫なども攻撃しなければならないだろう。おそらく同軍の空軍基地と防空システムを制圧する必要もある。その結果、攻撃目標のリストは長くなり、個々の兵器の照準点が数千個に上る可能性もある。

人民解放軍の軍艦や、強襲揚陸艦の大艦隊の一部を最初に攻撃するのは、米国の太平洋艦隊の攻撃型潜水艦になるだろう。この非常に高度な潜水艦はステルス性が高く、人民解放軍の軍艦が台湾海峡への航行を妨害したり、台湾の東に移動して制空権や制海権の確立を試みたりすれば、大きな犠牲を強いるだろう。潜水艦の巡航ミサイル「トマホーク」は陸上の防空目標を攻撃することも可能だ。これは1991年の湾岸戦争以来、同潜水艦が何度も行ってきた任務である。

残念ながら、この潜水艦はメンテナンスの問題によって運用が制限されている。米海軍の攻撃型潜水艦の3分の1は、補給処整備造船所で待機しているのだ。[24] この割合を太平洋に配置された潜水艦に当てはめると、すべての任務に対して利用可能な潜水艦はわずか15隻となる。これらの任務には、ロシアや北朝鮮の有事への対応も含まれる。政策立案者は、太平洋以外を拠点とする攻撃型潜水艦を再配置することもできるが、それには世界の他の地域でこの機に便乗した攻撃を受けるリスクが伴う。

台湾危機に対応する米国の攻撃型潜水艦15隻は約375門の魚雷を搭載している。これは、人民解放軍海軍の艦艇や補助艦艇の多くを破壊するのに十分な量だ。魚雷を使い切ったのち、生き残った潜水艦は再装填のために、機能している海軍基地に戻らなければならない。人民解放軍のミサイル攻撃を考慮すると、利用可能な最も近い米軍基地はハワイになる。もしハワイが被害を受けたとすれば、米国西海岸だ。それらよりも近い海軍基地が同盟国内にあるが、同盟国が参戦すればその基地はダメージを受け、参戦しなかった場合は米軍の作戦では使用できない可能性が高い。その結果、再装填した米国の潜水艦が台湾における戦闘に戻るまでに2～3週間かかることになる。

米軍の爆撃機部隊は、人民解放軍の大艦隊に対する作戦の残り部分のほとんどを担わなければならない。潜水艦隊と同様に、メンテナンスの問題が爆撃機部隊の可動率を制限している。2022年に「任務遂行可能」だと判定された機体は、B‐1Bが41パーセント、B‐2Aが59パーセント、B‐52Hが59パーセントだった。[(25)] この割合を現時点の爆撃機部隊に当てはめると、戦略核抑止やその他の不測の事態を含むすべての任務に使用可能な爆撃機はおそらく73機となる。台湾戦争に毎日40機の爆撃機を用意し、割り当てるという控えめな見積もりでは、爆撃機部隊は1日当たり約800発の長距離対地攻撃ミサイルと対艦ミサイルを発射できる。

問題は弾薬

爆撃機の対海上作戦に適した弾薬の不足が最も深刻な問題として残っている。だがこれは解決可能だ。中国人民解放軍の艦船を攻撃するのに最適な米国のミサイルは、空中発射型LRASMである。LRASMはステルス性があるうえに、航行中の艦隊の特定の艦船を識別して攻撃できるように設計されている。375マイル（約604キロメートル）の射程をもち、ほとんどの場合、発射母機は人民解放軍の防空圏内に入る必要がない。LRASMは、陸上の固定目標を攻撃するための精密長距離ミサイルであるJASSM-ER（射程延長型統合空対地スタンドオフミサイル）の派生型である。ロッキード・マーティン社（訳注／米国の航空機・宇宙船の開発製造会社）では両ミサイルを同じ生産施設で組み立てている。JASSM-ERとLRASMはともに最終的な試験を完了し、本格的な生産が行われている。(26)

米空軍は対地ミサイルＪＡＳＳＭの派生型の大量備蓄を計画しているものの、残念ながら、ＬＲＡＳＭについてはごくわずかな量しか獲得しないつもりだ。同軍の２０２４年度予算案では、年度内でＪＡＳＳＭ‐ＥＲ５５０基の購入を要求しているのに対し、ＬＲＡＳＭはわずか27基。２０２５〜２０３０年末までのミサイル取得の全体計画で、空軍は対地ミサイルＪＡＳＳＭの最終的な在庫を１万２３２３基と計画している一方で、対艦ＬＲＡＳＭの取得予定は４８８基ほどだ。[27] 米空軍のＢ‐１Ｂ爆撃機は、台湾海峡上空の１日か２日間ほどの戦闘におけるわずか20回の出撃で、計画されているＬＲＡＳＭの全在庫を消費する恐れがある。

米海軍及び空軍のＬＲＡＳＭ取得計画は、今後予想される中国人民解放軍の台湾に対する水陸両用攻撃に対抗するには不十分である。このシナリオでは、１０００隻を超えるとみられる人民解放軍の侵攻艦隊に対応するために大量の対艦ミサイルを発射する必要があるが、それが可能な唯一の手段は米軍の爆撃機部隊なのだ。[28]

ＬＲＡＳＭのわずかな在庫を補うことができる、条件に合致する空中発射式の対艦兵器がほかにあるのだろうか。米爆撃機部隊が必要とする弾薬とは、最低でも中程度の射程（最大３００マイル、約４８３キロメートル）をもち、航空兵が目標（陸上の固定目標または移動目標や、航行中の海上船舶）に応じたさまざまなセンサーを装着でき、サプライヤーが安定したペースで大量生産することが可能で、米空軍及び海軍が妥当な価格で大量に購入できるものだ。ＪＡＳＳＭとＬＲＡＳＭはこれらの要件を満たしていない。この二つのミサイルは射程が長く、高性能だが、高価（ＬＲＡＳＭ１基で３２５万ドル）で大量生産が非常に困難だ。

この問題を解決するため、ボーイング社は推進式統合直接攻撃弾（ＰＪＤＡＭ）を開発した。ＰＪＤＡＭ一式に含まれるものは、小型ジェットエンジン、折りたたみ翼、燃料、小型発電機のほかに、５００ポンド普通爆弾に取り付ける精密誘導センサーだ。ＰＪＤＡＭは発射地点から３００マイル（約４８３キロメートル）の射程をもち、航行中の船舶を含む移動目標への精密攻撃が可能である[29]。

ＪＡＳＳＭ-ＥＲやＬＲＡＳＭほど高機能ではないが、ＰＪＤＡＭは米爆撃機部隊が長期にわたる持続的な軍事作戦に使用できる「手頃で大量な」弾薬の一例だ。小型のＰＪＤＡＭを30基ずつ装備した爆撃機が1日に40回出撃すれば、１日当たり１２００の目標を攻撃することができる。その射程は、爆撃機が中国の防空火器から攻撃されるリスクを大幅に軽減できる距離だ。

米軍及び同盟国の攻撃型潜水艦は、人民解放軍海軍の防空巡洋艦、駆逐艦、フリゲート艦に対して集中的に魚雷攻撃を行うことで、爆撃機の対海上作戦を支援することができる。まずは、台湾の東で活動するこれらの艦船に攻撃を仕掛けることになる。この攻撃対象リストには人民解放軍の艦船約１００隻が含まれている。[30] この潜水艦は、対地攻撃ミサイル「トマホーク」で人民解放軍の防空部隊を攻撃して爆撃機を援護することもできる。[31]

宇宙からの偵察と指揮

米軍及び同盟国の宇宙軍は、台湾に対する中国人民解放軍の軍事作戦を早期に警告できるほかに、台湾周辺の戦闘地域の上空で、光学、赤外線、合成開口レーダー、電子機器を用いた監視及び偵察を行い、爆撃機や潜水艦の攻撃目標を特定する。宇宙軍は、司令官と爆撃機や潜水艦などの「射手」とのあいだで画像データやコマンドをやりとりするための重要な通信経路も提供する。[32] 米宇宙軍には、人民解放軍の対宇宙作戦に対する自己防衛能力が必要だ。また、中国の侵攻が宇宙領域に拡大することを防ぐために、人民解放軍の宇宙資産を攻撃目標にできる能力をもつべきである。[33]

中国人民解放軍の手ごわい対宇宙能力を考慮すると、宇宙領域で成功を収めるには、数十～数百基の衛星からなる新世代の衛星コンステレーションの構築を加速させる必要がある。宇宙が軍事的に争われる「空間」となったいま、米国とその同盟国は、宇宙領域における敵の活動を監視して自分たちの宇宙資産を防衛するための宇宙資産も必要としている。

米宇宙軍は現在、拡散型戦闘宇宙アーキテクチャ（ＰＷＳＡ、Proliferated Warfighter Space Architecture）を展開している。これは最終的に、低軌道上にある最大５００基の通信衛星とミサイル警戒衛星の統合ネットワークで構成される予定だ。ＰＷＳＡは地球全体をカバーし、戦闘中の陸・海・空の各部隊に攻撃目標のデータと指令を安全かつ確実に伝送する。(34) 広範で自己修復可能なＰＷＳＡネットワークを人民解放軍が撃破するのは難しいだろう。

宇宙軍をはじめとする米国の政府機関は、独自の分散型通信・偵察衛星コンステレーションを構築するなかで、多数の民間の宇宙サービス提供者と支援関係を結んでいる。たとえば、スペース・エクスプロレーション・テクノロジーズ社（SpaceX）はスターシールド・プログラムの下で、安全な通信、地球観測、特殊な打上げサービスなどを米宇宙軍に提供している。[35] ほかの民間宇宙企業も国防総省などの政府機関に対して、電子光学画像や合成開口レーダー画像、電子情報収集活動、特殊な宇宙領域把握能力や敵対者の追跡能力を提供している。このような民間事業者は現状では必要であるものの、米国防総省と情報機関の担当者は、政府独自のコンステレーションを完成させる一方で、戦闘のストレスのなかでこうした民間事業者がどの程度信頼できるのか、どのようなリスクがあるかを評価し、リスクの軽減について検討すべきである。

宇宙軍をはじめとする米国の政府機関は、コンステレーションの移行期にある。高価で非常に脆弱な数個の衛星で構成されるレガシー・コンステレーションから、何百ものネットワーク化された資産で構成される新しく、レジリエンスのあるコンステレーションへ。中国人民解放軍の対宇宙能力と、西太平洋における迫り来る決戦に直面し、こうした新しい能力を確立するための競争が進行している。

戦争に備える

西太平洋の米軍司令官は、軍事力を行使する裁量の範囲に関して、政策立案者による指針を必要とするだろう。このような交戦規則は、戦闘に割り当てられる米軍の兵力の量と種類や、使用が許可される兵器システム、攻撃可能な目標の種類、これらの作戦の地理的範囲を規定する。

政策立案者と軍司令官は、台湾に対する中国人民解放軍の水陸両用攻撃が信じられないほど激しく、急速なものになると予想すべきだ。侵略を撃退する任務を負う司令官にとって、交戦規則に代わるパラメーターを熟慮する時間はほとんどないだろう。CSISによる一連の図上演習では、米軍の参戦決定が遅れることで、人民解放軍が勝利する確率が大幅に高まり、参戦した米軍の損失が増大することが明らかになった[36]。

したがって、米国の大統領とその顧問たちは、さまざまなシナリオにおいて、米軍司令官がどのような権限や交戦規定に基づいて行動するかということを、危機に十分先んじて決めておくべきだ。これらの意思決定者は、中国本土の港湾、埠頭、乗船施設、防空施設に対する攻撃許可について検討しておかなければならない。図上演習においては、米国の意思決定者役は戦争拡大のスパイラルにつながることを懸念して中国本土への攻撃を嫌うことが多かった。ここで再び、空軍の対艦ミサイルの在庫がごくわずかなのが大きな問題になってくる。対艦ミサイルの在庫不足によって、米国大統領の選択肢が制限されるからだ。大統領は、十分な量を保有する対地攻撃ミサイルの本土攻撃によって中国の侵略を撃退するか、それとも米国の大敗を受け入れるかという、対艦ミサイルが在庫不足でなければ直面しなかったジレンマに追い込まれる可能性があるのだ。

いずれにしても、このような分析と交戦規則に関する重要な決定を開戦後まで先延ばしすれば中国人民解放軍を利することになり、米国と同盟国の損失が増大する。政策立案者は、戦略的警告（前述のとおり）が検討のための時間を与えてくれると思っているかもしれない。だが、常に十分な警告があると考えるのは危険だ。しかし当然ながら、米国大統領がどの程度戦争に踏み込むつもりなのかについては、中国政府に憶測の域にとどまらせておくべきだ。抑止力の最大化に取り組んでいるなかで、米国大統領が何を行わないかを事前に発表することはきわめて深刻な過ちである。

米国の全爆撃機部隊を統括する第8空軍は、米国及び太平洋地域周辺に分散している多種多様な遠征拠点から実施する作戦を定期的に訓練する必要がある。司令官は爆撃機部隊を小部隊に分散させ、これらの分散部隊を戦時状況下で支援・維持するシステムを準備すべきだ。米空軍の空中給油部隊も同様に、今後起こりうる太平洋をまたぐ爆撃機作戦の支援に備えるべきである。司令官は、この作戦の要素を調整するためのレジリエンスのある指揮システムを確実に整備しなければならない。これらの事柄はすべて、米空軍の作戦構想「迅速な戦闘運用（Agile Combat Employment）」に統合されるべきだ。これは、可搬式燃料タンク、滑走路修理キット、一時的な航空管制、特別な整備・武器取扱装置などを備えた機動展開用航空基地セット（DABS）を有する多数の臨時飛行場に、米軍機を迅速に配備する計画である。

米国本土内の部隊及び関連防衛産業も戦争に備えるべきだ。中国人民解放軍が米国本土を攻撃する能力は限られているが、ゼロではない。備えがなければ、潜水艦や輸送コンテナから発射される巡航ミサイルや、米国本土にあらかじめ配置された潜入者によって、重要施設が標的となり破壊される危険性が高まる。潜在的に脆弱な場所は、航空機やミサイルの製造施設、海軍基地、航空基地などだ。これらの施設は、電力を供給する公益事業に依存しているため、公益事業の施設も狙われる恐れがある。中国人民解放軍につながっている潜入者は、爆撃機の乗組員やその家族、無防備な地域に住む重要な防衛産業従事者などを標的にする可能性もある。米国内の司令官や管理職は、最悪のシナリオに備えなければならない。

中国人民解放軍は台湾を攻撃する際に、水陸両用艦隊を米国と同盟国の戦闘ネットワークにさらすことになる。米国の司令官と計画立案者は、中国のこの脆弱な重心を攻撃目標として、米国側に大規模な死傷者を出すリスクを冒すことなく攻撃を実行する手段を考案し、組織することができる。ただし、米国がもつ能力に、備えがまだ追いついていない。米国の政策立案者と軍事計画立案者は、みずからのチームが水陸両用攻撃のシナリオに対する備えを万全にすることに、ただちに注意を向けるべきだ。

2カ年行動計画

台湾に対する中国人民解放軍の水陸両用攻撃を撃退するための軍事的な準備態勢を確保するに当たって、米国の政策立案者や計画立案者は、当面どのような行動をとるべきか。

①米国防総省及び議会は緊急に補正予算を計上し、米国の潜水艦産業の基盤を改革・改善し、現在、整備待ちで稼働していない攻撃型潜水艦の滞留を減らす必要がある。米議会は爆撃機の整備予算を増やし、任務即応性を高めるべきだ。

②政策立案者は、米爆撃機部隊及び空中給油部隊の指揮官に対し、インド太平洋戦域

における対海上任務を通常兵力の最優先事項とするよう指示する必要がある。爆撃機部隊及び空中給油部隊の指揮官、計画立案者、航空機乗組員、支援要員は、インド太平洋地域の有事、特に台湾に関連する有事を想定した訓練と兵站準備に重点を置くべきである。爆撃機部隊の指揮官と支援部隊は、分散している多種多様な前方展開基地から実施する作戦を訓練すべきだ。

③米空軍と海軍の調達担当者は、ＰＪＤＡＭのような「手頃で大量な」空対地精密誘導弾について、実現可能な最大規模の備蓄を早急に開始すべきである。技術及び試験チームは、さまざまなセンサーや精密誘導オプションを備えたこれらの弾薬を迅速に認証し、あらゆる天候、照明、電子戦の状況下で海上目標を確実に攻撃できるようにすべきである。この措置は、ほかの武器システムに導入され、すでに実証済みの技術を使えば実行可能だ。

④米海軍及び空軍でＪＡＳＳＭとＬＲＡＳＭの調達を担当する部局は、空軍がすでに数千機の在庫をもつＪＡＳＳＭの数を減らすことになっても、ＬＲＡＳＭ派生型の生産数を飛躍的かつ迅速に増やすためにサプライヤーと協働すべきである。

⑤米空軍の政策立案者は、２０２１年に退役させたＢ－１Ｂランサー爆撃機10機につ

いて、飛行運用に再就役させるために必要な約3億ドルの予算を議会に要求すべきである。[37] この措置により、全爆撃機の発射能力に240基のJASSM及びLRASMミサイルを発射する能力が追加され、300発以上のPJDAMまたは同様の弾薬を発射できるようになる。

⑥米国の政策立案者と国防計画担当者は、米陸軍及び海兵隊の対艦兵器と戦闘物資を台湾にあらかじめ配置する計画を検討すべきだ。これにより、有事の前または有事の最中に米軍を台湾に展開するという選択をとりやすくなる。

⑦米宇宙軍の調達担当者は拡散型戦闘宇宙アーキテクチャ（PWSA）の展開を加速させるべきである。これにより、米軍と同盟国の連合・統合軍に、中国人民解放軍の対宇宙能力に影響されない、レジリエンスがあり信頼性の高いグローバル通信ネットワークを提供することができる。

⑧米宇宙軍及び情報機関の幹部は、民間宇宙ベースの画像及び衛星通信を扱う企業との関係を見直すべきだ。これらの企業は現在、詳細な電子光学や、合成開口レーダー、赤外線、電子情報などを用いた画像や通信サービスを政府に提供している。企業との関係が戦時中も信頼できるものであるか、これらのベンダーを戦闘情報

サイクルや戦争計画機能に効果的に統合できるかという点で確認が必要だ。[38]

⑨米宇宙軍は機動的で武装可能な宇宙資産を獲得し、米宇宙コマンドはそれを使用すべきである。この資産は、米国及び同盟国の宇宙配備の能力に対する敵対国の攻撃的行動を抑止することを目的として、敵対国の宇宙資産を綿密に調査することや、宇宙空間において将来的に攻撃的軍事能力を提供することが可能なシステムでなければならない。

⑩米国の政策立案者は、インド太平洋軍及び空軍グローバル攻撃コマンドの司令官に対し、西太平洋及びその上空で、定期的に大規模な事前通告なしの「武力の誇示」を目的とする演習を実施するよう指示すべきである。これにより、中国や米国の同盟国の指導者に対して、来たるべき台湾有事で大規模な戦闘ネットワークと火力を迅速に動員する米軍の能力を示すことができる。このような演習は訓練の好機であると同時に、潜在的な敵対国及びパートナー国に対して米国の能力と意志を示すものであり、抑止力を維持し、同盟国を安心させるためには不可欠である。

⑪米国本土の軍事施設の司令官は、重要な防衛産業拠点の管理者や、米国の重要インフラの民間部門の所有者及び運営者とともに、台湾危機において発生する恐れの

あるサイバー攻撃や、長距離ミサイル及び潜入者による攻撃に対して、施設と人員の準備を整える必要がある。軍の機動力を支える重要インフラである鉄道、航空、港湾システム、それらを支える電力網や公益事業には特に注意を払うべきである。

⑫米海軍は、海洋打撃トマホークの運用認証と艦隊への配備を迅速化すべきである。これにより米軍司令官は、追加で100以上の長距離攻撃プラットフォームを手にすることになる。

⑬米国の計画立案者は台湾の担当者とともに計画を立て、演習を行わなければならない。中国人民解放軍の艦船を撃沈するために、台湾の水上艦、潜水艦、航空機、地上部隊の能力と規模を理解する必要があるからだ。台湾は大量のミサイルを保有しているが、これらは人民解放軍による激しい攻撃を受けるだろう。計画策定におけるこのような取り組みは、物理的な戦闘において部隊間の最大限の連携を可能にし、友軍による誤射を防ぐのに役立つだろう。

まとめると、米国とこの地域の同盟国は、2022年にCSISが行った台湾に関する一連の図上演習では、多くの場合に大規模かつ脆弱な部隊を中国人民解放軍の火力にさらすことになったが、今後起こりうる人民解放軍の台湾に対する水陸両用攻撃に対しては、そのような事態に陥ることなく、撃退する手段を整え、作戦を遂行することができるだろう。これらの手段には、米海軍の攻撃型潜水艦、米空軍の爆撃機や空中給油機、ＰＪＤＡＭのような安価で製造が容易な精密誘導弾、米宇宙軍やその他のステルス戦略偵察能力による上空からの偵察・標的設定・通信支援が含まれる。

政策立案者は、これまでに述べた対策の完了に早急に注意を向けるべきだ。それにより、２０３０年までに米国、台湾、その同盟国の利益に迫り来る危機、水陸両用攻撃シナリオに対する抑止力を強化することができるだろう。

第8章
隔離と封鎖

ロバート・ハディック
エレイン・リューリア
マーク・モンゴメリー

防御的な作戦は、攻撃的な戦いとともに実行できる。
……戦争の防御形態は、単なる盾ではなく、
うまく方向づけられた攻撃からなる盾である。
——カール・フォン・クラウゼヴィッツ『戦争論』

中国共産党の指導者に、台湾を力によって服従させるためのほかの軍事的選択があるのだろうか？　侵略の代替行為として、封鎖がありうる。中国人民解放軍による封鎖は、武器だけでなく、食料や燃料、それ以外の通商も台湾から遮断しようとするものだ。本章で説明するように、台湾、米国、及びその同盟国が対抗するのは困難だろう。この封鎖は中国軍の地の利が際立つものであり、第7章で取り上げた水陸両用攻撃の撃退に有効な米国の能力で、その地の利を相殺できるものは少ないからだ。

島国である台湾は、封鎖に対して特に脆弱である。原油、液体燃料、石炭、液化天然ガスの消費量を合計すると、台湾は総エネルギー必要量の93パーセントを輸入に頼っている[1]。また、一日当たりの食料消費カロリーの約65パーセントも輸入している（ただし、かなりの量の食料を輸出し、水産業・農産業は大規模で多角的である[2]）。たしかに台湾は、燃料や食料などの必需品を備蓄することで安全保障の向上が可能になる。だが備蓄がどれほど多くとも、台湾にとってはある程度の時間稼ぎにしかならない。台湾が長期的に生き残るためには、今後起こりうる中国人民解放軍の封鎖を打破する必要がある。

米国及び同盟国の軍事計画立案者にとって、封鎖は水陸両用攻撃シナリオのなかの単なる「大きな脅威に含まれるより小さな脅威」ではない。封鎖シナリオには別の特徴があるため、軍事計画立案者や政治的意思決定者は別の課題を負うことになる。中国人民解放軍の台湾封鎖を阻止するために必要な軍事能力は、水陸両用攻撃への対抗において不可欠なものとは異なる。封鎖に対する能力要件はさらに高度で、開発・生産も困難であるため、米軍と同盟軍は、水陸両用攻撃シナリオで判明したものよりも大きな、実際に必要な能力と現在保有する能力の差を抱えることになる。

こうした理由から、封鎖シナリオは台湾及び米国主導の連合軍にとって危険である。米国の非対称的な軍事的優位性の多くが否定される一方で、全面戦争にエスカレートする危険性も高まる。2022年8月に中国が台湾周辺で海空・ミサイル演習を行ったことからも、中国の政策立案者や計画立案者はこのことを理解しているようだ。

なぜ中国の指導者は封鎖を好むのか

中国の指導者にとって、台湾に対する軍事作戦を封鎖から始めることには、いくつかの魅力的な要素がある。

そのひとつめは、中国の指導者が台湾に対する封鎖を正当な主権の行使として示すことだ。中国の指導者は、台湾は中国の領土であり（この前提について正式に異議を唱える者はまだほとんどいない）、中国もその他の主権国家と同様に、自国の領土全域に対して権限を拡大する法的権利があると主張するだろう。[3] 中国政府は、武器などの禁制品や違法物品が台湾に持ち込まれることを防ぐという理由をつけて、税関及び規制検査による隔離を手始めに封鎖を開始する可能性がある。台湾が武装解除に抵抗すれば、中国は食料品や燃料も含めた商取引を対象に追加して封鎖を段階的に拡大し、ついには完全な包囲攻撃に至るだろう。２０１４年にロシアがウクライナに軍事侵攻を始めたとき、ウクライナは主権国家として国際的に承認され、国連の議席を有しているにもかかわらず、世界が一致団結してウクライナを支持することは難しかった。台湾に至っては、正式な外交関係をもつのはひと握りの小国だけであり、支持を集めるのはさらに困難だと想像がつく。[4] 第7章で取り上げた水陸両用攻撃シナリオとは対照的に、中国の検査による隔離は前触れもなく始まる可能性があり、そのシナリオを想定していなければ、米国及び同盟国の政策立案者は効果的な選択肢や対応策を求めて奔走することになる。

2023年春、台湾の蔡英文総統（左）はケビン・マッカーシー米下院議長（当時、右）と会談した。その際に中国は、「台湾海峡を通過する商船や作業船に対して3日間にわたって臨検を含めた活動を実施する」と発表した。中国福建省海事局は報復的な脅しを実行することはなかったが、この発表は封鎖の序章がどのようなものかを示す一例となった。写真：マリオ・タマ／ Getty Images

二つめは、中国が第一段階として検査による隔離を行う場合に物理的な軍事行動が不要だという点だ。その後に封鎖を「突破」できるかどうかは、民間船舶や航空機の保険契約を引き受ける企業はもちろん、台湾及びその他の国々の政策立案者の対応しだいだ。もし中国政府が物理的な力を使わずに封鎖を実行することができたならば（詳しくはのちに述べるが、この仮定については賛否両論がある）、それが暴力的な軍事行動へと発展する責任は台湾やそのパートナーに転嫁される。中国の指導者は、台湾やそのパートナーが中国の主権主張に抵抗して戦争の「最初の引き金を引いた」と訴えるだろう[5]。

三つめの魅力は、中国が武力行使もいとわないならば、水陸両用攻撃シナリオとは異なり、中国人民解放軍海軍という重要な重心を中国の領域を越えて米国及び同盟国の火力にさらすことなく、台湾を完全に封鎖することができるという点だ。中国は中国本土を拠点とする航空戦力やミサイル部隊だけでなく、沿岸警備艇や人民解放軍海軍の潜水艦を使って、台湾を出入りする商船や航空交通を妨害することができるからだ。人民解放軍は、海軍及び空軍資産の大規模展開を行う必要がない。

中国南東部の航空機及び輸送式起立発射機（ＴＥＬ）に搭載されている対艦ミサイルは、現在、台湾の港を発着する商船を脅かす能力をもっている（これらの能力に関しては第7章を参照）。同様に、中国南東部を拠点とする中国人民解放軍の戦闘機と移動式地対空ミサイル発射台は、台湾を出入りしようとする航空貨物を脅かすことができる。人民解放軍は、台湾に対する砲撃や、この地域の米国及び同盟国の軍隊への攻撃を行う必要もなく、台湾を絞め殺すことが可能なのだ。

四つめは、中国共産党及び中国人民解放軍の指導者はおそらく、封鎖戦略をゆっくりと沸騰する非正規戦の一形態だととらえているという点だ。このタイプの戦争に、米国の政策立案者及び軍事戦略家はこれまでに何度も混乱させられ、米国民は決意を試されてきた。1941年12月の真珠湾攻撃や、2001年9月のアルカイダによるテロ攻撃といった「奇襲攻撃」によって、米国民は激怒し、奮い立った。それらに比べると、台湾封鎖は衝撃度ではるかに劣るかもしれない。奇襲攻撃のような劇的な始まりがなければ、米国民は状況に反応しない可能性があり、米国の政策立案者は介入の正当性を説明する必要に迫られ、しかも理解を得るのに苦労するかもしれない。ここ数十年にわたり、米国の政策立案者と国民は、限定的な戦争にどう対応すべきか苦慮してきた。戦争が野放しに拡大することへの懸念と資源制約によって、効果的な戦略の策定が阻害されてきたのだ。中国の指導者には、このシンドロームを利用しようという強い動機があるはずだ。

五つめは、封鎖が中国人民解放軍にとって、競争優位性を振りかざして脅威を与える好機になる可能性だ。人民解放軍はその戦闘ネットワークを米国及び同盟国の脆弱な海上目標に対して使用すると脅すだろう。人民解放軍が台湾を全面的に封鎖した場合、台湾を救うには、救援物資輸送隊が人民解放軍の陸上封鎖部隊を突破し、生き延びて台湾に到達しなければならない。

第7章で述べたように、中国人民解放軍は特別な戦闘ネットワークを設計している。それは、台湾への入港を試みる商船団を護衛する海軍任務部隊を圧倒し、打破するためのものだ。中国人民解放軍はこのシナリオのために長いあいだ準備してきた。そのため、台湾に食料や燃料などの物資を供給する部隊の任務は、困難な挑戦になるだろう。

封鎖から戦争へ至る道

中国人民解放軍による封鎖によって、米国の政策立案者は最終的に決断を迫られることになる。その選択肢は、非公式な安全保障コミットメントを反故にして台湾の敗北を濃厚とするか、または人民解放軍との大規模なミサイル戦争につながるリスクをとるかのどちらかだ。

前述したように、中国人民解放軍による封鎖は、台湾国防部が調達する武器の押収を中心とした、税関及び規制当局の検査による隔離を発表することから始まるだろう。中国海警局は商船に対する制止と立ち入り検査を試みる。人民解放軍空軍は台湾行きの航空機のうち何機かを選び、検査のために中国の空港に進路変更させようとするだろう。

台湾政府は対応を決めなければならない。その決断は、その時点における台湾自身の抵抗の意志だけでなく、米国政府や国際社会から今後どのような支援を得られるかという情報に基づくものになる。中国共産党と人民解放軍の指導者は、作戦のための軍事力の増強を目に見える形で進めながら事態を監視するだろう。

台湾が隔離に抵抗するために、中国の海警局船や戦闘機に対してさらに積極的な措置をとるのであれば、船舶や軍艦へミサイル攻撃が行われる可能性や、台湾上空及びその周辺で空中戦が展開する恐れがあり、中国人民解放軍による完全な海上・航空封鎖の実現を招くことになるだろう。

その結果、台湾は燃料や食料の備蓄を消費し、人道危機が急速に拡大することになる。数週間のうちに、台湾は物資の確保と基本的な経済機能を維持するための救援物資輸送隊が必要になるだろう。米軍が、中国人民解放軍による封鎖に対抗できる唯一の軍事力になる。米国の政策立案者は、そのようなリスクを冒すかどうかを決めなければならない。リスクをとらなければ、台湾政府とその住民2400万人は最終的に降伏せざるをえないだろう。

米国政府が介入する場合、米海軍の軍艦と軍用機が護衛する救援物資輸送隊を組織する。

うまくいけば、地域の同盟国からも同様の軍事資産による支援が得られるだろう。

輸送隊が台湾に近づくと、中国の指導者は、入港と荷揚げを許すか、攻撃して破壊するかの選択に直面する。輸送隊を通せば、封鎖の企てが中国のブラフだと露呈する。そうなれば台湾を巡る危機は終わるが、中国国内で危機を招きかねない。習近平が米海軍にそこまで劇的に面目をつぶされることになれば、敵対するエリートや一般国民は彼が弱体化したとみる可能性がある。

それよりも米国及び同盟国の指導者が心得ておくべきなのは、中国共産党と人民解放軍の指導者が隔離作戦を開始したならば、その一連の展開から結果まで十分に検討されているということだ。1990年代半ばの第3次台湾海峡危機以降、中国共産党は封鎖シナリオのために「対介入」戦闘ネットワークを設計し、構築してきた。中国の指導者は、米国主導の海上救援作戦を人民解放軍が打破できると確信した時点で、台湾に対する検査による隔離を開始するだろう。米国及び同盟国の指導者は、中国の指導者がブラフをかけると考えてはならない。むしろ、救援物資輸送隊がミサイル戦争の引き金になり、部隊を構成する米軍や同盟国の要員に多くの犠牲者が出ることを想定すべきだ。

台湾封鎖の突破が難しいのはなぜか

歴史的に見て、封鎖を行う場合は、沿岸警備艇、巡洋艦、駆逐艦などの中型軍艦を標的国の港への接近経路に配置し、貨物船の発着を阻止する方法がとられてきた。現時点で、台湾封鎖シナリオを想定して中国南東部の基地や移動式ミサイル発射台に配備された中国人民解放軍の長距離戦闘ネットワークは、台湾の埠頭へ往来する貨物船を十分阻止できる。西太平洋に張り巡らされた人民解放軍の戦闘ネットワークは、複数の画像衛星によって、輸送部隊、商船、その護衛艦の位置と動きを上空から継続的に追跡するだろう。人民解放軍のセンサーとコマンドネットワークは、陸上発射型対艦弾道ミサイルや空中発射型対艦巡航ミサイルなどのさまざまな長距離精密誘導対艦兵器とリンクしている。

したがって、台湾封鎖を突破するには、台湾の港外に潜んでいる中国海警局の巡視船、巡洋艦、駆逐艦などを撃沈するだけでは不十分である。封鎖を破るには、中国南東部に展開・分散している人民解放軍の広範な戦闘ネットワークを制圧する必要があるのだ(6)。

つまり、米国の最高政策決定者がまずやらなければならないのは、中国本土に対する広範囲かつ長期的な爆撃作戦を許可する決意をもつことなのだ。第7章で取り上げた

2022年のCSISによる一連の図上演習では、米軍の司令官はそのような爆撃作戦に反対した。図上演習の報告書によると、これらの司令官は、台湾に対する中国人民解放軍の水陸両用攻撃を阻止するに当たって爆撃作戦は不要だと考えていた。さらに、爆撃作戦を行った場合に、人民解放軍の台湾侵攻を撃退するという自分たちに課された任務において、航空機の損失や戦争が制御不能に拡大する恐れなどのリスクのほうが、得られるかもしれない利益よりも大きいと考えたのだ[7]。

しかし、CSISの図上演習では、台湾封鎖シナリオを具体的に検討したわけではない[8]。前述したように、封鎖シナリオの特徴は水陸両用攻撃シナリオのものとは異なる。封鎖をモデル化した場合の図上演習は、その特徴を反映して進行していくだろう。中国人民解放軍の陸上配備の対海上部隊を制圧するに当たって、米国及び同盟国の政策立案者は中国本土への広範囲にわたる攻撃を承認するかどうかという最初に超えるべき問題に直面することになる。承認しなければ、人民解放軍による台湾封鎖を直接的に打破することが可能な軍事的選択肢はなくなる。米国の政策立案者が、中国本土に対するそのような軍事作戦の承認に前向きでなければ、人民解放軍は台湾を降伏するまで飢えさせるだろう。

中国が米軍への攻撃を開始し、米国及び同盟国の政策立案者が中国本土を標的とした反撃を承認したと仮定する。その場合に、中国人民解放軍の対海上戦力を制圧し、台湾とのあいだに海運を再開するために、米国及び同盟国の軍事力は何を攻撃するだろうか？　攻撃目標のリストは長いが、実際に破壊するのは困難だろう。人民解放軍の中国南東部を防衛する統合防空システムも重要な攻撃目標となる。このシステムは、人民解放軍の要撃戦闘機用の航空基地及び移動式地対空ミサイル部隊で構成されている。これらの軍事力を結ぶ広範なセンサーとコマンドネットワークは優先順位の高い攻撃目標だ。

中国人民解放軍の防空を制圧すれば、米国及び同盟国の航空戦力が人民解放軍の陸上配備対海上部隊を攻撃する際の自由度が増す。なお、この部隊には人民解放軍の戦闘攻撃機や爆撃機が含まれ、それぞれが対艦巡航ミサイルを発射できる。また、もうひとつの優先目標は、人民解放軍海軍の潜水艦部隊のための港湾、埠頭、支援施設だ。人民解放軍の対艦弾道ミサイルと巡航ミサイル用の移動式ＴＥＬ（輸送式起立発射機）も攻撃リストに載るだろう。これらの兵器用の基地と支援システムも同様だ。

これらの攻撃目標は、中国国内では数千の照準点に達する可能性がある。救援物資輸送隊を台湾の港に到達させるために、米国及び同盟国は空軍や海軍の長距離対地攻撃巡航ミサイルによる攻撃と定期的な再攻撃を行わなければならない。このような活動において必要なことは、米国及び同盟国の指導者が、中国本土に対する大規模な軍事作戦にコミットすることだ。また、中国国内の移動目標を発見し、中国の防空に侵入して持続可能な方法で機能し、破壊が必要な照準点に対して効果的な攻撃を長時間、場合によっては無制限に行える軍事力も必要だ。

封鎖を阻止する

中国には軍事的優位性があるものの、幸いなことに、中国政府にとって封鎖の追求は政治的・経済的に大きなマイナスになる。非殺傷的手段による封鎖の実施は、中国が有するような大規模な沿岸警備隊や海軍でも難しいことが知られている。台湾は、商業船舶や商業航空機を国有化すれば通商を維持することができる。中国海警局船は最大のものでもコンテナ船にはるかに及ばないため、公海上での「チキンレース」では不利だ。また、台湾は高性能半導体の製造で世界トップである。侵攻シナリオの場合とは異なり、封鎖シナリオではその地位が台湾に有利に働く可能性がある。半導体チップは通常、空輸される。台湾の製品は友好国に向かい、中国には提供されないだろう。それと並行して米国とその同盟国は、禁止措置、関税、輸出規制などを通じて中国本土の半導体チップ工場の入出力を圧迫し、中国経済に深刻な打撃を与えることができる。米国や日本をはじめとする友好国が封鎖の突破を支援するなかで、民主主義諸国から共感が集まり、冷戦時代に成功したベルリン大空輸に類似する状況が生まれるかもしれない。中国の協調戦略は経済的自立を達成するためのものだが、依然として対外貿易に大きく依存しているならば、次に起こるのは、経済・金融制裁や西側諸国との貿易戦争の激化だろう。

中国政府が米国に対して武力行使をすれば、それは戦争を意味する。米国とその同盟国は、中国本土の目標を攻撃して人民解放軍の台湾封鎖を直接的に無効化するための軍事能力や覚悟を欠いている(つまり、今後起こりうる台湾封鎖に対して、成功の見込みがある「拒否的抑止力」が不足している)としても、連合軍はまだ「懲罰的抑止力」に訴えることができる。

第7章で述べたように、懲罰的抑止は拒否的抑止よりも弱く、最良の代替案ではないが、中国人民解放軍の封鎖による台湾制圧を阻止するために唯一利用可能な予備的選択肢と言える。

懲罰的抑止は、その名が示すように、侵略側の意思決定者に苦痛を与えて、防御側にとって望ましい結果が得られるように侵略者側の行動を変えようとするものだ。懲罰戦略では、主導権は侵略側にとどまる。侵略側がどの程度まで苦痛を受け入れるかを決めることができるうえに、その程度を防御側があらかじめ知るわけにはいかず、戦争中に把握することも難しいからだ。懲罰戦略によって成功を収めるには、防御側に当初の想定以上の冷酷さが必要となる。懲罰の対象となった指導者は、紛争の帰結を存亡に関わるものとみなし、交渉によって戦闘を終結させるための選択肢が狭まる可能性もある。

懲罰的抑止にはこのような欠点があるものの、米国を中心とする連合軍は、それが唯一の利用可能な選択肢だという結論に至るかもしれない。その場合、米国及び同盟国の政策立案者は、米国主導の連合軍が許容できる条件で、共産党の指導者を台湾紛争の解決へと追い込む圧力となる脆弱点を見つけなければならない。

中国共産党の指導者にとって最も重要な目標は、党に対する統制と、政治体制や人民解放軍、さらに一般国民に対する独占的支配を維持することだ。米国及び同盟国の政策立案者や軍事計画立案者は、中国共産党の指導者が最も重視するものを標的にすることで、その支配力を弱める物理的・非物理的な作戦の両方に重点を置くだろう。それには、さきほど述べたような経済的な手段も含まれる。

この理論に基づく標的には、人民解放軍海軍の主力艦や、宇宙船基地といった中国共産党の功績の象徴も含まれるだろう。中国が敵対行為を開始すれば、これらも合法的な軍事目標となる。サイバー戦争や情報戦争を利用して中国の情報統制力を低下させれば、国民に対する党の支配を弱めることができる。中国共産党幹部の個人資産の公開、差し押さえ、破壊により、党内に意見の相違を生み出すこともできる。１９９９年のコソボ紛争では、ＮＡＴＯがこの戦術をセルビアの指導部に対して採用し、戦争の終結にひと役買った(9)。最終的には、米国及び同盟国の政府は、情報作戦によって中国の国民と共産党を分断することも可能だ。

中国人民解放軍が台湾を包囲して食料や燃料を遮断した場合、それに対抗して中国の国民を「反包囲」するという作戦がある。賛否両論あるだろうが、実現可能だ。いずれにしても、ほとんどの商船が西太平洋のミサイル戦闘の戦域を避けることになるため、中国本土に対する反包囲は、部分的ではあるが自然発生する可能性が高い。米軍と同盟軍は、中国の港湾や、港への接近経路に機雷を仕掛けることで、この自然発生的な封鎖を深化させられる。この作戦は人民解放軍の台湾包囲への対抗措置として正当化されるものだが、その目的は中国共産党の台湾に対する戦争政策に抵抗するよう中国の国民を誘導することである。

懲罰戦略は道徳的に疑問視されることが多く、予測不能な結末を伴い、過去にはたびたび失敗してきた。中国には地続きの国境があるが、台湾にはない。よって、中国に対する反包囲は、人民解放軍による台湾包囲よりも突破しやすいだろう。中国共産党は、台湾よりも長く包囲に耐えることができるかもしれない(10)。

これらの理由から、政策立案者や軍事計画立案者は敵対国の軍事侵略を直接的に撃退できる軍事的能力のほうを好む。このような能力が存在し、すべての関係国の意思決定者に示され、把握されていれば、防衛側は拒否的抑止を達成したことになる。

現在、米国と一部の同盟国は、封鎖シナリオを打ち破り、ことによると抑止も可能な確かな軍事能力を構築するためのプログラムを有している。残念ながら、こうした取り組みの大半は10年前に開始すべきものだった。政策立案者と軍事計画立案者にとって、現時点における喫緊の課題は、今後起こりうる人民解放軍の台湾封鎖を阻止するために短期間で実行可能な措置を講じることだ。

任務要件と能力ギャップ

中国が武力によって台湾封鎖を強行した場合、米軍及び同盟国の軍事力は、人民解放軍の陸上配備対海上部隊を確実に制圧できる装備、訓練、ドクトリンを備えているだろうか。前述のように、これは非常に困難な任務であり、人民解放軍の水陸両用攻撃を撃退するよりも難しい。米軍と同盟軍は、いくつかの重要な能力を欠いているのだ。

米軍と同盟軍がまず必要とする能力は、中国南東部をカバーする包括的でレジリエンスのある上空からの情報収集・警戒監視・偵察（ＩＳＲ）ネットワークだ。人民解放軍の統合防空網から受ける危険を考慮すると、これらのネットワークは宇宙を拠点とするのが理想的だろう。ＩＳＲネットワークの役割は、人民解放軍の航空基地、海軍基地、ミサイル基地をほぼリアルタイムで監視することである。それよりも難しいのは、地対地及び地対空ミサイルの移動・発射に使われる人民解放軍の移動式ＴＥＬの位置と動きをほぼリアルタイムで監視することだ。米国の宇宙軍及び国家偵察局には、ＴＥＬのような軍用車両の位置と動きを宇宙から追跡する宇宙ベースの地上移動目標表示器（ＧＭＴＩ）システムの配備計画がある。成熟した宇宙ベースのＧＭＴＩ能力はまだ開発中だ(11)。

次に米国と同盟国が必要とするのは、五つの戦闘領域（宇宙、空、海、陸、サイバー）すべてにわたり、異なる部隊や資産のあいだでデータや指令を伝送するための、レジリエンスのある地域的及びグローバルな指揮・統制・通信（Ｃ３）システムだ。これらのＣ３システムは、物理的または電子的な攻撃や、サイバー攻撃を受けても機能を維持する必要がある。つまり、数百または数千に及ぶノードに分散され、ストレス下でも自己修復し、冗長性があり、ジャミング（訳注／電波妨害）や敵による暗号解読及び欺瞞（訳注／通信内容の偽造や偽装）に対抗できるものでなければならない。現在、米宇宙軍は第7章で述べた拡散型戦闘宇宙アーキテクチャ（ＰＷＳＡ）衛星コンステレーションを配備している。

中国南東部における人民解放軍の機動的な陸上配備対海上部隊を制圧するには、米国と同盟国は、ＩＳＲネットワークによって特定された、つかの間の目標に迅速に対応する能力を必要とする。つまり、目標が分散して再び隠れるまでに効果的な攻撃を加えられるように、極超音速空対地弾を装備したステルス爆撃機が継続的に近隣地域をパトロールする必要がある。米空軍は新型のステルス爆撃機「Ｂ—21レイダー」でＢ—１Ｂ及びＢ—２Ａ部隊を補完し、最終的には置き換える予定だ。しかし、この爆撃機は開発の初期段階であるテスト飛行に入ったばかりで、中国上空で実戦が可能になるにはまだ何年もかかる。極超音速空対地弾の研究開発は続いている。

米国防総省内のさまざまなプログラムの担当部署では、少なくともアイデアとしては、低コストで自律型の航空機や水中航走体を数多く開発してきた。これらは搭載されたセンサーが発見した特定の目標を探索し、攻撃することができるものだ。この技術の一部は20年以上前に開発に成功している[12]。このような技術的能力は、人民解放軍の陸上配備対海上部隊を対象とした攻撃において非常に有用である。しかし、米国の政策立案者は、自律型致死性の無人索敵・攻撃兵器の承認に対して厳格な審査プロセスを課している（人民解放軍の審査プロセスよりも厳格なのは、ほぼ間違いない）[13]。このような政策によって、本章で述べたシナリオで特に有用となる低コストで自律型の攻撃兵器の実戦投入が遅れている。

また、米軍と同盟国軍は、台湾を発着する商船を狙う人民解放軍海軍の多数の攻撃型潜水艦を撃退しなければならない。さらに、台湾の港に出入りする船舶を妨害するために、人民解放軍があからさまに、あるいはひそかに設置する機雷を継続的に除去する必要がある。台湾と連合軍の要員は、人民解放軍による破壊が想定される埠頭や港湾インフラを利用することなく大型貨物を台湾に輸送する技術と装備が必要になるだろう。

ここで挙げた任務要件は困難なものばかりだが、そのすべてが、米国と同盟国の軍が台湾への物資の出入りを維持し、人民解放軍の封鎖戦略を直接的に否定するために達成すべきものだ。人民解放軍の台湾封鎖に直接的に対抗するために必要な任務要件（目標捕捉、レジリエンスのある通信、十分な量のステルス爆撃機、即時対応兵器、自律型捜索攻撃兵器）全般において、米国及び同盟国の軍事力は、人民解放軍が今後とりうる行動方針を直接的に抑止するために本来いるべき位置から10年の遅れをとっている。

2カ年行動計画

中国人民解放軍による台湾封鎖に対抗する軍事力を備えるために、米国及び同盟国の政策立案者は今後2年間でどのような措置をとることができるだろうか？

①戦前期である現在、米国の上級政策立案者は、人民解放軍が台湾を封鎖した場合、中国本土に対する広範かつ持続的な物理的及び非物理的軍事行動を含む戦争計画

を準備するよう、軍の指揮官及びその幕僚に指示すべきである。封鎖に対抗するためには中国本土を攻撃することが必要であり、米国の政策立案者と軍事計画立案者は、事前にそのための計画を策定すべきである。また、政策立案者は、人民解放軍による封鎖を抑止するために、そのような行動を実施する意思と準備があることを中国側に伝えるべきである。

②台湾に関するこのようなシナリオに備えるため、米インド太平洋軍司令部は、この地域の同盟国とともに救援物資輸送作戦の演習を定期的に行うべきである。米運輸省の海事安全保障プログラム（MSP）では、商業的に実行可能で軍事的に有用な、国際貿易に従事する商船からなる船団を維持しており、この計画が救援物資輸送の演習及び作戦の中核となりうる。[14] 訓練が必要なものには、短期間でMSP船を準備し、敵対する可能性のある地域を輸送船団及び護衛する軍艦が連携して通過する作戦も含まれる。米国政府は、これらの演習に参加する同盟国を募るべきである。

③米国の上級政策立案者は、低コストで効果的な自律型捜索攻撃兵器の開発と実戦配備を加速させる政策を公布すべきである。米軍及び同盟国軍は、中国南東部における人民解放軍の陸上配備対海上部隊を制圧するために、こうした兵器を大量に必

要とするだろう。米国防総省の自律型致死兵器に関する現在の方針には、開発の禁止や、発射後に人間による継続的な監視を行う義務はないが、入念な検討プロセスが制度化されているため、必要とされる能力の開発と実戦配備が遅れる原因となっている。台湾に対する封鎖の脅威は差し迫っており、これらの自律型致死兵器の実戦配備を加速させるような変更が、いま必要とされている。

④米国及び同盟国の国防政策立案者は、中国南東部における人民解放軍のシステムの制圧を支援するため、強固で冗長性があり残存可能な目標捕捉システムの開発と実戦配備を加速させるべきである。これらのシステムには、地上及び海上の移動目標を特定するための上空及び宇宙ベースのセンサーを含めるべきである。これらの目標捕捉システムには、高高度・長航続無人航空システム、衛星コンステレーション、低コストの消耗型無人航空・水中航走体が含まれる必要がある。

⑤米国及び同盟国の国防政策立案者は、米宇宙軍の拡散型戦闘宇宙アーキテクチャ（PWSA）の後続計画のような、分散型かつネットワーク化された衛星通信コンステレーションの配備を加速させるべきである。

⑥米国の国防政策立案者は、手頃な価格の極超音速空対地弾の開発と実戦配備を加

速させるべきである。極超音速空対地弾は、米軍の爆撃機が中国南東部における人民解放軍の陸上配備対海上部隊の移動即応目標を攻撃する際に必要となる。このような兵器は技術的には実現可能であるが、米国防総省が防衛産業基盤に対して投資する必要がある。

⑦米国及び同盟国の海上部隊は台湾と連携して、次のことを準備すべきである。台湾の港湾への接近経路における機雷除去、中国人民解放軍海軍の潜水艦に対する対潜作戦、港湾インフラが機能していない場合の船舶から台湾沿岸部への大型貨物の輸送方法。

⑧米国及び同盟国の上級政策立案者及び軍事計画立案者は、有効な懲罰的作戦を事前に準備すべきである。これは、拒否的な軍事的オプションが使用できない場合でも、米国及び同盟国にとって望ましい紛争結果に向けた行動を中国共産党幹部にとらせるためのものだ。そのために、政策立案者と軍事計画立案者は、中国共産党幹部に対する強制的な影響力を獲得する方法を研究し、今後起こりうる紛争中にこの強制的な影響力を行使するための軍事・非軍事の支援計画を策定すべきである。

以上の措置を実行することは困難を伴い、特に短期間では難しい。特に中国本土の攻撃目標を対象とした軍事的準備は技術的な課題が多く、現在の軍事科学及び工学では限界がある。政策上でも同様に手ごわい課題があり、政策立案者は、致死性ロボット兵器、中国本土への持続的な爆撃作戦、中国の指導者に対する公然の脅迫に関与しなければならない可能性など、道義的なリスクや状況が拡大するリスクといった厄介なリスクをとる必要がある。

第9章
動員と装備

ロバート・ハディック

政治家や司令官がなすべき最初の、
そして最も広範囲に及ぶ究極的な判断行為は、
乗り出そうとしている戦争がどのようなものなのかを明らかにすることだ。
――カール・フォン・クラウゼヴィッツ『戦争論』

米国及び同盟国の政策立案者と軍事計画立案者は、今後起こりうる対中戦争は長期化し、終わりも見えず、その烈度は増減すると想定すべきである。そのような結果に備えて、いまから準備する必要がある。準備することで、紛争が発生した場合に優位に立つための最善の機会を得ることができる。さらに重要なことは、長期にわたる終わりなき紛争に備えつつ、その姿勢を中国の指導者に示すことが抑止態勢の強化の不可欠な要素となり、強化が成功すれば、戦争の発生を防ぐことができるという点だ。

しかし、動員、あるいは紛争前の動員準備は危険を伴う行為だ。不適切な軍事能力に資源を投入して浪費したり、敵の標的になりやすい重心を拡大したりするなど不用意な動員を行えば、意図した結果とは逆に、紛争に対する国の準備態勢を後退させかねない。計画に問題のある動員が経済的なインフレ、または社会的混乱や抵抗につながれば、社会を強化するどころか弱体化させる恐れがある。

米国と同盟国は、中国との長期戦に備えるためにさらに努力する必要がある。いまその取り組みを行うことで、抑止力を強化し、万が一抑止が失敗した場合でも勝利するための条件を整えることができる。だが、政策立案者や計画立案者は、戦略的状況をむしろ悪化させることのないように、準備のやり方について慎重に考える必要がある。

なぜ米国の政策立案者は、中国人民解放軍との紛争が長期化すると想定すべきか

米国及び同盟国の政策立案者や計画立案者は、戦争は終結が困難だという理由だけでも対中戦争は長期化すると想定すべきだ。戦争の基本的な目的は、戦争の当事者が開戦前にはもっていなかった新たな情報を提供することである。この情報とは、戦争が継続するにつれてどちらが強くなり、どちらが弱くなるかというものだ。当事者がこの評価に同意しなかったことから戦争は始まる。どちらが弱いかという点について同意があれば、弱い側は譲歩を提案することで戦争を回避しようとする強い動機があったはずだ。戦争になったのは、双方が勝算ありと判断したか、戦うことが最悪よりはましな選択肢だという結論に至ったからだろう。その後の戦闘と敗戦によって、この問題に関してどちらの判断が最良であったかが明らかになる。(1)

戦争がこの不確実性と意見の相違を解決する新しい情報を生み出すとしても、多くの場合、その情報は不完全で、得るまでに時間もかかる。(2) さらに、負けるとわかっていても戦争をやめようとしない指導者もいる。支配層にとって、戦争をやめることが文字どおり命

とりになりかねないからだ。

中国共産党の指導者が台湾を巡って戦争を仕掛けるのは、受容可能な代償を払えば勝てるという確信が（誤りであるか否かによらず）あるからだ。しかも、彼らが受け入れようと考える代償の程度は、党指導層以外の者が予想するものよりもはるかに大きい可能性がある。台湾の獲得は中国共産党にとって悲願の目標であり、党の威信をかけた目標でもある。

それ以上に中国の指導者たちは、台湾の占領によって日本や米国といった地域のライバルの戦略的立場を劇的に弱められるとみているだろう。人民解放軍が西太平洋の海上及び航空の交通路を支配することになるからだ。この結果は、中国がユーラシア大陸東部の支配的な勢力としての立場を確立することにおおいに役立つだろう。中国共産党の指導者にとって、大きなリスクを冒す価値があるのだ。彼らにとって、戦争による目標の達成を公然と約束した以上、引き返すことは難しい。

中国共産党及び中国人民解放軍の指導者がどのような戦い方を選択するかによって、紛争期間の長さも影響を受ける。第8章では封鎖オプションを取り上げ、米国とその同盟国にとって対抗が難しい理由と、中国の指導者が水陸両用攻撃よりもそちらを好む理由について述べた。締め上げを徐々に強化していくという封鎖オプションの性質そのものから、台湾封鎖は中国共産党にとっても意図的に長い時間をかける取り組みになる。米国及び同盟国の政策立案者や計画立案者は、封鎖に対抗するつもりであれば、同様の時間的視野をもつ必要がある。

中国の指導者たちが水陸両用攻撃を選択するのは、それが封鎖よりも決定的だと考えた場合か、あるいは長期戦は避けたいが武力による占領によって迅速に既成事実を達成できると計算した場合だ。

しかし、この選択が失敗した場合、中国の指導者は難しい決断を迫られることになる。失敗の原因として考えられるのは、人民解放軍が攻撃を仕掛けたときに、中国の海洋戦力が広範囲にわたって破壊されることだ（第7章を参照）。直接的な攻撃から台湾を守ることに成功した米国、同盟国、台湾の指導者たちは、さらなる破壊のリスクを抑えるために、迅速な停戦と緊張の緩和を望むだろう。そこで中国の指導者は、この「オフランプ」を受け入れるか否かの選択に直面する。

中国側の見方としては、迅速な停戦を受け入れると、ほぼ邪魔されることのない、おそらく数十年は続く休戦期間を与えられることになる。中国は、そのあいだに人民解放軍を再編成し、その後に台湾問題を再検討する状態までもっていくことができる。再編成は技術的にも生産面でも単純な作業であり、人民解放軍の指導者は直前の戦闘から得た教訓を活かすことができる。（第7章で取り上げた、2022年に行われたCSISの図上演習のように）台湾と連合軍が中国本土への攻撃をほとんど行わなかった場合、中国の指導者は、再建を進めるためにそれ以上の損害を受けるリスクを抑えたいと考えるだろう。

しかし、それよりも悪いシナリオもある。中国共産党及び人民解放軍の指導者は、水陸両用作戦が失敗しても、国内の政治的圧力によって戦争を継続せざるをえない場合もある。これらの指導者は、第8章で述べたように、台湾封鎖に必要な陸上配備対海上戦力をまだ保有している。封鎖という選択肢が魅力的に思える要因が、依然としてそろっているのだ。

中国の指導者にとってのリスクは、中国本土への大規模な爆撃につながるエスカレーションだろう。これは、米国を中心とした連合軍が人民解放軍の陸上配備封鎖部隊を制圧しようとするか、中国共産党指導部に対する強制的な懲罰作戦を追求する場合に起こりうる。中国の指導者から見て、米国及び同盟国の指導者に中国本土に対する攻撃まで行動を拡大する意志がないか、台湾を封鎖による締め付けから救い出すまでの長期間にわたって戦争を継続する意志がないと判断すれば、中国の指導者は封鎖による戦争継続を選ぶだろう。

いずれのケースにしても、米国とその同盟国及び台湾は、中国人民解放軍の潜在的な軍事力に対抗する長期的かつ終わりのない戦略的競争に直面することになる。ひとつの結果として、その競争が台湾封鎖に対抗するための長い闘争となり、その取り組みの烈度は変動するものになるだろう。もうひとつの帰結は、停戦ののち、中国が直前の戦闘から得た教訓を活かして、より能力の高い人民解放軍を再編することだ。いずれの道筋でも、米国と同盟国は賢明な動員戦略を策定し、その戦略を実行するための産業と財源を組織する必要がある。

動員は競争行為

動員とは、予備役や州兵の招集以上の意味をもつ。本章において軍事動員とは、徴兵制または命令のいずれかによって、本来であれば民生用に使われるはずの一国の労働力、財政力、産業力を実質的かつ例外的に移動することである。戦争に参加する戦闘員は必然的に、戦争遂行のためにみずからの資源を動員する。これは競争的行為であり、通常、戦闘

1944年において、1時間当たり1機のB 24を生産していたウィロー・ラン・クリーク工場。米国の戦前動員は、第二次世界大戦の軍需生産競争における勝利の土台となった。写真：Bettmann via／Getty Images

員が受ける利益は偏り、それが予期せぬ形で実現する可能性もある。

動員は戦前でも行われることがある（ほぼ間違いなく、中国人民解放軍が現在行っていることである）。たとえば、米国が第二次世界大戦に参戦したのは１９４１年12月だが、それまでの数年間で、国際情勢が悪化するなか、米議会はいくつかの重要な軍事法案を可決した。最初のものは、１９３８年の海軍法だ。これは、海軍の軍艦の予算を20パーセント増額し、16インチ砲を搭載したアイオワ級戦艦を承認し、海軍の巡洋艦と駆逐艦の艦隊を大幅に拡大するものだった。[3] 次に、1940年7月に制定された両洋艦隊法（訳注／第四次海軍拡張法とも）では、新たに7隻の戦艦、18隻の空母、29隻の巡洋艦、115隻の駆逐艦、42隻の潜水艦、1万5000機の航空機を艦隊に追加することが認められた。[4] 1940年9月にはフランクリン・ルーズベルト大統領が1940年選抜訓練徴兵法に署名し、一度に最大90万人の招集を許可する米国内初の平時徴兵制が成立した。[5]

これらの行動、特に建造に時間のかかる軍艦の先行調達によって、開戦の時点で米国は有利な立場にあった。また、大規模な戦時動員に向けて国内の産業を準備させ、のちに動員が実施されると、敵対する枢軸国を圧倒するほどだった。米国が参戦して総動員を行うと、連合国は動員競争で容易に勝利を収めた。米国に宣戦布告したのは、枢軸国の指導者の明らかな判断ミスだったのだ。

動員はリスクのある行為

動員の目的は、国の軍事力を急速に高めることである。しかし、特に政策立案者が国の経済的背景や社会的状況を考慮しない場合、動員にはリスクが伴う。不用意に動員を行うと、自滅しかねない。

米政府がベトナム戦争に参戦するために行った動員はその一例だ。1965年、リンドン・ジョンソン大統領が率いる政権は、北ベトナム軍と現地の共産ゲリラを撃退するため、南ベトナムで大規模な地上戦を仕掛けることを決定した。ジョンソン大統領は、20年あまり前の第二次世界大戦で動員によって枢軸国に対する圧倒的な優位を達成したように、ベトナム戦争においても軍事動員によって敵対国に対する米国の「エスカレーション支配」（訳注／戦闘の拡大を自軍の意図通りに制御し、以降の戦況を優位にすること）が実現すると考えたのだ。

1965年3月、米海兵隊の2個大隊が南ベトナムのダナンに上陸した。12月には18万4300人の米軍兵士が駐留し、その兵力は1968年には53万6100人まで増加した。[6] この地上戦を支援するため、米国防総省は陸軍と海兵隊の人員を1964年6月時点の合計116万3015人から拡大し、1968年6月には61パーセント増の187万7595人とした。[7]

この動員の人的な要件を満たすには、選抜徴兵制において徴兵する人数を3倍にする必要があった。この措置に対する支持は乏しく、市民的不服従の広がりを招いた。[8] さらに、米国の労働力と経済全般は1965年においてすでにフル稼働か、あるいは限界を超えていた。人的資源と戦争生産に対する追加需要により、急激にインフレが加速した。この状況は政情不安の典型的な火種だ(9)。

3年もたたないうちにジョンソン大統領の戦争政策に対する政治的支持は崩壊し、大統領は再選出馬を断念した。1968年時点で政治的に実行可能な唯一の政策は戦争からの撤退と動員の中止であり、ジョンソン大統領の後継者リチャード・ニクソンはこれを実行に移した。

ジョンソン大統領と彼のアドバイザーたちは、米国のマクロ経済と社会的背景を理解できていなかった。ベトナム戦争では、動員は勝利よりもむしろ敗北の条件を作り出した。これは、その後の政策立案者が覚えておくべき教訓だ。

何を、なぜ、動員するのか？

第7章で取り上げた米国防総省の「統合教範、統合計画（Joint Publication 5-0, Joint Planning）」（以下、JP5-0）の観点からすれば、ベトナム戦争に50万人の地上部隊を動員し、敵の火力の射程内に置くことは無謀な戦略だった。JP5-0のレンズを通して見ると、戦場でいつ、どのように交戦するかについて主導権をもっている敵の銃口に、米国は軽率にも国内各地の家庭から徴兵された歩兵という脆弱な重心をさらしたのだ。同時に、米国の戦略は敵の重心を特定することも、重心を効果的に攻撃する方法を策定することもできなかった。

この教訓は、政策立案者や計画立案者はまず、重心分析に基づく効果的な戦略と、その戦略を実行するための作戦構想を策定する必要があるということだ。そのうえで、戦略と作戦構想が必要とするものだけを支援するように、動員計画をしっかりと仕立てるべきである。

第7章では、台湾に対する中国人民解放軍の水陸両用攻撃を撃退するために、米国とその同盟国が必要とする軍事能力がどのようなものかを述べた。第8章では、人民解放軍による封鎖を阻止するための要件を取り上げた。この二つの要件リストは、敵の重心を見つけて攻撃すると同時に敵の同様な反撃を避けるというJP5-0の勧告を考慮したものだ。人民解放軍との戦いの前と最中に米国とその同盟国が動員する軍事資源は、これらの理論を支えるものでなければならない。

水陸両用攻撃シナリオと封鎖シナリオの両方に対抗するためには、圧倒的な航空・宇宙戦力が最優先事項だ。米国と同盟国が台湾有事の際に重要な海上・地上作戦を安全に実施するには、その前に航空・宇宙領域で中国人民解放軍に対する優位を達成しなければならない。したがって、紛争発生前及び紛争中に航空・宇宙資源及び能力を動員することが、連合軍の最優先計画とされるべきである。

幸いにも、米国と同盟国は、地球規模の航空宇宙研究、工学、産業能力において明らかに優位に立っている。米国は単独で世界の航空宇宙産業能力の半分を支配している。また、推進力、エレクトロニクス、宇宙システム、無人システムなどの分野における先進的な航空宇宙技術開発の世界的リーダーでもある。中国の航空宇宙工学と生産能力は成長しているものの、米国には、はるかに及ばない。米国の航空宇宙分野における年間の生産量は中国の約7倍である[10]。

連合軍の潜在的な航空宇宙能力は、中国に対して永続的な競争優位性をもっている。また、第7章と第8章で述べたように、航空宇宙戦力は、人民解放軍海軍や中国南東部の陸上配備対海上部隊といった人民解放軍の重心に対して行使可能な最善の対抗手段である。この二つの章では、同盟国の航空宇宙戦力がJP5-0の教義を適用して敵の重心に攻撃を加え、同時に敵からの反撃を避けられる方法について述べた。

米国及び同盟国からなる連合軍にとって幸運なことに、長距離航空宇宙戦力は台湾シナリオに最適な手段であり、連合軍が敵対国に対して実質的かつ永続的な競争優位性を享受できる手段でもある。この優位性を連合軍の軍事戦略、作戦構想、動員計画において活用すべきである。

この分析から、紛争を抑止するため、または抑止が失敗した場合に重要となる能力の生産を加速するために、将来的な戦争が起きる前のいま、米国の防衛政策立案者及び計画立案者がとることができる措置がわかる。一般的には、次に挙げるものの組立能力の拡大と多様化が必要だ。B21レイダー爆撃機のような長距離攻撃プラットフォーム、JASSMやLRASMのような長距離空対地ミサイル、PJDAMのような手頃な価格の中距離離弾、手頃な価格の極超音速空対地弾、低軌道への追加及び多様な打ち上げ能力、偵察・通信・宇宙領域認識用の追加の小型衛星、偵察と自律攻撃のための安価で使い捨ての空中・水中無人機など。

世界の航空宇宙産業ですでに支配的な地位を占めている米国は、こうした分野の組立能力を拡大するのに有利な立場にある。航空宇宙企業、工学の専門知識、経営経験、労働力がすでに存在しており、国家による動員計画が発動された場合に、既存の軍用の組立能力を拡大するか、既存の民間航空宇宙能力を必要とされる軍事計画に転用することができる。

これによって、水陸両用攻撃及び封鎖シナリオで露呈する中国人民解放軍の重心を攻撃するために最適な軍事戦略と戦闘コンセプトに合わせた動員計画が規定される。この動員計画は、最も有用な兵器プラットフォームと軍需品の生産を加速させ、航空宇宙力における米国と同盟国の競争優位性を活用するものである。

軍事能力の動員において、米国が競争力をもたない領域における動員や軍事的問題に関連しない動員を行って資源を浪費したり、社会的リスクを負ったりするのを避けることが重要だ。一例として、米海軍の海軍情報局によると、中国の艦船建造能力は米国の232倍だという。米国は海軍の動員では中国に対抗できない[11]。また、2022年に行われたCSISの台湾戦争に関する図上演習では、台湾シナリオにおける米国の陸上部隊の役割は小さく、中国人民解放軍の火力に脆弱な重心をさらす恐れもあることが明らかになった。陸上部隊は、台湾シナリオにおける動員の優先事項ではない[12]。

動員の費用

米国のマクロ経済と金融の状況によって、政策立案者が利用可能な動員の選択肢が制限されている。徴兵制や軍備の大量購入といった第二次世界大戦式の大規模な動員は、すでにフル稼働しているアメリカ経済では不可能である。さらに、米議会予算局は、連邦政府の財政赤字が2024年にはGDP比5・8パーセントに達し、長期財政状況は今後数十年で劇的に悪化すると予測している。[13] 大量動員による追加の財政負担は、財政的な痛手を負うリスクがある。米国には、大量動員を実行できる労働力も財源もない。こうした理由から、推奨される軍事戦略に合致し、経済的にも財政的にも実現可能なものは、前述したような狭い範囲での動員だ。

米国防総省の2024会計年度予算案は、台湾シナリオを想定した戦前期の動員費用の概算を算出するための出発点となる。

左表は、台湾シナリオに最も関連するものとして第7章から第9章で取り上げた兵器プログラムに対する国防総省の2024会計年度予算要求の一覧である。右側の列は、生産能力を拡大・多様化するために、これらのプログラムに対して50パーセントの増額をした

図2　台湾シナリオに関連する米国防総省の2024会計年度予算要求の一覧

プログラム	2024年度予算要求（単位：十億米ドル）	50%の額（単位：十億米ドル）
B-21レイダー爆撃機	5.3	2.7
統合空対地スタンドオフミサイル	1.8	0.9
長距離対艦ミサイル	1.1	0.6
統合直接攻撃弾（全種類）	0.2	0.1
極超音速空対地の研究	0.5	0.3
無人戦闘機の研究	0.1	0.1
無人水中システム	0.4	0.2
衛星通信、宇宙防衛	5.2	2.6
合計	**14.6**	**7.5**

場合の追加の額を示している（単位は十億米ドル、小数点第二位を四捨五入）[14]。

米国防総省が追加予算を割り当てられる項目は、組立能力の拡大、冗長性がありかつ地理的に分離された組立施設の建設、研究・技術・製造における人材の追加雇用と確保、防衛産業基盤への新規参入企業に対する支援、重要兵器・システムの部品サプライチェーンの深化などだ。

台湾シナリオに備えるための最も有用なプログラムへの追加歳出（概算で75億ドル）は、米国の国防予算全体、あるいは2024年の米国経済における総産出額の見込みに対して、ごくわずかな金額である（2024会計年度予算8630億ドルの0・9パーセント、総産出額27兆2380億ドルの0・03パーセント）。

米国政府と納税者に追加歳出をまかなう余裕はある。最も注目すべきことは、この追加歳出が、戦争を未然に抑止することを目的とした動員を正確かつ集中的に行う新たな方法になるという点だ。

いま、必要なこと：持続可能な戦闘作戦構想と軍事産業政策

米国及び同盟国の政策立案者は、今後起こりうる紛争に備えて早期に戦時動員計画を準備すべきである。時間はすべての戦闘員にとって重要な変数であり、動員が遅れれば戦費がかさみ、敗北の恐れさえある。動員計画は軍事戦略と作戦概念を支えるものでなければならない。そのため、動員計画を策定すれば、それらを事前に確立できるのだ。

第二次世界大戦において米国が経験した動員が教訓になる。本章ではこれまでに、1938年の海軍法、1940年の海軍拡張法、1940年の徴兵制によって、来たるべき紛争に対する米国の動員がどのように始まったかについて述べた。

このような先見の明があったにもかかわらず、ルーズベルト大統領と軍上層部が包括的な作戦構想とそれを支える軍需生産計画を策定したのは、米国が参戦してからおよそ1年

後の１９４２年11月下旬だった。第二次世界大戦前の動員計画は第一次世界大戦と19世紀の概念に基づいており、２１５個師団からなる大規模な歩兵中心の陸軍を編成するというもので、空軍と海軍は小規模で補助的役割にとどまり、人員を兵役にとられる軍需産業は労働力に飢えていた。(16)

しかし、ルーズベルト大統領が新たに参謀長に任命したウィリアム・リーヒ海軍大将は、１９４２年の夏から秋にかけて、動員計画を空軍と海軍を中心としたものに変更するよう進言した。この方向性は、海軍次官補の経験を有するルーズベルト大統領が戦争の観察に基づき、すでに好意的に考えていたことでもあった。ルーズベルト大統領とリーヒ提督は、地上部隊に重点を置いたこれまでの動員計画よりも、地球規模に展開する航空・海上戦力を中心とした作戦構想のほうが米国の技術的・産業的優位性を活かし、米国の犠牲者を大幅に減らせると考えた。(17)

１９４２年11月下旬の時点で、ルーズベルト大統領と軍事顧問らは、次のような動員計画を定めた。(18) １９４３年に10万７０００機の軍用機を建造し（米国はこの戦争期間中に29万９２９３機の軍用機を建造した）、海軍の建造計画を空母と水陸両用船に集中させる一方で、陸軍の動員を90個師団に削減する。このような高度な技術を取り入れた作戦概念と軍事力によって、枢軸国を打ち負かしただけでなく、米国の死傷者を、以前の動員計画よりも大幅に減らすことができた(19)。

ルーズベルト大統領と顧問らが、開戦の何年も前に海軍動員を開始したことは評価されるべきである。さらに、優れた競争力のある動員構想を作り上げた功績も認められてよい。この構想は、米国の技術的・産業的優位性を敵対国の脆弱性（戦術的・戦略的航空戦力や海軍による機動）に仕向けるものだった。

しかし、残念な点は、この計画が米国の参戦から11カ月以上も経ってから策定されたことだ。この遅れにより、完全な動員が行われ、戦争を勝利に導く大規模な米軍が投入されたのは1944年になってからだった。遅れにより戦費も増大した。現代の政策立案者には、この経験から学び、有事に対する万全な備えをするチャンスがある。

最後になるが、米国の政策立案者は、対中戦争の抑止に成功したとしても地政学的競争が今世紀中は続く可能性があることを認識すべきだ。政策立案者が策定する戦略、作戦構想、動員準備政策は、次のようなものでなければならない。米国社会に受け入れられ、どのような政治的立場からも支持され、手頃な経費で、状況の変化にも柔軟に対応でき、その結果、長期にわたって持続可能であること。本章とそれ以前の二つの章で述べたコンセプトと動員計画は、中国の脆弱性に対して米国の競争優位性を対抗させるものであり、これらの基準を満たすものである。

2カ年行動計画

中国に対する軍事動員に備えるために、米国及び同盟国の政策立案者は現時点でどのような行動をとるべきか?

①米軍及び同盟国の政策立案者と軍事計画立案者は、今後起こりうる戦争を前にしたこの時期に、台湾有事の際に展開する軍事戦略、作戦構想、それらを支える動員計画を決定しておくべきである。第7章から第9章で述べたように、これらの戦略、構想、計画は、中国の脆弱性に対して米国及び同盟国の永続的な優位性を対抗させるものであり、終わりの見えないなかでも経済的・政治的に持続可能なものでなければならない。このような方針を事前に確立しておくことは、抑止力を強化し、有事において重要な競争変数である時間を節約することになる。

②米国及び同盟国の政策立案者と計画立案者は、航空宇宙及び海事産業のリーダーと会合し、戦争目的を達成するために産業資源を動員する必要が生じた場合に備え、その準備について話し合うべきである。

③米国議会は、B21レイダー爆撃機の二つめの組み立て施設を設立するための予算を割り当てるべきである。理想的には、カリフォルニア州の第一組み立て施設とは地理的に離れており、爆撃機の運用全期間中の整備・維持のための指定拠点である、オクラホマ州ティンカー空軍基地に設置すべきである。[20] B21の二つめの組み立てラインを設置することで、同機の生産率が向上し、オーストラリアなどの同盟国に同機を供給するための能力が追加され、中国人民解放軍の射程範囲外の施設で爆撃機生産を多様化できる。[21] 中国に対する長期にわたる軍事作戦において米空軍に必要なことは、爆撃機の生産能力を追加し、作戦のテンポを上げ、避けられない航空機の損失を補うだけでなく、ほかの地域で起こりうる、この機に便乗した侵略を抑止するのに十分な爆撃機の能力を提供することだ。

④米国議会は、本章で取り上げた空対地弾、無人自律型の飛翔体・水中航走体・兵器、宇宙配備の通信・偵察能力といった兵器システムの研究及び追加生産能力への予算

を増額すべきである。戦前の段階でこれらのシステムに予算を割り当てることで、生産能力や技術者の人材プールを拡大し、サプライチェーンを深化させ、防衛産業基盤への新規参入者の創出を支援することができる。

これまでの話をまとめると、米国及び同盟国の指導者がやるべきことは、中国共産党の指導者が抱く、中国は動員競争に勝てる、または長期の紛争、さらには終わりなき紛争においても中国のほうが持ちこたえられるという考えを捨てさせることだ。これを達成するには戦前期において、勝利のための戦略と、その戦略を遂行するための必勝の作戦構想を確立することだ。米国及び同盟国の指導者が取りうる最も効果的な抑止行動は、ただちに動員のために備え、その行動を中国共産党の指導者に見せることだろう。それによって、中国の指導者に台湾を奪取するための有益な軍事オプションがないとゆくゆくは納得させられるからだ。

第Ⅳ部
日本は、いま何をすべきか

第10章 「浮動票」の日本

グラント・ニューシャム

台湾有事は日本有事であり、日本米同盟の有事でもある。
——安倍晋三元首相

はじめに

習近平が下す評価において、日本の態勢と能力は重要な要素であるだろう。日本は、習近平を抑止する力を解き放つ黄金のカギなのだ。最悪の事態が発生し、抑止も失敗した場合に、日本の行動が——現時点の行動と将来の行動のどちらも——、台湾、そして米国や自由世界の勝敗を決することになるだろう。

現状維持という不十分な状態

何十年ものあいだ日米防衛戦略を特徴づけてきたのは、いわゆる盾と矛の配置だ。日本は基地を守る「盾」であり、「矛」は外に出て戦う米国である。在日米軍基地は西太平洋の作戦全般において、また、特に台湾有事においては不可欠だが、その際に日本は米軍に基地と限定的な兵站・防衛支援を提供するだけではすまないだろう。

中国による台湾攻撃は、世界規模ではなくともこの地域のほかの場所における「支援」作戦が付随する可能性がある。それは、朝鮮半島における北朝鮮による敵対行為の開始、日本への直接攻撃、マラッカ海峡における中国海軍の活動、ロシアの日本領土に対する動きやヨーロッパにおける挑発行為のほかに、可能性として中東におけるイランの動きなども考えられる。

米国が同時に遂行できる作戦の数には限界がある。したがって、自国を防衛し、さらに攻撃的支援も提供できる有能な同盟国が必要となる。

日本は、より多くのことを行う必要がある。これには、日本自身のために軍事能力を向上させるだけでなく、日本が米国などのパートナーにとってより有用な同盟国として機能し、必要であればともに戦うことも可能にするために、かなり具体的な行動をとることが含まれる。

何よりも、日本は**戦う意志**を示さなければならない。意志がなければ、いくら高価な兵器を保有していても、抑止力を高めることはできない。

日本政府は、中国を刺激しないように防衛力を控えめに保ち、台湾有事の際の対応について口を閉ざしてきたが、もはやそうするわけにはいかない。米軍に過度に依存する政策を続けることもできない。その代わりに、日本は集団安全保障に積極的に貢献しなければならない。自衛隊の能力をさらに高めることが不可欠であり、それ自体が政治的主張となる。さらに、日本の政治家は国民をまとめ、国防強化のために日本の経済力を活用する必要がある。

言うまでもなく、日本の多くの政策立案者、さらには国民の大半も、日本が新たに手にした率直さに最初は違和感を覚えるだろう。しかし、日本が戦う能力と意欲を示すほど、実際に戦う必要性は低くなっていく。肝に銘じるべきなのは、日本がコミットメントを示すほど、唯一の正式な同盟国である米国が日本のために戦う意志を強めるということだ。

実際に、吉田圭秀統合幕僚長は最近のＮｉｋｋｅｉ Ａｓｉａとのインタビューで、このダイナミクスと日本がなすべきことについて明確な理解を示している。

「これまでは、有事の際には米国の抑止力に頼ることができた。しかし、米国に過度に依存すれば、(米国内で)日米同盟がコストに見合うものなのかを疑問視する声がでてくる。私たちは、日本が独自にできることを増やして同盟の能力を強化する」(1)

日本の国民は、国防や、日本が自国を守り有用な同盟国となる必要性について、説明されれば十分理解する。安倍晋三首相(当時)が「集団的自衛権」の解釈変更を推し進めた際に国民からの反発があったのは事実であり、防衛費を大幅に引き上げる必要性（特に引き上げる手段）に国民が懐疑的だったことも事実である。しかし、安倍首相らは退任後もこれらの変更を推し進め、わずか数年後に岸田文雄が首相に就任したときには、国民の反対をほとんど受けることなく、これらの案件をすべて押し通すことができた。

日米防衛関係60年の歩み

1977年から1988年まで駐日米国大使を務めたマイク・マンスフィールドは、日米関係は「比肩できない最も重要な二国間関係である」と常々語っていた(2)。その事実は、いまも変わらない。軍事面だけでなく、政治的、経済的、心理的にも強固に結びついた日米は、アジア太平洋地域の自由と安全を支えている。

これまでの四半世紀における中国の急速な軍備増強と自己主張の高まりは、マンスフィールドの言葉に新たな命を吹き込んだ。地域支配をもくろむ中国政府の目標には、日本が支配する尖閣諸島の奪取や、琉球列島に対する日本の明白な主権的支配の弱体化も含まれている。これには「権力は銃口から生まれる」という毛沢東の箴言が如実に表れている。

多くの自衛隊幹部は何年も前から中国のリスクを認識し、「台湾防衛は日本防衛」とい

中国海警局は、2024 年は毎日、尖閣諸島周辺の日本領海に艦船を派遣する方針を固めた。この頻度を例年とくらべると、前例がないほどの増加だ。習近平の「わが国の領土を1ミリたりとも譲らない」という宣言を裏付けるものである。写真：Kyodo News Stills ／ Getty Images

うフレーズを使っている。台湾が陥落すれば、中国が南シナ海のシーレーンを支配することになる。そこは、日本の貿易とエネルギーの大部分が通過する場所だ。中国人民解放軍の船舶、潜水艦、航空機が台湾から出撃すれば、日本を容易に孤立させ、威嚇し、包囲することができる。

一例を挙げると、海上自衛隊の自衛艦隊司令官を務めた香田洋二元海将（次章の著者）は、南シナ海における中国の人工島造成と、それが日本にもたらす脅威について、日本政府や米国政府の常識になるはるかに以前から、警鐘を鳴らしていた(3)。

中国の脅威は、２０１０年前後、特に尖閣諸島周辺で圧力を増しはじめてから、楽観論者でさえ完全には無視できなくなった。中国は、海警局の船や漁船、人民解放軍空軍による侵入を繰り返し、この地域の海上保安庁の船や自衛隊の資源を圧倒するとはいえなくとも、消耗させるようになった。これは、中国が南シナ海でおおむね成功した戦略と同じく、浸透を主な戦略として奪取する企てである。この地域には古くから漁場があるが、日本の漁師の多くは中国による嫌がらせを恐れて訪れなくなった。

中国の強大な海警局や海上民兵部隊だけでなく、人民解放軍海軍の艦船も、ときにはロシア海軍の艦船とともに日本の領海に侵入し、武力示威のために日本を周回することもある。

データをひとつ挙げると、人民解放軍海軍は370隻以上の潜水艦及び水上艦を保有している（2025年末には約400隻になると予想されている）。それに対し、海上自衛隊はすべてを合計しても154隻ほどの艦艇で日本全土をカバーし、北朝鮮とロシアにも目を光らせている。(4)

これでは当然のことだが、海上保安庁と海上自衛隊の幹部は、中国に「圧倒されている」という感覚の存在を認めることもある。航空自衛隊も同様に、この地域における中国人民解放軍空軍の高頻度の接近飛行（訳注／2024年8月26日には、中国軍のY−9情報収拾機が長崎県男女群島沖の領海上空を侵犯、のちに中国政府も認めた）によって負担を強いられている。

中国の軍備増強は多方面に及び、海軍、空挺部隊、水陸両用部隊、宇宙兵器、サイバー兵器、電子兵器、核兵器、数千発の長距離ミサイルなどが含まれる。同時に、長年にわたる日本をターゲットにした情報戦も行われてきた。日本の支援がなければ、台湾攻撃の防御に米国が成功する見込みは（その見込みにより抑止が働く望みも）薄い。その一方で、米国がいなければ、日本の自国防衛はとうてい不可能だ。

日本は、通常戦力と核戦力の両方において、米国のコミットメントに対する疑念を長年抱いている。専門家らは、日本の懸念が「ジャパン・バッシング」（防衛面で日本に過度の要求をすること）から「ジャパン・パッシング」（米国と中国の取引によって日本が冷遇され、自力での対処を迫られること）へ変化していると言う。いまの日本は「米国の戦争に巻き込まれる」心配はしていない。日本の防衛において米国が信頼できるかどうかを危惧しているのだ。

自衛隊と米軍：海上自衛隊と米海軍は例外で、基本的には知らない者同士

日米の防衛同盟は60年以上も続いている。自衛隊と米軍は互いを熟知しており、「やる

べきことをやる」能力があると誰もが思うだろう。確かに、一部では成功している。ひとつめはミサイル防衛、二つめは米海軍と海上自衛隊である。日米両国はミサイル防衛能力を組み合わせ、向上させるといういい仕事をしてきた。

米海軍と海上自衛隊も作戦遂行において強固な関係を築いている。台湾を巡る戦闘が発生した場合、横須賀に拠点を置く米海軍第7艦隊と、海上自衛隊の連携は、戦力の柱になるだろう。

このような明らかな例外はあるが、自衛隊と米軍は、これほど長年にわたって近しい関係を保ちながらも、共同作戦の遂行能力において達するべき水準には遠く及ばない。

実際に、２０１１年に日本の東北地方を襲った大地震と大津波がそれを証明した。米海軍と海上自衛隊はただちに連携して任務を開始したが、それ以外の部隊は、最も基本的な協力関係を大慌てで築くことになり、互いの能力についてほとんど何も知らなかったようだ。共同統合作戦（それぞれの国から複数の軍種の部隊が参加する作戦）の実施は、さらに困難だった。しかも、この作戦は日本の領土内で実施され、攻撃してくる者はいなかった。

地震と津波に対応するため、２０１１年に初めて臨時の「日米共同任務部隊」が設置された。このトモダチ作戦から13年経ったが、進展はない。

２０１５年、安倍首相（当時）は「集団的自衛権」の解釈変更と日米防衛ガイドラインの改定を成功させ、訓練や活動における日米の確実な連携を可能にした。安倍首相は同盟調整メカニズム（ＡＣＭ）も設置した。だがＡＣＭには可能性があるものの、曖昧で扱いにくく、実際の紛争や有事では役に立たないだろう。現在、日米は二国間演習を増やし、指揮統制を以前よりも「統合」させようとしている。しかし、台湾有事を含む共同計画において具体的な成果はほとんどなく、進捗は芳しくない。

自衛隊

日本の自衛隊は、世界で5番目に強力な軍事力をもっているとの評価もある。自衛隊の人員は約25万人だ。内訳は、陸上自衛隊が15万人、海上自衛隊及び航空自衛隊がそれぞれ約5万人である。総じて現代的で効果的な装備を有しており、隊員の能力は高い。しかし、個々は優れているが、全体としては期待されるものよりも劣る。

自衛隊はもともと、米軍の補助部隊として創設された。米軍の作戦に貢献できる特定の能力を提供することは可能だが、多領域にわたる統合作戦を遂行できるほどバランスのとれた部隊ではない。２０２３年8月、吉田統合幕僚長は、現時点で自衛隊に日本を防衛する能力があるかと質問され、「現在の能力では、日本の安全を維持することはできない」と答えた(5)。

陸上自衛隊はこの10年間で、ロシアの北海道侵攻を撃退するための重装備で機動性が低い部隊から、中国の脅威が最も高い南日本の海洋環境で活動可能な、より機動的な部隊へと変化してきた。海洋での活動には海上自衛隊との協力が不可欠であり、特にその協力の下、陸上自衛隊として初となる水陸両用部隊「水陸機動団」が創設された。

海上自衛隊は高度な専門性をもち、潜水艦及び対潜水艦戦、水上戦、海上監視、機雷戦における優れてニッチな能力を有している。海上自衛隊は２０１１年以降、陸上自衛隊や航空自衛隊との統合作戦能力の開発に取り組んでおり、水陸両用作戦の技術も習得しつつある。

しかし、海上自衛隊と協働した経験がある他国の軍幹部の指摘によれば、海上自衛隊は部分的に優れた能力は有しているものの、中国と効果的に戦う際に必要とされる「多領域にわたる艦隊行動」の装備がなく、その訓練も受けていない。また、「対潜能力は十分だが、包括的な戦力ではなく、艦隊航空戦力を欠いている」と言う(6)。人員確保にも苦労しており、必要な規模まで拡大するのはさらに困難だ。近年、自衛隊は、新造する2隻の護衛艦の乗組員を確保するため、500人の陸上自衛隊員を海上自衛隊に配置転換することも検討した。

航空自衛隊も、能力は高いが人員不足の部隊である。航空自衛隊はほかの部隊とは別個に活動することが非常に多い。自衛隊が予算の増額を必要としているのは確かだ。岸田内閣は（2012年の安倍以降の内閣も）このことを認識していた。事実、今後5年ほどをかけて防衛費を倍増させる計画が進行中だ。2025年には、3自衛隊の作戦を指揮する、日本初の統合作戦司令部を設置する予定だ。

重要な点は、「攻撃的」作戦を行うことについて、日本がこれまでみずからに課してきた制約が薄れたようにみえることだ。日本政府は現在、大規模な戦略的防衛作戦の文脈において、より長距離の殺傷能力、つまり将来的には敵の領土を標的にする能力の必要性までも認めている。

軍事近代化計画のなかで、政府は自衛隊の人員も装備と同程度の優先事項にしなければならない。長年にわたって自衛隊の採用数は目標を約20パーセント下回っており、高齢化と人員不足につながっている。周知の人口減少だけが問題なのではない。自衛官の処遇は、低賃金、老朽化した官舎などの点が特徴的だ。しかし、自衛隊に対する国民の支持はある。基地開放イベントや一般公開される演習の人気がそれを証明している。

自衛隊はプロフェッショナルな部隊であり、適切な防衛力整備政策と投資によって短期間で一流の軍事力になる可能性を秘めている。

緊急提言

2022年末、日本政府は国家安全保障に関する三つの基本文書（国家安全保障戦略、国家防衛戦略、防衛力整備計画）を改定した。これらの文書は、特に中国を名指して、日本が直面している脅威についてあらゆる角度から論じ、その脅威を明確にしている。日本の一連の防衛能力において、最も緊急性が高い不足項目への対応を、これから提言する。

これらの提言は、運用上の利益をただちにもたらすよう設計されており、自衛隊の機能や、「矢面に立つ」完全なパートナーとしての能力を向上させる。その一方で、中国や、当該地域または世界中のほかの国々に対して決意を表明したり、国民世論を形成したりするような、政治的な利益も得られるように設計されている。

提言が目指すのは、1970年に田中角栄元首相が米国側に伝えた助言に従うことだ。当時、米国政府は日本側に対し、横須賀基地に海軍の空母を配備する要請を出すかどうか検討していた。そこで田中角栄元首相は、米国側に「何が必要か言ってくれ。そして撤回するな」と忠告した。

日本自身のために独自にとるべき措置

①脅威と、日本の防衛に足りない点について、政治指導者のトップが声高に語ること。国民がその危険性を理解すれば、政策は支持され、不満も少なくなるだろう。自衛隊は、日本周辺における中国（及びロシア）の軍事活動やその他の悪質な活動の公表・摘発において成果を挙げている。それを継続し、さらには拡大する必要がある。日本政府の主張を中国政府が裏付けてくれる。たとえば2022年には、ナンシー・ペロシ米下院議長の台湾訪問に対する中国政府の反応によって、安保三文書の改定が大幅に進展した。

②台湾有事は日本の問題であると公に強調すること。日本の識者は、日米同盟のために米国が台湾を防衛しなければならないと言うのではなく、日本が台湾防衛に貢

献するにはどうすればよいかを問うべきである。

③台湾を巡る戦争に向けて、自衛隊と日本国民に物理的・心理的な準備をさせること。日本は、後方支援や基地警備を提供する脇役にとどまることはできない。

④２０２５年に新設される統合作戦司令部に適切な権限を与え、自衛隊の即応性を効果的に向上させること。統合作戦司令部を作っても、たいしたことはできないだろうという懸念がある。統合作戦司令部には、陸海空の個別組織を越えた予算承認の権限が必要だ。組織、能力、装備の統合を強制する手段をもたせなければならない。航空自衛隊が望まなくとも、参加させること。

⑤現実的で効果的な訓練のために、より多くのリスクを許容し、演習場とリソースを拡大することで、自衛隊内に「戦うマインドセット」を広げること。本格的な訓練のためにオーストラリアに行く必要はない。日本国内に水陸両用訓練場を設置すること。自衛隊の訓練について、専門化を妨げる過度な安全規制を排し、より現実的なものにする必要がある。自衛隊にリスクをとらせること。

⑥十分な弾薬の備蓄、戦時の兵站や死傷者への対応の整備、戦闘による死傷者に代わる予備役の確保などが必要だ。日本は、戦争の実施において単に準備不足なのだ。

日本には長年にわたって確立された、自然災害に対応するためのローカル・ネットワークがあることを考えると、民間防衛に関しては強力な基盤を有している。より広範な不測の事態に備えるためには、それをさらに強化する必要がある。

⑦基地や施設を堅牢化し（特に南西諸島。それ以外でも必要だが）、敵の攻撃を受けながらでも活動できるように準備すること。迅速な修理を可能にすること。これは、現実的な訓練を頻繁に行うことで練習する必要がある。

⑧自衛隊の医療要員をポーランドやウクライナなどの東欧に派遣し、戦闘による死傷者への対応や治療を支援し、学ぶこと。

⑨自衛隊の予備役を有用かつ効果的な部隊へと育成すること。その際には、有事に現役の活動や任務のなかで迅速な支援を必要とするものを見極め、そこへ優先的に予備役を派遣すること。

⑩防御的及び攻撃的な機雷戦作戦のどちらに対しても、海上自衛隊の掃海隊群を優先的に運用すること。将来の有事において回廊を確保できるように韓国と調整すること。

⑪他国に対する安全保障支援を拡大すること。特にフィリピンに対する支援が必要で

ある。太平洋諸島、特にパラオ、マーシャル諸島、ツバルへの支援も拡大すること。この3カ国は依然として台湾を承認している。これらの国を支援することで、作戦上の利益が得られる。また、台湾を支援する国は利益を得られることも示される。エネルギー、交通、通信の支援を優先すること。米国、韓国、オーストラリア、台湾、インドなどと協力して取り組むこと。

⑫日本国内における中国による破壊転覆活動及び第五列（訳注／敵対勢力の内部に紛れ込んで諜報などの活動を行う部隊や人のこと）の活動に対して、集中的な防諜活動を開始すること。この対象には、沖縄をはじめとする各地における反軍事・反基地グループに対する中国からの支援も含まれる。日本国内、特に機密性の高い場所の近くや、機密性の高い産業における不動産の購入があれば調査すること。

⑬パートナー国の訓練における制限を緩和すること。現状では、米軍部隊は日本を防衛する訓練を行う際、頻繁に日本を離れなければならない。訓練の制限は速やかな撤廃が可能であるため、実行するべきである。また、有意義な演習のために、米軍以外の友好国の軍隊についても、日本への受け入れを継続すること。

⑭給与の増額、待遇の改善、広報活動を通じて、自衛隊の採用難に対処すること。政

治的・文化的指導者は、自衛隊に入隊することの利点を語り、自衛官が社会的に重要な職業だと世の中に再認識させる必要がある。士気を高める映画を奨励すること（トップガン効果）。

⑮陸上自衛隊を機能別に再編成すること。ヘリコプター部隊、歩兵部隊、その他の特技別部隊の基地を作り、効率化を図ること。多くの極小基地を廃止すること。これらの基地にいる小部隊の仕事は、地元住民と花見の基地祭をする程度のものだ。日本政府は、こうしたイベントによって自衛隊と地元住民との交流を保っていると主張するかもしれない。それが事実ならば、自衛隊の訓練にいまだに厳しい制限が課せられている現状をみる限り、これらの部隊は十分な成果を挙げていないことになる。

⑯自衛隊にＮＡＴＯ基準を採用すること。ＮＡＴＯ基準を採用することで利益を得た非ＮＡＴＯ軍の例として、オーストラリアが参考になる。

日本が米国と協力してとるべき措置

①日本に日米共同作戦司令部を設置すること。同時に日米南西諸島統合任務部隊（琉

球諸島を含む日本の「南西部の島々」を指す）を立ち上げ、沖縄に司令部を置くこと。これらの司令部が、台湾有事における具体的な共同作戦計画を主導すべきである。尖閣諸島においても、日米が共同してプレゼンスを示すことを検討すべきだ。

②日本の民間飛行場（１００カ所を超えるが、そのほとんどが十分には利用されていない）をさらに開放し、自衛隊や米軍、その他のパートナー国の軍が利用できるようにすること。

③尖閣諸島及びその周辺の上空・海域における射場について、米軍の使用を再開し、自衛隊にも使用させること。この射場は、１９７０年代まで米軍が広範囲にわたって使用しており、米国は日米地位協定に基づき、現在も使用する権利を有している。

④台湾軍がすでに米国領域で行っているように、日本領域内で訓練することを認める。これにより相互運用性を促進し、政治的意志を示すことになる。

⑤米国とのミサイル防衛協力を拡大し、韓国や台湾も参加させること。

⑥情報セキュリティ・プロトコルをファイブ・アイズ基準まで引き上げ、米国などのパートナーとの情報共有を強化すること。(7) 政府全体のセキュリティ・クリアランス・システムを構築するにはおそらく長い時間がかかるため、制服組と背広組（文官）

からなる少人数のグループに、台湾有事の際の計画に関する米国の機密データの受け取りを許可し、その厳格な管理から始めること。

⑦次章で香田洋二元海将が提案する艦船修理計画を実施すること。これは、米海軍の艦船が平時・戦時を問わず日本の造船所や修理施設を正式に利用するものだ。日本人はこの種の作業に非常に長けているうえ、米国の造船所ははるか遠くにあるからだ。

⑧戦時下の米国及び同盟国の軍に対し、民間病院を含めた全面的な医療支援を提供する準備をすること。死傷者は数万人に及ぶかもしれない。

⑨反撃能力と長距離ミサイル能力を向上させること。関連する情報、監視、偵察、標的システムを米軍と統合すること。中国軍は、日米のミサイル能力の連携を恐れるだろう。

⑩特に防衛分野における日本と韓国の関係改善の努力を、米国主導の3カ国外交をとおして継続すること。

⑪米国の核の傘の下で日本を守るという「拡大抑止」に対する米国の長年にわたるコミットメントが確実に維持され、日本国民及び米国の敵国に十分に認識されるよ

うにすること。日本政府と米国政府は、米国が核兵器を米海軍の艦船に搭載して日本に持ち込み、日本政府の要請があれば、日本国内で保管できるように調整すべきである。

⑫日本にあるすべての米軍基地を開放し、自衛隊が基地として使用し、警備を行う共同基地にすること。

⑬米国のアドバイザー・プログラムを導入し、自衛隊幹部に対してメンタリング、コーチング、トレーニングを提供すること。すでに米軍の連絡官が陸上自衛隊の各部隊に配置されている。陸上、射撃、後方支援、航空を専門とする兵士、海兵隊員、外国地域担当官、米陸軍特殊部隊などを配置し、これらのスタッフを充実させること。

⑭米国から作戦計画担当幕僚を派遣し、自衛隊の担当者に対する直接的な支援を行うこと。これにより自衛隊の担当幕僚は、自衛隊が戦争を実行し、米軍にとって最も有用な軍事力となるために必要な装備と作戦能力の両方の要件を理解できる。さらに、日本の増額された防衛費を賢く使えるという利点もある。

台湾支援のため日本が一方的にとるべき措置

①台湾を外交的孤立から脱却させること。現職の自民党幹部が台湾を訪問したことは有益であるが、さらに踏み込んだ対応が必要だ。日本政府関係者が台湾を訪問し、台湾政府関係者の訪問も受け入れ、相互訪問を行うべきである。

②台湾防衛を支援するために米国で1979年に制定された「台湾関係法（TRA）」の日本版を成立させること。これは日本における世論形成に役立ち、台湾の運命に対する日本の懸念を公式に表明するものとなるだろう。

③台湾と、与那国島などの南の島々を結ぶ商業輸送網を確立すること。

④政府レベルの日台安全保障協議を行うこと。必要であればアメリカも参加させること。台湾は長年にわたって日本に協議を求めてきた。協議を開始すれば、「意志」を示すことができる。

⑤現役の自衛官を本格的なアタッシェ（訳注／大使館などで専門分野を担当する武官、防衛駐在官）として、また、訓練のアドバイザーとして台湾に派遣すること。同時に、台湾の将校を日本に受け入れること。各メディアの報道によれば、日本は台湾に「防衛省職員」を派遣し、すでに常駐している退職自衛官の「アタッシェ」とともに任

務に当たらせているという。これはよい動きだが、たったひとりであり、おそらく文官である。それではまだ足りない。

結論

日本の場合、まず潜在力という言葉がカギとなる。それと同時に、日本は独自に米国をはじめとする友好国と協力しながら、さらに踏み込んだ対応をとる必要がある。多くの政治指導者が逡巡しているあいだにも、幸いなことに、日本の愛国者たちは（自衛官も、それ以外の人々もともに）長年にわたって静かに軍事力を構築し、発展させてきた。その軍事力は、いざというときに国を守る可能性をもち、また、中国との戦争を抑止し、必要であれば中国と戦って勝利することを目指す米国にとって不可欠な同盟国になる可能性をもっている。

本章で述べたことを政治指導者たちが実行する意志をもてば、さらに有能な日本、つまり、戦う能力と意志をもち、米軍と強固に結びついた日本をわれわれは目にするだろう。中国が軍事機構を急速に強化していることがうかがえるいま、日本のその姿勢が安定をもたらすはずだ。軍事力の向上には、抑止力をさらに高める政治的・心理的効果が伴うのだ。日本が適切に行動し、直面する脅威に正面から対処すれば、台湾を巡る紛争を防ぐ「浮動票」の役割を確実に果たせるだろう。

第11章
日はまた昇る

香田洋二

東アジア及びインド太平洋地域の安全と安定を揺るがそうとしている国が三つある。中国、北朝鮮、ロシアだ。この3カ国はいずれも失地回復主義による領土目標をもち、一般的な国際規範及び慣習を軽んじ、権威主義的、さらには全体主義的な政治体制をとっている。核兵器も保有している。そして、すべて日本の隣国である。

この3カ国のうち、最も長く暗い影を落としているのは中国だ。おそらく当分のあいだは、それが続くだろう。

南シナ海において、中国が違法な人工島造成や基地建設の大部分を完了させると、その狡猾な安全保障戦略を察知した米国は、2017年以降、融和的な態度を改め、より厳格で競争的な政策への転換を図った。ドナルド・J・トランプ大統領（当時）は、中国の不公正な貿易慣行に対して広がる不満と不快感を背景として2018年に貿易戦争を開始し、米中関係はさらに緊張した。

このように、米中の激しい対立と強力なライバル意識は、台湾とその周辺海域を中心とした深刻な安全保障上の懸念へと発展してきた。この関係がエスカレートし、自由な社会を有する民主主義と、管理社会を有する権威主義／独裁主義という二つの著しく異なる価値観を有する国々のあいだに、安全保障上の危機と紛争が実際に発生する可能性は高い。

本章では、中国が台湾の征服を狙って仕掛ける戦争を抑止するために、日本が果たすべき役割について提言する。主要同盟国である米国を戦時に支援する政治的、後方支援的、戦闘的手段が日本に備わっていることを示すために、早急に実施すべき措置を明らかにする。自衛隊の役割には、領空の確保、弾道ミサイル防衛システムの強化、海上交通線（ＳＬＯＣ）の防衛、日本本土から琉球諸島、日本海、東シナ海まで網羅する空中及び海上における情報収集・警戒監視・偵察（ＩＳＲ）の提供などが含まれる。日本政府も、日本領土に駐留または領土を通過して展開する米軍部隊の劇的な増加を支援する計画を調整すべきである。このような支援を行うには、飛行場、演習場、燃料や弾薬の貯蔵施設を迅速に設置できる場所の事前指定も必要だ。

この章ではさらに、台湾シナリオにおいて北朝鮮やロシアなどの敵対勢力が新たな軍事行動を起こすことを防ぐため、自衛隊が韓国軍や米軍と連携して行うべき任務についても提言する。

台湾：米中対立の中心地

台湾の地位問題は、中国政府にとっての純粋な領土問題だと誤解されることが多い。中国政府は何十年ものあいだ、台湾が中国の「不可分の」一部であると主張し、この問題について他国が介入する余地のない「内政問題」としてきた以上、単純に考えればそのような結論が導き出される。中国共産党総書記として、また党中央軍事委員会主席として最高権力を握る習近平は、2022年10月の中国共産党第20回全国代表大会などで、台湾の「統一」は「不可避」であると繰り返し公言してきた。

しかし、その意味するところは、領土問題よりもはるかに大きい。国際安全保障の観点から見ると、台湾の運命は、自由で民主的な国家と閉鎖的で独裁的な国家のあいだの国際指導力を巡る対立とリンクしている。今世紀に入ってから米中の競争が顕著になり、緊張が高まっているのはそのためである。この点で台湾は、米中の戦略的競争が展開するドラマの中心地となっている。

習近平は、自身が「台湾問題」と呼ぶものを「解決」するために人民解放軍を用いる権利を明確に留保している。中国が台湾に対する軍事行動を起こせば、米軍が介入する可能性が高くなる。米国の最も重要な同盟国である日本は、おそらく米軍の作戦を支援することになり、それによって人民解放軍の攻撃の対象となるだろう。このようなシナリオでは、与那国島から沖縄を経て九州に至る列島に加えて、本州の西半分が作戦エリアの中心になる。フィリピンの北半分についても同じだ。

計画という観点からは、米国は最も困難なシナリオ、つまり人民解放軍による台湾侵攻・奪取作戦を想定した戦力を台湾と周辺海空域に配備するべきである。

一方で、台湾という「舞台の中心」以外でも危機が起きる恐れがある。北朝鮮が朝鮮半島で第二戦線を開こうと試みる（あるいは中国に煽られる）可能性もある。そのような事態において米国は、台湾と韓国を同時に防衛するため両戦線に戦力を分散させる必要が生じるだろう。米国は、日本、韓国、場合によってはオーストラリアや英国とともに、機先を制して同盟軍の戦略と作戦計画を策定しておくべきだ。地政学的状況がリアルタイムで展開していくなかで、その他の同盟国や志を同じくする国が加わる可能性もある。

このシナリオにおいて、韓国は朝鮮半島の防衛を可能な限り引き受ける準備を整えるべきであり、それによって米国は台湾作戦に最大限の兵力を割くことができる。同様に、この韓国の戦略的任務に関する計画は、危機が台湾だけで生じた場合のシナリオにおいても有効であり、韓国の断固たる姿勢は北朝鮮による第二戦線を抑止する。

沖縄戦の教訓

現代の教訓となる島嶼奪取作戦の一例は、1945年の沖縄戦である。この戦いで防衛側の日本は敗北した。それでもこの戦いは中国にとって警鐘を鳴らす教訓であり、台湾にとっては希望をもつ理由になる。島嶼奪取作戦の第一条件は、目標とする島付近の制海権と制空権、そして、海上において信頼できる兵站補給ルートを確立することである。太平洋戦争において、米軍は、1942年半ばから1945年はじめまでの2年半の戦闘を通じて、太平洋に展開していた日本海軍及び陸軍を全滅させて、ほぼ完全な制海権と制空権を確立した。これにより、攻撃側の米軍は上陸作戦が可能になった。大日本帝国に残された唯一の対抗手段は、米軍の水陸両用部隊に対する特攻隊の攻撃だけであった。防衛側である旧日本軍の規模は、戦闘が開始された時点で正規兵6万、現地召集兵5万。攻撃側の米軍は、上陸部隊18万（陸軍と海兵隊）、支援部隊35万（海軍と陸軍航空隊）だった。米軍の前方補給拠点からの兵站線も、旧日本軍の潜水艦が時折、攻撃を仕掛けてくることはあったが、おおむね確保されていた。しかし、米軍は沖縄においてこれほど圧倒的に有利な状況にあったにもかかわらず、この小さな島を奪取するまで、およそ3カ月を要した。
台湾の場合、中国人民解放軍が台湾海峡だけでなく、台湾周辺の海域を越えて制空権と制海権を確立・維持するのは容易ではないだろう。そこでは、米軍や自衛隊の介入がありうるからだ。また、台湾の地形は沖縄とは著しく異なる。台湾の面積は沖縄の約30倍、人口は1945年当時の沖縄の約50倍である。[1] さらに、1945年の日本は完全に孤立していたが、現代の台湾には多くの友好国、特に米国と日本がいる。

沖縄戦の様相は、中国の計画立案者がいま直面している困難を浮き彫りにしている。中国が台湾侵攻を成功させるには、人民解放軍をただちに増強し、関連するさまざまな統合作戦に100万人近い要員を投入しなければならない。その作戦に含まれるのは、最低でも制海権と制空権を確立し、台湾軍・米軍・自衛隊を壊滅させ、台湾に激しい攻撃を加え、水陸両用攻撃により台湾を完全に奪取することだ。そのため、中国にとって台湾侵攻は簡単ではなく、むしろ大規模で労力を要する作戦であり、綿密な政治的・軍事的調整、周到な計画、集中的な訓練、十分な物資の準備、軍全体に対する弾力的な後方支援態勢が必要となる。

台湾危機における日本の役割

台湾危機において、日本及び自衛隊は自国防衛と、ハワイや米国本土、韓国、場合によってはその他の地域から急派される米軍増援部隊の安全確保の両方について、基本的な責任を負わなければならない。国防に関して最低限必要な任務は、国土防衛と領空防衛に加え、南西諸島の防衛、弾道ミサイル及び巡航ミサイル防衛、シーレーン防衛、チョークポイント（台湾とフィリピンのあいだにあるバシー海峡など）のコントロールである。

しかし、日本にはほかにも任務がある。ひとつは、この地域に急派される多数の米軍部隊に対する本格的な後方支援だ。たとえば、数百機以上の米軍機を駐留させ、急拡大する米軍に燃料、物資、医療、弾薬をタイムリーに供給・分配することである。日本に十分なインフラがなければ、台湾危機シナリオにおける米軍の作戦は実行不可能になる。

台湾有事の際に、米軍の緊急増派を実現するための日本の任務は次のとおりだ。

①防衛組織として自衛隊が果たすべき基本任務

・国土防衛、国土の空域防衛、海上交通線（ＳＬＯＣ）防衛、弾道ミサイル防衛（ＢＭＤ）

②台湾有事において自衛隊が果たすべき追加任務

・南西諸島の島嶼防衛及びチョークポイントのコントロール

・米軍の緊急増派の安全を確保するための西太平洋における制海

・米軍の緊急増派の安全を確保するための、中国人民解放軍のＤＦ−21／26対艦弾道ミサイルに対するＢＭＤ

・北西太平洋、東シナ海（ＥＣＳ）、日本海（ＳＯＪ）における航空・海上監視

③増派された米軍部隊が戦闘作戦を遂行するために、日本政府が果たすべき任務

・航空機の数に見合う飛行場を提供すること

・危機及び敵対行動が発生する前に、航空機の地上支援機材用の十分な保管施設を提供すること

・海軍部隊の停泊に十分な港湾施設を提供すること

・各部隊に十分な戦時物資用の保管施設を提供すること

・船舶の整備及び戦闘による損傷の修理のために、十分な施設を提供すること

・海軍及び航空部隊が戦闘で使用する燃料及び弾薬において、十分な量の備蓄・提供を行うこと

・海軍の水上部隊を含む前線部隊に対して、保管施設及び補給施設から必要物資を適時、確実に輸送・配給すること

・米軍兵が派遣された基地の近くに十分な滞在施設を用意すること

・米軍兵に一次医療施設を提供すること

④増派された米軍部隊に対する総合的な後方支援能力を強化するために、日本政府が果たすべき任務

・米軍の物資及び資材の積み下ろしに使用する港や空港を24時間365日稼動させること

・日本国内及び周辺海域において、24時間365日運用可能な、実践的かつ現実的な戦闘訓練場を十分に提供すること

・日本の港と前線の米海軍部隊のあいだを往復する米海軍の艦船を、海上自衛隊の艦船が海上で護衛することを認めること

・必要に応じて、海上自衛隊の補給艦による米海軍部隊への後方支援を行うこと

・必要に応じて、航空自衛隊の空中給油機による米空軍部隊への空中給油支援を行うこと

これらは、米国の主要な同盟国として日本が果たすべき包括的な任務と使命である。日本が責任を果たせなければ、台湾を狙う中国を抑止または打ち破る米国の作戦は妨げられ、失敗に終わる可能性がある。台湾有事における支援について日本が果たすべき役割と責任は、現在の通常業務の何倍にもなるだろう。

後方支援という日本の役割は、たとえるならば、30年あまり前の湾岸戦争時におけるサウジアラビアのものだ。サウジアラビアは、砂漠の盾作戦や砂漠の嵐作戦で、米軍をはじめとする同盟軍に対して支援を行った。日本は、それと同じような責任を負い、任務を遂行することになる。

現在の日本の姿勢については、評価が分かれている。「平和主義」憲法下であっても、リストの①と②に挙げた任務は自衛隊の現行の運用姿勢とコンセプトの基本であり、安全保障法制に従ったものである。だが、不十分な点も多い。たとえば、自衛隊の継戦能力や回復力、後方支援態勢などである。これらは大きく後れをとっており、日本政府が今後、

戦力を構築していくなかで最優先すべき分野である。

リストの③は、日本における民間インフラと密接に関連しているが、残念ながら政府による評価がほとんど行われていない。この点で、日本政府は台湾有事の際に多数の米軍を受け入れ、活動可能にする計画をもっていないと言える。だが、明るい兆しもある。それは、あらゆる種類の米軍機に対応可能な2500メートル以上の滑走路をもつ非軍事飛行場が約100カ所あり、水深20メートル以上の港が数多くあることだ。しかし、政府は運用要件をまだ決定していない。こうした弱点を克服するために、政府はただちに法整備を含めた必要な措置を講じる必要がある。時間が最も重要なのだ。

日本は、国土は狭いが人口は比較的多い（約1億2000万人）ため、燃料や弾薬の保管施設を増設できる場所はきわめて限られている。よって日本政府は各地域の自治体や住民を説得し、この問題について協力を求める必要がある。

リストの④は重要な作戦任務ではあるが、3に挙げたような直接的な戦闘支援任務ではない。それでも日本政府は3と同じく、自衛隊が米軍に対する後方支援を担う以外には、具体的な解決策を講じていない。

まとめると、本章で述べた任務や課題は、台湾危機に備えるために日本政府が早急に果たすべき責務である。政府は最近、防衛力の抜本的な強化を発表したが、その計画の推進だけでは足りず、未着手の取り組むべき多くの課題を抱えている。

北朝鮮：ワイルドカード

台湾危機の際に朝鮮民主主義人民共和国（北朝鮮）は、単独で、あるいは中国と協調して軍事行動を起こすだろうか？　その確率を見積もるのは難しい。米国の状況について、中国に対抗するため台湾周辺に過度に集中し、朝鮮半島に十分な戦力を割けないと北朝鮮が判断すれば、冒険主義に走る可能性は高まる。

しかし、北朝鮮は強力なミサイル及びロケット戦力を有しているものの、貧弱な経済力と国民の栄養失調状態を考えれば、その軍事力は持続性と強靭性の点で弱い。つまり、継戦能力が低いということだ。北朝鮮はこのような弱みを認識しており、韓国軍及び在韓米軍に対する先制攻撃に大きく依存せざるをえない。こうした北朝鮮の弱点は、将来的な長期作戦においてアキレス腱となるだろう。これに加えて、北朝鮮の海軍力及び空軍力では、韓国軍と在韓米軍を相手に高烈度の戦争を行うことはできないだろう。

黒い星は下から上へ、対馬海峡、津軽海峡、宗谷海峡（ラ・ペルーズ海峡）の位置を示す。
図版：ピーター・エルメス・フュリアン／ PIXTA

朝鮮半島有事が単独で、あるいは台湾有事と同時に発生した場合でも、韓国の役割は変わらない。台湾と同じように、韓国も北朝鮮の大規模な先制ミサイル攻撃やロケット攻撃から生き延びる備えをしなければならない。こうした取り組みには、重要軍事施設の強化や、北朝鮮の初期攻撃に続く戦果拡大攻撃能力を無力化するための、即時の反撃が含まれるべきである。

さらに韓国は、日本海にいる北朝鮮の「戦術」核攻撃潜水艦の位置を特定し、有事には破壊すべきである。ソウルや東京までの距離が近いため、核弾頭を搭載する可能性のある北朝鮮の潜水艦発射弾道ミサイルを迎撃することは困難だ。したがって日本と韓国は、この脅威を軽減するために、日本海において協調的な対潜パトロールを継続的に実施すべきである。

日本海におけるこの新たな戦略的状況は、同海域において24時間365日実施される対潜作戦のための海上自衛隊対潜任務群（護衛隊群）の新設という新たな負担を生む。

ロシアの奇襲を阻止する

中国の台湾作戦と協調して、ロシアも支援的な軍事行動を起こす恐れがある。しかし、ロシア東部の国境は朝鮮半島や日本列島、千島列島、カムチャツカ半島と接している。したがって、ウラジオストクを本拠地とするロシアの太平洋艦隊は、地理的に日本海に封じ込められている。カムチャツカ半島東岸のペトロパブロフスク・カムチャツキーにも大規模なロシア海軍基地があるが、これは戦略核弾道ミサイル潜水艦基地であり、中国の台湾作戦に対して大きく貢献することはないだろう。

日本は、対馬海峡、津軽海峡、宗谷海峡（ラ・ペルーズ海峡）の三つの戦略的海峡を冷戦時と同じように封鎖することでロシア艦隊を日本海に封じ込めることが可能であり、それに向けた準備を整えるべきである。この姿勢によって、中国の台湾作戦の支援を目的としたロシアの介入を防ぐことができる。

結論

台湾有事は、米国と中国の双方にとって容易な軍事作戦ではない。同盟国側が中国を抑止し、抑止が失敗したとしても中国に勝利するためには、喫緊の課題が山積している。しかし、日米韓は、台湾有事に対応するための合同作戦計画どころか、共通の戦略すらまだもっていない。日本は、台湾有事における米国の最も重要な同盟国として、危機の際には、かけがえのない、きわめて重要な役割を果たすことになる。日本が引き受けなければならない任務のなかには、現時点でまだその準備をしていないものが数多くある。

日米両政府は、台湾危機のシナリオを想定した具体的な合同作戦計画を早急に策定しなければならない。さもなければ、有事の際に、中国は同盟国側の作戦の遅れや、混乱、非効率性を利用して有利な立場を保持するだろう。

第Ⅴ部

オーストラリアと欧州は、いま何をすべきか

第12章
オーストラリアが、いますべきこと

ロス・バベッジ

戦争において、勝利する戦略家は、勝利を得てから戦いに挑む。

——孫子『兵法』第四章

オーストラリアの抑止力を最大化するための原則

オーストラリアでは、抑止力という目標のほとんどが、統制のとれていない、一貫性のない方法で追及されている。国防をはじめとする戦略システムの選択、規模の調整、作戦運用は通常、現有能力の代替の必要性、運用上の習慣、軍事部門の好み、国内における政治的な要求、あるいは予算配分によって決定される。選択されたオプションは抑止力を高めるためのものだと説明されることが多いが、ほとんどが後付けの理屈だ。主要国の軍事行動を抑止することが第一の目標ならば、このような行動には欠陥がある。

中国による台湾攻撃などの特定の事態を抑止する最善の方法を検討する際には特に、より高い精度がオーストラリアの意思決定者に求められる。戦闘力の最大化やその他の目標達成のために計画を立てる行為は称賛に値するが、抑止力を最適化するための準備とは別物だ。抑止とは、自国の行動によって敵の意思決定エリートに可能な限り強い心理的影響を与え、自国に有利になるように敵の作戦を中止、延期、変更へと導くことである。抑止作戦において効果を最大化するには、敵の指導者層が高く評価しているもの、あるいは特に敏感だと考えているものを確実に危険にさらすことに重点を置く必要がある。こうした脅威や圧力は、必ずしも明示的または直接的である必要はない。また、脅威となる能力を常に示す必要もない。状況によっては、高価値の標的を脅かす能力の存在を主張または暗示するだけで、十分に敵を抑止できることもある。

オーストラリアのようなミドルパワーにとって、敵の意思決定者に対して強力な抑止力を行使することは、シグナリングのなかでも高度な部類に入る。それは、多くの場合、軍事的及び非軍事的手段を組み合わせて、敵に対して説得力のあるメッセージを伝えることだ。それにより、敵の意思決定者は、オーストラリアや同盟国の利益に反する行動をとることで生じる結果について、深い懸念を抱くようになる。

抑止の機能は種類によって異なる。抑止には大きく分けて2種類ある。ひとつめは攻撃的抑止であり、最も基本的な形では次のように威嚇する。「私を殴ったら、もっと強く殴り返してやる。先に殴ったことを後悔させてやる」。これは「コブラ抑止」と呼ばれることもある。二つめは防衛的抑止である。これには、次のような強いメッセージの伝達も含まれる。「私を殴ったら、その腕が血まみれになり、私を殴ったことを後悔するだろう」。これは「ヤマアラシ抑止」と呼ばれることもある。どちらの抑止もオーストラリアの安全保障上の課題に直結するが、二つのあいだでうまくバランスをとるには慎重な計画が必要である。

敵に方針転換を迫る手段または行動に関して、レバレッジ（つまり、力）の評価も重要である。ある取り組みが敵の意思決定者にもたらすレバレッジ効果はどの程度か。中国の台湾攻撃を抑止するうえで、「オプションA」は「オプションK」よりも習近平とその取り巻きに強い心理的影響を与えるだろうか。ここで重要なのは、中国指導部の見解を同盟国の指導者の鏡像としてとらえるべきではないということだ。中国共産党幹部の考え方は、オーストラリアや同盟国の安全保障立案者のものとは著しく異なる。そのため、この分野における決断には細心の注意が必要である。抑止力を発揮するためのオプションを評価する際には、中国の指導者の行動をつぶさに観察し、その価値観や思考を再現し、次の動きを正確に予測できる専門アナリストの助言を得て行うべきである。

次に、抑止手段の強さの評価とその表現方法の課題がある。たとえば、オーストラリア政府の文書に、台湾に対する軍事攻撃が発生した場合には台湾軍に実用的な支援を行うとの記載があったとして、その抑止力の強さを10点満点中の1点とする。それに対して、民主主義の台湾を守るという宣言がオーストラリアの首相によって何度も強い感情を込めて表明された場合、その抑止力の強さは3点になるかもしれない。さらに、そのような宣言が米国の大統領と日本の首相による強力な共同声明とともに表明された場合、その強さは7点または8点まで上昇するだろう。つまり、オーストラリアが取りうるさまざまなオプションの抑止力を計るとしても、具体的な行動だけでなく、その表明及び伝達方法や、それが誰によって発せられるかということも関係してくるのだ。

抑止のオプションを検討するうえで重要な要素にはほかに、費用対効果、実行する際の容易さと速さがある。オプションのなかには、明らかに多くの人的・財政的リソースを必要とするものもある。望ましいオプションとは、既存のスキルなどのリソースを活用し、強力な抑止力を低コストで迅速に提供するものだ。

抑止のオプションを評価する際に考慮すべき点として最終的かつ重要なものは、ある行動によって権威主義国家の攻撃計画が突然に機能しなくなった場合に、それらの国の意思決定者に与える衝撃の程度である。敵の戦略的スタンスの重要な柱を無力化または無価値にすることで不意をつくようなオプションはあるのか。敵が効果的な対抗手段を講じることができない方法で敵の防衛の重要な部分を無効化する、予想外の「ルール」変更のようなオプションが、オーストラリアと同盟国にあるだろうか。つまり、オーストラリアは同盟国との連携において、1950年代の米国主導の「第一次オフセット戦略」や1980年代の「第二次オフセット戦略」に類似した「第三次オフセット」オプションを有しているだろうか(1)。その答えが「おそらくイエス」ならば、これがオーストラリアの抑止戦略の中核的目標になるはずだ。

この議論によって明らかになるのは、台湾を巡る戦争に対するオーストラリアの抑止力の最大化は簡単ではないということだ。偶然に達成できる可能性は低い。抑止の種類を慎重に検討する必要がある。加えて、幅広いオプションについて、その影響力、強さ、費用対効果、敵に影響を及ぼす速さ、敵の主要な意思決定者を心理的に武装解除させる可能性などを同様に検討しなければならない。

抑止のオプションの多くは、オーストラリアの国防組織や国家安全保障機関だけでなく、その他の政府機関、ビジネスリーダー、オーストラリア社会のより多くの構成員の関与が必要であり、しかもほとんどの場合、同盟国や安全保障パートナーの協力も必要だ。これまでの半世紀におけるオーストラリアの軍事的コミットメントとは大きく異なり、拡張主義的な中国に対する抑止力を最大化するには、オーストラリア国防軍にその任務を託して対応させるだけでは不十分である。必要となるのは、新たなマルチドメインのオプションを慎重に分析すること、より革新的で動きの速い文化を醸成し、組織を再編成することであり、そのオプションを実行するために、十分な情報を与えられた、全面的な協力と積極的な関与が得られる社会を構築するべきだ。

これらはすべて実行可能だが、現在の慣行からはかけ離れている。本章では、10項目の投資オプションについて簡潔に検討する。オーストラリアがこれらを活用できれば、中国による台湾攻撃と、それがインド太平洋において大規模な戦争へエスカレートすることの抑止に大きく貢献できる。重要なのは、費用対効果が高く、タイムリーな方法で最も強力な抑止力を確保するには、どの推奨事項の組み合わせが最適かという点である。

①目標を明確化し、戦略を厳格に実行すること

オーストラリアの「2020年国防戦略アップデート」では、防衛戦略目標として、国の戦略的環境を形成し、オーストラリアの利益に反する行動を抑止し、必要に応じて確かな軍事力で対応することが挙げられている。(2)「2023年国防戦略見直し」ではこれらの目標を支持したものの、拒否戦略の観点から見る必要があると述べている。(3)

この戦略目標の表明は有用ではあるが、最も一般的な指針に過ぎない。特に、最適な効果（特に抑止力の最大化）を達成するための投資の優先順位付けの論理が欠落している。

主な分野の不測事態に対応する能力の選択と運用を促進するためには、より具体的な助言が必要である。政府、産業界、市民社会における意思決定者は、早急に必要なものは何か、後回しにしてもよいものは何かをどのように判断すればよいのだろうか。この種の助言は現時点で、公式にも非公式にもほとんど提供されていない。

抑止がオーストラリアの主要な戦略目標であり、拒否戦略が国家戦略であるならば、それがオーストラリアの国防組織だけでなく、その他の政府機関や、企業、そして社会全体のさまざまな構成員にとってどのような意味をもつのかを探る必要がある。国家の安全保障上の課題は多次元的であるため、オーストラリアの抑止計画も多次元的であることが求められる。その実現には、国全体の資産を、多くの場合では同盟全体の資産を活用する必要がある。

なぜならば、拒否戦略による抑止とは、敵の物理的、電子的アクセスなどを遮断するだけでなく、より広範な作戦目標の達成を阻むことだからである。その作戦目標には、オーストラリアや同盟国の経済を混乱させること、国際的なサプライチェーンを弱体化させること、重要な通信システムに損害を与えることなどが含まれる。このような侵入的かつ破壊的な作戦を展開しようとする敵に対して、ぶざまな失敗への不安や、報復による軍事的損害の脅威を与えて、その実行を思いとどまらせることを目指すならば、入念に練られた計画が必要である。その計画によって対抗手段を開発し、適切な時間枠のなかで、その手段がもたらす脅威を対象となる権威主義国家に伝えるのだ。

たとえば、オーストラリアの抑止力の強力な源泉となりうるのは、国際貿易における役割を利用した大規模な戦略的レバレッジである。オーストラリア自体にも貿易上の脆弱性はある。しかし、オーストラリアは多くの戦略物資（特に鉄鉱石と天然ガス）の主要生産国という立場にあり、中国がその安定した輸入に大きく依存する状況を生み出している。(4) オーストラリアやその他のパートナーとの取引が停止すれば、中国では複数の産業分野が数週間以内に衰退し、その経済的影響は数カ月のうちに広範囲に及ぶ可能性がある。台湾を攻撃すればこのような混乱がもたらされることを示唆するだけでも、中国政府は慎重に行動するようになるだろう。

権威主義の大国を抑止するために、政府、企業、さらにオーストラリア社会全体の多くの要素を集結させる必要がある。それを実現するには、各コミュニティに対して適切に説明し、関係者がいつ、どのような行動が必要になるかを把握するための手段を整備しなければならない。特にスカンジナビア諸国では、これを非常に効果的に実施している。オーストラリアが学べることは多い。

これまでに述べたような国全体としての計画、準備、テストや、抑止力及び拒否能力の実証は、オーストラリアではこれまでほとんど行われてこなかった。その主な理由は、オーストラリアや同盟国の政権中枢の政治家たちに、大規模な紛争のリスクや、それに備える必要性を議論することで生じる有権者の動揺を避けたい意図があったからだ。特別利益団体も状況を複雑にしている。それらの団体は、予算、人材、技術資源が抑止の優先事項にまわされるのを阻止しようと働きかけている。そのため、国の指導者が率先してこれらの措置の必要性を説き、実際に行動を開始しない限り、インド太平洋地域の重大危機に対するオーストラリアの抑止力は不利な条件を抱え、不必要に弱いままになる。

戦略目標をさらに明確化し、多くの組織的な取り組みや段階的な措置を開始することで、オーストラリアが同盟の抑止力強化に向けた準備を進めているという強いシグナルを国際社会に発信できるだろう。こうしたイニシアティブのなかには、権威主義国家の指導者にとって予想外で、慎重になるべき理由に追加されるものもあるだろう。

②豪米（及びその他の同盟国による）戦略計画グループを常設すること

オーストラリア、米国、その他の緊密な同盟国には、戦略上及び作戦上の協議と協力のためのメカニズムが確立されている。多くの分野で緊密な連携があり、日常的に互いの組織に要員が派遣され、高い信頼関係を築いている。米国、オーストラリア、英国をはじめとする多くの同盟国の国防システムや、より広範な安全保障システムが、必要なときに瞬時に連携して効果的な活動が可能であることは、疑う余地がない。

しかし、有事計画の調整には限界がある。各同盟国の政治指導者たちが、紛争が起きる前から自国を関与させることを渋るのが主な理由だ。オーストラリアの場合、政治指導者は、今後起こりうる危機的状況の多様性を理解しており、その時々の特定の状況において、国益のために最善の行動をとりたいと考えている。

こうした姿勢は理解できるが、それによって、同盟国が抑止作戦を展開する際の速度や効果に制約をもたらすことになる。危機の発生前に同盟国全体で有事計画をどの程度まで策定、テストできるかという点でも、制約が生じる恐れがある。

オーストラリアと同盟国が、中国による台湾への軍事攻撃に対する抑止の最大化を目指すならば、有事作戦や、特に抑止のシグナリングについて、より包括的な統合計画を策定する必要がある。政治指導者には、作戦目標、部隊展開、交戦規則などを承認する権利が常に与えられているが、同盟国軍の司令官や、安全保障におけるその他の指導者にも、統合計画を策定する権限を早くから与えなければならない。前触れもなく危機が迫ってきたときに、迅速かつ効果的に動ける態勢を整えておく必要があるからだ。そのためには、豪米による（場合によってはその他の同盟国も含めた）戦略計画グループを常設することが最も効果的である。

この統合計画グループの公表は、同盟国間の作戦連携を強化するだけでなく、潜在的な敵対勢力に対して、インド太平洋地域における同盟国の結束を示し、組織的かつ迅速に、真に手ごわい方法で、権威主義国家の冒険主義に対抗できる用意があるというシグナルを送ることにもなる。

③地域安全保障パートナーシップを強化、表明すること

インド太平洋地域を望ましい方向へ導き、オーストラリアと同盟国の抑止力強化に貢献する可能性を秘めた活動のひとつが、この地域で同様の考えをもつ国々との安全保障パートナーシップをさらに発展させることだ。

歴代のオーストラリア政府は、権威主義国家による破壊転覆活動、恫喝、領土侵犯に対抗するため、ともに立ち上がる意思をもつ国々のネットワークを構築することに尽力してきた。新たに形成されつつあるインド太平洋地域の枠組みは、特定のニーズに合わせ、各地の事情を十分に尊重した重なり合うパートナーシップからなる多層的なものである。オーストラリアにとって最も緊密で高いレベルにあるパートナーシップは、きわめて密接な同盟関係がある米国や、英国、カナダ、ニュージーランドとのファイブ・アイズである。それとほぼ同等レベルのものが、オーストラリアと米国、日本、インドを結ぶクワッドだ。その次には、米国の正式な同盟諸国、特に韓国、フィリピン、NATO加盟国などとの信頼関係のネットワークが広がっている。また、東南アジア諸国連合（ASEAN）のほとんどの加盟国や、南・中央太平洋の島嶼国とも特別なパートナーシップを結んでいる。過

去10年間において、中国政府は世界各地で挑発的な行動をとり、南シナ海の大部分を占領し、軍事化を行ったほか、インドとブータン北部の国境へ侵入を繰り返した。また、ロシアのウクライナ侵攻を断固として支持した。こうした行動によって、権威主義国家に対抗するネットワークの発展が加速することになった。このネットワークが中国指導部の悩みの種となり、包囲され国際的に孤立することへの恐怖を煽っている(5)。

オーストラリアは同盟国やパートナーと緊密に協力することで、権威主義国家に対抗するこれらのパートナーシップをさらに強化することができる。それは同時に、中国政府に対して、台湾を奪取するために戦争を開始すればさらに厳しい結果が待ち受けているという警告を発することにもなる。協力の初期段階としては、南シナ海やインド北部の国境沿いにおける中国政府の法律戦に対して、協調した対抗措置をとることが考えられる。中国の情報戦における攻勢は、インド太平洋地域が一体となった行動によって効果的に阻止できるだろう。そのほかにとりうる措置としては、中国による国際機関の操作を防ぐためのプログラムを維持することだ。また、従来型の安全保障協力、特に情報共有、演習・訓練プログラム、軍事装備の供給、新しい安全保障技術の開発などについても向上を図るべきだ。

この枠組みにおいて、抑止に最も強力に貢献する方法のひとつは、この地域の主要な隣国や友好国が直接的な威圧や領土侵犯に直面した場合に、オーストラリアがそれらの国を支持し、必要とする時にできる限りの支援を行うと、公に保証することだ。そして、公式に表明した強力な支援をさらに増強するために、オーストラリアはインド太平洋地域の各政府と緊密に協力し、権威主義国家の攻撃に対するそれらの国の防衛力のレジリエンス強化に向けた支援を提案するべきである。中国政府は地域安全保障協力の拡大に間違いなく気付くだろう。中国の指導者は、台湾を攻撃すれば、結果として反権威主義同盟がより強固になり、国際社会における中国の孤立が深まることに思い至るだろう。

④米軍や、能力の高い同盟国の軍事力について、オーストラリアへの大規模展開を加速すること

中国による台湾攻撃をより強力に抑止できる可能性が高いオプションのひとつは、オーストラリアにおいて、米国や英国をはじめとする同盟国の軍を大規模に受け入れるプログラムを加速させることである。そのために、オーストラリア全土の軍事施設や軍民両用施

設の大幅な拡張など、多くのことを迅速に行う必要がある。

このオプションは米国にとって、長年にわたって西太平洋の前方展開基地にかかっていたプレッシャーから解放され、米国本土に匹敵する広さの比較的安全な陸地に高価値の資産を分散させるまたとない機会になる。これらの資産がオーストラリアに配備されれば、教育水準が高く、協力的なコミュニティから広範な支援を受けることができる。オーストラリアは、西太平洋における米国の軍事作戦にとって非常に強力な南方の拠点となり、戦略に大きな深みをもたらす。

中国政府から見ると、オーストラリアにおいて同盟軍のプレゼンスが高まることで、中国の冒険主義に対する東アジアの即時対応能力が強化され、同地域で同盟軍が長期的な活動を行うための兵站のレジリエンスと持続性が新たなレベルに達する。さらに、同盟軍がオーストラリアを拠点とすれば、作戦の重点を西太平洋からインド洋全域へ容易に移すことが可能となり、それによってインドネシア海峡以西の海上交通のコントロールに協力ができること、また、インドの北部防衛を支援し、中国南部及び西部の敏感な地域を脅かす可能性もあることを中国政府の最高幹部は認識している。包囲の脅威と、複数の戦線で戦う必要が生じる恐れについて、中国には深刻な懸念がある。(6) オーストラリアにおける同盟

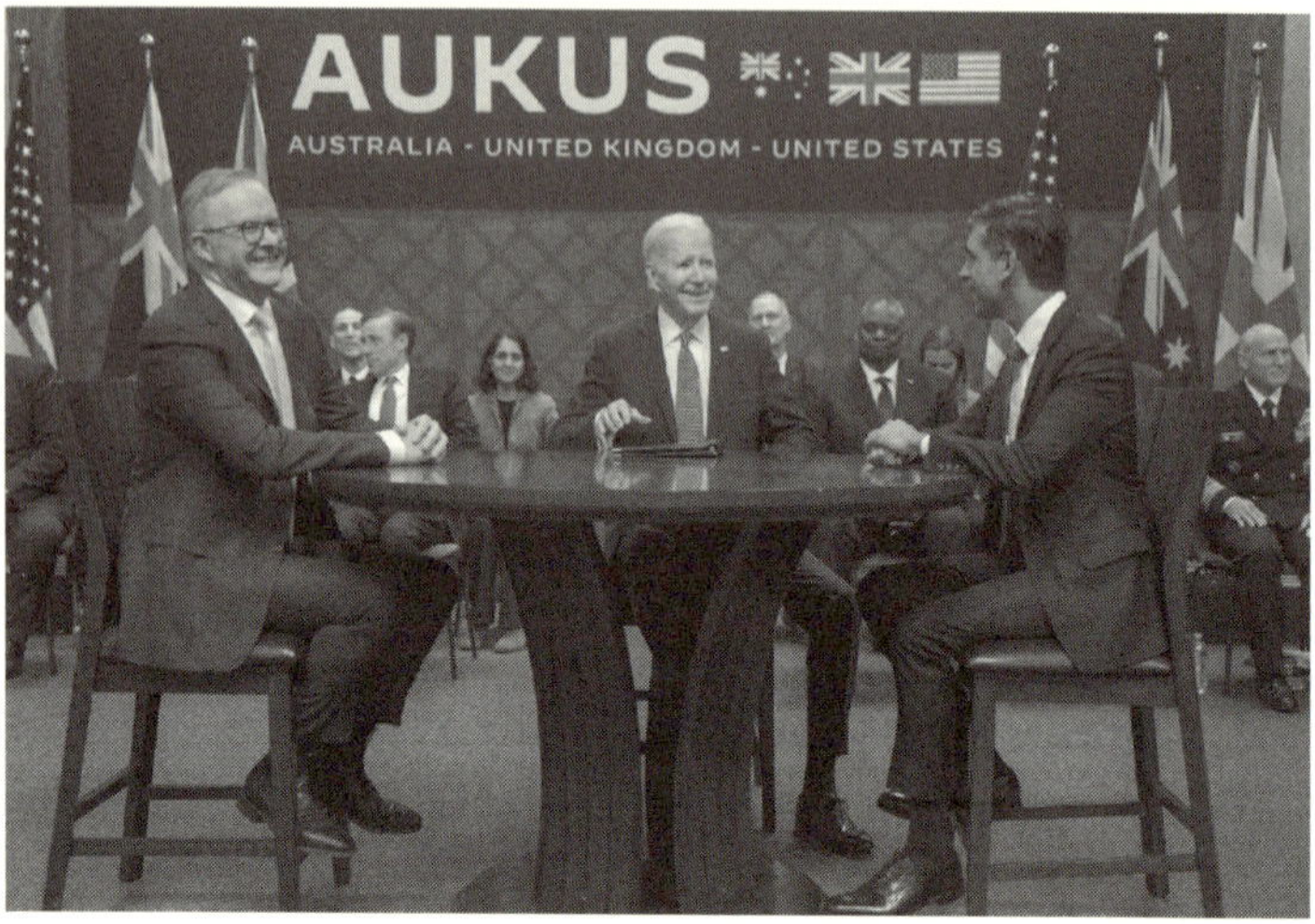

2023年3月13日、オーストラリアのアンソニー・アルバニージー首相、米国のジョー・バイデン大統領、英国のリシ・スナク首相が会談し、AUKUSによって定められた潜水艦取得の具体的内容について発表した。写真：ホワイトハウスによる公式写真

軍の増強は、中国にとってのリスクを強調することになる。それは、台湾に対する攻撃がはるかに大規模な紛争へと急速にエスカレートし、中国共産党が予期しない方法や場所で大きな圧力にさらされる可能性だ。この展開は、中国共産党政権にとって深刻な結果をもたらしかねない。

オーストラリア、米国、その他の同盟国政府は、オーストラリアにおける、またはオーストラリアを起点とする軍事行動の拡大について、すでに合意している。2021年に発足したオーストラリア、英国、米国間の安全保障パートナーシップであるＡＵＫＵＳの一環として、米海軍は２０２３年からオーストラリアへの潜水艦の寄港を増やし、英海軍も２０２６年から同様の取り組みを行う予定である。(7) ２０２７年には、オーストラリアを拠点として、米海軍による最大４隻の攻撃型原子力潜水艦の定期的運用が始まり、英海軍も同様に１隻を運用する。(8) この地域における米英の水中作戦を補完するため、オーストラリア海軍は、２０３０年代前半にまず３隻の原子力潜水艦を就役させ、２０４０年代前半に５隻を追加するとしている。(9)

さらに、米国及び同盟国による航空作戦の拡大を支援するため、オーストラリア北部全域で主要な飛行場の改良が進められている。また、米陸軍は、この地域に部隊を展開する必要が生じた場合により多くの装備が可能となるように、オーストラリアにおいて備蓄を計画している。(10)

関連するものも含めたこれらのイニシアティブは、中国の政治指導者に対してすでに強力なシグナルを送っている。つまり、中国が台湾に対して大規模な攻撃を開始すれば、その近隣に強力な能力を有する米国と同盟国は即座に介入できる。オーストラリアがこのような計画を加速すれば、同盟国による即時の非常に強力な介入という中国にとってのリスクが、さらに高まるだろう。中国指導部に対する抑止効果は相当なものになるはずだ。

⑤完全統合されたC4ISRハブ及び戦域司令部として、オーストラリアの役割を強化すること

中国の台湾攻撃に対するオーストラリアの抑止力を強化するには、高度な指揮・統制・通信・コンピューター・情報・監視・偵察システム（C4ISR）を完備した同盟軍の戦域司令部の受け入れを提案することが有効だろう。

このオプションは、長年にわたる戦略的論理に基づくものだ。第二次世界大戦の初期段階において、連合国の太平洋戦域司令部を置く場所としてオーストラリアが理想的だという見方が米国内にあった。オーストラリアを拠点として西太平洋、東南アジア、さらに隣接する海域に展開する作戦は、米国本土を拠点とする作戦よりも、はるかに容易で迅速だったのだ。オーストラリアは広大な国土と多様な地形、戦略的縦深性を有しており、堅固な要塞と考えられていた。政治的な信頼性も高く、米国の戦争目的を共有していた。英語を話し、十分な訓練を受けた労働力もあった。(11) 司令部を置く場所として理想的である。それは21世紀になっても同じだ。

1950年代以降、オーストラリアと米国は、オーストラリア全域に広範な地域監視、情報、宇宙支援の施設を建設してきた。現在も、これらの分野でさらなる開発が進行中である。2023年7月には、「既存の作戦や演習における宇宙空間の統合と協力を強化する」ための「宇宙協力強化プログラム」が発表された。[12] また、2024年までにオーストラリアの国防情報機構内に連合情報センターを設置することでも合意している。[13] これらが、すでにこの地域で活動している米国やオーストラリアなどの広範囲に及ぶ情報資産に加われば、中国政府は探知と直接観測によって強度を増した抑止力に直面することになる。

オーストラリアには、これらの能力を強化し、中国政府の最高幹部に対して、大規模な台湾攻撃を開始すれば奇襲や情報優位性の達成が困難になることを明確に示すというオプションがある。これがうまくいけば、中国共産党指導部は作戦計画の再考を迫られることになる。

⑥高い効果を発揮する軍事能力の展開を加速すること

オーストラリアは、国防軍を発展させていく今後5年から10年のあいだに、「ゲームチェンジング」やその他の高い効果を発揮する抑止オプションに、これまで以上に重点を置くべきである。

オーストラリアの「2023年国防戦略見直し」でも、この理論の一部について次のように触れられている。

> オーストラリア国防軍の能力による抑止効果と対応オプションを最大化することがきわめて重要である。能力投資から最大限の利益を得るには、兵力構成の集中化だけでなく、統合も不可欠である。(14)

「国防戦略見直し」では、オーストラリア国防軍は五つの領域（陸、海、空、サイバー、宇宙）すべてにおいて、以下の10項目の「重要能力」を適用することで得られる効果を活用するとしている。

・持続的で広範囲にわたる、水中における情報収集、監視、偵察、攻撃用に最適化された（有人及び無人の）水中戦能力

・強化、統合されたターゲティング能力
・すべての領域における強化された長距離攻撃能力
・完全に有効化、統合された、水陸両用が可能な諸兵科連合陸上システム
・強化された、全領域における、海上阻止作戦及び局所的な制海のための海上能力
・ネットワーク化された遠征航空作戦能力
・強化された、全領域にわたる統合防空ミサイル防衛能力
・戦略的縦深性と機動性を備えた、統合された遠征型の戦域兵站システム
・統合戦力の強化を可能にする戦域指揮統制の枠組み
・後方支援、拒否、抑止のプラットフォームとなる北部基地の発展したネットワーク(15)

これらの能力はそれぞれが、オーストラリアの防衛課題の解決に大きく貢献できる。各能力を一体化することで、完全な統合戦力の展開にも役立つ。しかし、これらの能力のすべてが強力な抑止力をもつわけではない。

大国に対しても抑止力を発揮するオプションを的確に判断し、投資することが必要だ。実際に武力衝突が起きる前にその全体または一部が明らかになり、敵の指導者が抱いてい

る勝利に対する自信を削ぐことができるオプションは高い効果を発揮する投資であり、特に価値が高い。

オーストラリアには、強力な抑止効果が期待できるオプションがいくつかあるが、米国をはじめとする緊密な同盟国との合同作戦を計画する際には、さらに多くのオプションを備える必要がある。オーストラリアが今後、深刻な脅威に対する抑止力の最大化に本腰を入れて取り組むのであれば、先に述べた重要能力は投資の対象としてひときわ注目すべきものであり、それが本章で明らかにしたいことである。

⑦オーストラリアを国内及び同盟国の所要に対するインド太平洋の兵器庫にすること

オーストラリアには武器弾薬製造・整備能力を再開発し、大幅に拡大する能力がある。これにより、オーストラリア国防軍に優先的に兵器を提供するだけでなく、インド太平洋地域で活動する米軍やその他のパートナー軍への武器弾薬供給に大きく貢献することができる。

第二次世界大戦以来、オーストラリアは、小口径及び中口径弾薬、砲弾、航空爆弾、数種の誘導兵器、多様な特殊兵器などの幅広い武器弾薬を製造する能力を有している。[16] ２０２1年3月にオーストラリア政府は、この基盤を活かす形で、誘導兵器及び爆発物製造企業の新設、及び大幅な拡大に対して多額の初期予算を投じると発表した。[17] その後、このプログラムの最初の戦略パートナーとして、レイセオン・オーストラリアとロッキード・マーティン・オーストラリアの参加が発表された。[18] その目的は、誘導型多連装ロケットシステムの共同生産をはじめとして、２０２５年までに一連の先進兵器を製造することである。[19] 米国政府においては規制上の制約や知的財産の制約などが解除されつつあり、パートナー国から供給されるものも含めたその他のシステムの生産もまもなく開始される見通しだ。オーストラリア製弾薬のほとんどが同盟国の規格に完全に適合し、米国で製造されるものと互換性をもつ予定である。

このほかに関連するものも含めた、軍事産業に対するこのようなイニシアティブによって、オーストラリアはインド太平洋地域における同盟作戦に対して、より大きな戦略的貢献を果たすことが可能になる。このような投資は特に、米国の逼迫した武器弾薬生産基盤に深みを加え、前方展開される同盟部隊のレジリエンスと耐久力を大幅に向上させるだろう。[20]

中国政府から見れば、オーストラリアが大規模な弾薬製造に対する投資を加速させることで、ある懸念が高まる。それは、米国と同盟国が動きを速め、この地域における戦略的態勢の強化と、大規模な紛争の初期からその全期間を通じて強大な軍事力を行使する能力の向上を図っているというものだ。中国は、同盟軍が数日以内に弾薬を使い果たすとみているが、この投資プログラムをその他のイニシアティブと組み合わせることにより、その見解は覆されるだろう。オーストラリアと同盟国による弾薬製造のイニシアティブが加速されれば、中国の指導者は現実に直面せざるを得なくなる。つまり、インド太平洋地域で大規模な戦争が起きた場合に、容易かつ迅速に勝利できる可能性は低いということだ。戦略的見通しがこのように変化していくなかで戦争を仕掛けることは、ますます難しくなるだろう。

⑧戦略的サプライチェーンの再構築を加速し、自国と同盟国のレジリエンスと持続性を下支えすること

今世紀初めの20年間において、米国と同盟国は、原材料の加工・製造能力の多くを低コストの国、とりわけ中国に輸出することで経済効率の向上を推進した。[21] このようなグローバリゼーションと西側諸国の徹底的な脱工業化の進行によって、米国の製造業生産高は２００４年には中国の2倍以上であったのが、２０２０年には約半分にまで落ち込んだ。[22] その重大な結果として、米国と同盟国は鉄鋼から医薬品、工作機械からノートパソコンに至るまで、戦略的に重要な多くの製品のサプライチェーンを制御できなくなった。米国及び同盟国の政府と企業は、実質的な戦略的優位性を自発的に中国に与えたのだ。大規模な戦争が勃発した場合、同盟軍側がすでに産業優位性を喪失していることが、どちらが勝利するかを決する大きな要因になりうる。

現在、米国をはじめとする同盟諸国の政府は、いくつかの効果的な是正措置をとっているものの、さらに多くの措置が必要である。すでに、米国、日本、韓国、オランダなどの数多くの国々が、先進半導体技術やその他の機微な技術の中国への移転を制限する方向に動いている。[23] 米国のバイデン政権は、最先端の半導体、量子コンピューティング、人工知能を求める中国企業に対して、米国からの投資流入の抑制も行っている。[24] このような措置は拡大される可能性があり、今後数年で同様の制限を導入する国が増えるとみられる。

同時に、米国とその同盟国のいくつかは、主要原材料、材料加工、優先製品、システムサポート能力などの戦略上重要なサプライチェーンのオンショアリング（訳注／国外に移していた業務を自国に移すこと）やフレンドショアリング（訳注／同盟国や友好国などに限定してサプライチェーンを構築すること）を奨励しはじめている。

こうしたプロセスを調整し、加速するために、オーストラリアは米国やその他の12カ国と緊密に協力し、「国際的な危機対応ネットワーク」の構築に向けたインド太平洋経済枠組み（ＩＰＥＦ）サプライチェーン協定を設立した。このネットワークが担う役割について、次に引用する。

（このネットワークの役割は）重大な欠品やサプライチェーンの混乱に対する、より迅速な集団的対応の促進である。これにより、重要物資へのアクセスを確保し、市場の不安定性を軽減することができる。加えて、ＩＰＥＦサプライチェーン協議会は脆弱性や隘路に対処するための行動計画に着手する。これは、重要な鉱物やクリーンエネルギー技術などの分野において、投資を動員し、産業の付加価値を高める機会を促進するための永続的な枠組みを提供し、経済のレジリエンスを強化する。(25)

関連するものを含めたこのようなイニシアティブが各国内の政治的抵抗を乗り越えて実行されれば、中国による供給ショックの脅威から同盟各国を保護するものになる。

オーストラリアは、レアアース、リチウム、銅、銀、その他多くの戦略的鉱物が豊富に埋蔵されており、これらの資源を経済的に加工する能力も有しているため、特に重要な役割を担っている。同盟国が中国に依存している優先製品は多岐にわたるが、ささやかな国際投資があれば、オーストラリアがその現状を大きく変えることができる。これは、多数の戦略的サプライチェーンにおいて、中国の実質的な支配を排除する重要な一歩となり、同盟国及び信頼できるパートナー国の産業力とレジリエンスの回復に寄与するだろう。同盟国が急速に回復を遂げれば、中国政府に強力なシグナルを送ることになる。つまり、重大な危機や戦争のなかでも産業優位性を保つという中国の思惑どおりにはいかなくなるということだ。それどころか、多くの同盟国やパートナー国が協調して行動することによって、数年以内に中国の産業基盤が衰退し、国際的な圧力に対してより脆弱になる可能性もある。

⑨同盟国との緊密なパートナーシップの下、次世代弾道ミサイル防衛システムを実証すること

中国の軍事力の主な特徴として、短距離及び中距離の弾道ミサイル及び巡航ミサイルに対する強力で持続的な投資がある。こうしたミサイルの大部分は、中国の沿岸部に配備されている。(26) 台湾に対する大規模な攻撃が発生した場合、これらのミサイルの多くは、台湾の指導者や指揮統制などを狙って発射される可能性が高い。だが台湾だけでなく、この地域にある米国や、日本、その他の同盟国の基地も標的になる恐れがある。人民解放軍のロケット軍は、物理的な戦争開始から数時間で台湾の主要部隊と同盟国の多くの部隊の動きを封じ、効果的に無力化できるよう編成されている。(27)

米国とその同盟国にとって、中国の大規模なミサイル戦力は深刻な脅威であると同時に戦略的チャンスを与えるものでもある。同盟国が弾道ミサイル及び巡航ミサイル戦力に効果的に対抗できれば、中国は攻撃力の大半を失い、ほとんどすべての攻撃作戦を停止せざるを得なくなる。

中国の戦域ミサイル戦力に対抗するという戦略は魅力的であるものの、そういった「ゲームチェンジング」な進展を達成するのは難しい。弾道ミサイルを撃ち落とすことは、飛んでいる弾丸を撃ち落とすことに等しいのだ。さらに、中国の弾道ミサイル及び巡航ミサイル計画は世界有数の活発さをもち、現在、数種類の極超音速（マッハ5以上を指す）ミサイルやその他の先進的なシステムの配備が進められている。[28]だが、こうした事実があろうとも、米国、オーストラリア、欧州などの同盟諸国の防衛機関は諦めることなく、有効なミサイル防衛の開発に集中的に取り組んでいる。

短距離・準中距離・中距離の弾道ミサイル及び巡航ミサイルを迎撃・破壊する能力は、すでにこの地域に配備されている。これには、米国の艦船に搭載されたSM-3及びSM-6ミサイルシステム、自衛隊の艦船に搭載されたSM-3ミサイルも含まれる。発展型ペトリオットミサイルシステムが日本と韓国で運用されており、ミサイル防衛システムTHAAD（ターミナル段階高高度地域防衛）が韓国とグアムに展開されている。[29]これらのシステムは有用であるが、はるかに優れた費用対効果が見込まれる次世代型の先進型弾道・巡航ミサイル防衛システムの開発が、現在、強力に進められている。[30]

現代の広域型弾道・巡航ミサイル防衛に通常含まれるのは、発射前の探知能力、主に宇宙ベースの飛翔体追跡及び識別システム、最終段階のミサイル迎撃システムまたは指向性エネルギー迎撃システムである。オーストラリアはこれらの分野で幅広い経験を有しており、極超音速ミサイルや防衛技術に関して数十年にわたり米国と緊密に協力してきた。したがって米国とその同盟国は今後数年のうちに、より効果的なミサイル防衛システムの先進開発や試験段階に進めるだろう。このような能力が実証され、急速に初期配備が進めば、戦域弾道ミサイル及び巡航ミサイルにおける中国の優位性が損なわれる。数十年あれば、その大規模な軍事攻勢を阻止できないまでも、きわめて困難にすることは可能だろう。この種の開発が実用的だと評価されたならば、「ゲームチェンジング」な抑止力として優先すべきである。

⑩指導者の腐敗を暴くと脅すこと

中国では政治権力の極端な集中によって、極端な脆弱性が生まれている。過去10年以上にわたり、中国政府の最高幹部らが説明のつかない富を得たり、国外の「抜け穴」投資で多額の資金を蓄えたりしていることが定期的に報告されてきた。[31] オーストラリアや同盟国がこの話を裏付け、政治指導者の腐敗や違法・非道徳的行為に関する証拠をさらに収集できていれば、強力な抑止力がすでに生まれていただろう。このような情報を公開する、あるいは公開すると脅すことで、最も決意の固い権威主義的指導者による国際的な冒険主義を抑止できるかもしれない。

グラント・ニューシャムらが述べたように、中国共産党最高指導部の目に余る腐敗が暴露されれば、中国共産党政権は長くはもたないだろう。[32] 西側の専門家や情報機関などが、このようなきわめて犯罪性の高い行為の証拠をもっており、中国が台湾攻撃を始めた場合にはその情報を世界中の中国人コミュニティに広める用意があるというシグナルを送れば、中国側はリスクの許容範囲の再検討を強いられるだろう。そのような不利な情報が国際社会に公開されれば、深刻な国内不安や反乱の引き金となり、中国共産党の体制そのものが崩壊する恐れもあると、中国共産党の幹部は判断するはずだ。

この種の抑止オプションは、オーストラリアや米国、あるいはその他の同盟国の政府による直接的な関与を必要とするものではない。ただし、オーストラリアや米国の一部のジャーナリストは、新型コロナウイルスの起源、中国西部の多数のウイグル人やカザフ人に対する拘束、チベットにおける反体制派の弾圧などのセンシティブな問題を巡り、粘り強く真実を追求し続けている。西側の調査によって、中国の指導者の有罪を明確に示す情報が発見される可能性は確実にある。このような情報は、オーストラリアの安全保障立案者にとって、戦力の一部として利用可能な、強力で費用対効果の高い抑止オプションになりうる。

やるべきことをやる

オーストラリアでは長らく、国防戦略に関する公式発表と、実際に提供される戦略・作戦能力とのあいだにギャップがあった。政府は、拒否的抑止を通じて国家の安全保障を推進すると宣言したが、それが誠意、厳密な分析、厳しい規律、持続する決意をもって実行されない限り、ほとんど意味をなさないだろう。

きわめて重要な局面である。オーストラリアとその緊密な同盟国が、一連の強力な抑止のオプションを注意深く選択し、十分に開発すれば、民主的な台湾に対する中国の侵攻を防ぎ、「中国とその支持国」対「米国とその同盟国及びパートナー」による大規模な戦争への急速なエスカレーションも防ぐことができるはずだ。これによって世界は、計り知れない苦しみと、多くの人命が失われることから免れるだろう。それは優先して考慮すべき事柄である。オーストラリアの国家安全保障システム全体のパフォーマンスを判断するには、強い抑止力が実際に発揮されているかどうかに重点を置くべきである。

資源配分に関する難しい決断が必要になる。本章で言及していない能力への投資にも、説得力のある論拠が示されるだろう。新技術が生み出す機会、常備軍と予備軍の規模強化の論理、動員計画の現代化と拡大に関する有力な主張、国家インフラの強化に対する明らかなニーズなど多岐にわたる。その他の可能性も含めたこれらはすべて、多額の資金を必要とするだろう。よって、政府が選択した戦略をまっとうするには、すべてのオプションが中国のエリート指導者層の考え方と計画を変える強い可能性をもっていることを示さなければならない。

どのような抑止策を選択するにしても、この種の計画的枠組みを運用するには、政府機関や産業界に加えて、オーストラリア社会のさまざまなコミュニティによる広範な関与が不可欠である。つまり、拒否的抑止を単なるキャッチフレーズや、政府の報告書で都合よく使える言い回しで終わらせないためには、国の指導者が、自国が直面している国際的な課題や、予防的措置を講じる必要性について率直に説明しなければならない。歴代政府は、市民に対して十分な情報開示を行わず、安全保障体制構築への協力を求めることを躊躇してきた。だが、そのような行為は不必要であり、逆効果である。オーストラリアの国民には、政府の率直な態度を好意的に受け止め、その主張を支持し、安全保障強化に一丸となって取り組んできた実績がある。しかし、閣僚らが行動の必要性や全体的な枠組みを説明しない限り、実質的には何も変わらないだろう。いま行動を起こすべきなのは、政府なのだ。

第13章 欧州が、いますべきこと

アンダース・フォッホ・ラスムッセン
ヨナス・パレロ＝プレスナー

「今日のウクライナは、明日の台湾」。2022年2月24日にロシアがウクライナに全面侵攻した直後、台湾のソーシャルメディアにこのような不吉なメッセージが溢れた。台湾の人々は、ウクライナの将来を憂慮していた。そして、自分たちの将来も。

台湾人にとって、ロシアとウクライナの関係は他人事ではない。攻撃的な権威主義国家の隣で暮らすのは危険なことだ。ロシアのウクライナ侵攻は、ウラジーミル・プーチンのような独裁者の脅威に対して人々が抱いていた淡い期待までも打ち砕いた。プーチンは長年にわたり、ウクライナがロシアの勢力圏外で存在する権利を認めてこなかった。2月24日、その言葉が現実のものとなった。

台湾海峡に目を移せば、習近平も同様に、必要ならば軍事攻撃も辞さないあらゆる手段で台湾を奪取すると明言している。ウクライナ侵攻が始まってから、中国の海軍及び空軍は台湾周辺における演習を強化している。中国の戦闘機は、ほぼ毎日のように台湾の空域内に進入している。このような出撃は、台湾の能力を弱体化させるだけでなく、士気をくじくためでもある。

中国の指導者の発言や軍の行動を目の当たりにしても、欧州の指導者の多くは台湾が直面している危機に対して無視を続けている。2023年6月にリトアニアのビルニュスで開催されたNATO首脳会議において、欧州諸国は対中国戦略について従来よりも踏み込んだ発言をしたが、そのときでも台湾という言葉はタブーだった。

価値観という点で、台湾と中国は正反対である。10年あまり権力を握ってきた習近平と、その独裁的な国家イデオロギー「習近平の新時代における中国の特色ある社会主義思想」の下、中国はさらに抑圧的になった。一方、台湾はこの地域における民主主義の道標である。フリーダム・ハウスの自由度調査では100点満点中94点を獲得し、ほとんどのEU加盟国を上回った[1]。台湾の蔡英文総統（当時）は次のように述べている。「民主主義は、私たちのアイデンティティの一部であり、譲れない部分である[2]」。

しかし、習近平はプーチンと同様に、必要ならばどのような手段を使っても祖国を統一するという野心を隠していない（習近平にとって、「祖国」とは台湾を含む）。これまでの10年で、中国軍は予算を大幅に増額し、その活動範囲を拡大し、この地域における米国の軍事力の無力化を試みてきた。

欧州の指導者は、習近平への対応において、プーチンのときと同じ過ちを犯してはならない。台湾を次のウクライナにしないために、NATOとEU加盟国がみずからの価値観の擁護者となり、小さな民主主義の政体が攻撃的で独裁的な隣人に立ち向かうのを助ける時が来た。NATOとEU加盟国には、その力がある。ただし、いま行動を起こす必要がある。

ウクライナ戦争から教訓を引き出し、台湾海峡における戦争の抑止につなげるには、次に挙げる三つのテーマが重要だ。

欧州の強みは経済的抑止力

結局のところ、中国の台湾攻撃を阻止できる軍事力と世界的な行動力をもつのは米国である。しかし、中国政府の見積りに影響を与え、戦争を抑止する方法はひとつではない。欧州の指導者は、ウクライナ侵攻後のロシアに対して行ったように、G7をはじめとする世界の民主主義諸国とともに、中国のいかなる軍事侵略に対しても強力な制裁を加えるというシグナルを発するべきである。

このようなシナリオでは、中国はこれまで恩恵を受けてきたグローバリゼーションから切り離されることになる。中国共産党の指導者にとって経済制裁の脅威は、ロシアの指導者の場合よりも重大だ。党の正当性が生活水準の持続的な向上のうえに成り立っているからだ。中国の成長の一翼を担ってきたのは輸出であり、中国はロシアよりもはるかにグローバルなサプライチェーンに依存している。したがってきわめて重要になるのが、いかなる攻撃も深刻な経済的結果を招くと、EU及びNATO加盟国が明確に示すことだ。曖昧さがあってはならない。台湾に対して攻撃を加えれば、中国は莫大な犠牲を払うことになると表明するのだ。

これは欧州にとって、経済界との率直な対話を始めることを意味する。現在、多くの欧州企業は、制裁措置として法的に義務付けられている範囲を超えて、ロシアから完全に撤退している。プーチンが本格的な侵略戦争を始めたとき、ほとんどの企業は不意をつかれた形だった。特にドイツの経済界には、かつての世界への回帰をいまだに夢見ている部分もある。

幸いなことに、ドイツの少なくとも一部の政治家は新しい現実に目覚めている。アンナレーナ・ベアボック外相は2022年9月、中国と取引しているドイツ企業に向けたスピーチで、はっきりとこう述べた。「ただ幸運を祈り、独裁的な政権とでもそれなりにやっていけるだろうと考えるのは間違いであり、二度目の失敗は許されない(3)」。

この発言は重要だ。なぜならばドイツは、EUの対中輸出のほぼ半分を占めているからだ。主要品目は自動車、機械、化学製品である。

欧州にとってさらに深刻な懸念は、中国からの輸入品への依存だ。ロシア産ガスへの見境のない依存を断ち切った挙句に、グリーン転換の推進のために中国に依存することになってはいけない。太陽電池から電気自動車用バッテリーまで、中国は政府の莫大な補助金によって新産業を支配してきた。現在の戦線は電気自動車であり、中国企業は国家の主導により欧州市場を支配しようとしている。補助金漬けの太陽光発電産業が欧州勢に致命的な打撃を与えた状況と同じだ。また、重要原材料についても、中国の支配によって欧州の立場は弱体化している。

その対応策として、EUをはじめとする民主主義諸国内で独自のサプライチェーンを構築し、中国への依存を減らさなければならない。これは、すべての取引を終わらせるということではない。だが欧州の人々は、機密技術、重要インフラ、重要原材料の入手において、安全確実なサプライチェーンをもたなければならない。これは、同盟国内の流通と、自由主義国家間の自由貿易に基づくものであるべきだ。

そのような方向性を提案したのは、欧州委員会のウルズラ・フォン・デア・ライエン委員長だ。委員長は、2023年3月30日に行ったEU・中国関係に関するスピーチで、欧州が中国との貿易・投資関係において「脱リスク」するよう呼びかけた。この言葉は、ブリュッセル界隈のものとしては珍しいことに、米国の政策関係者内にも広まっている。独裁的な中国に対して、現実を見ない楽観主義の経済依存が続いてきたが、脱リスクがうまくいけば待望の脱却が果たせるのだ[4]。

欧州企業はこの新たな現実を認識し、米国をはじめとする民主主義のパートナーとグローバルに協調して、サプライチェーンの適応を図るべきである。中国と大口の取引をしている企業は、将来起こりうる台湾攻撃に対して事態対処計画を策定する必要がある。

一方、中国は自国経済を制裁から守る備えを進めており、中国の金融システムを米ドルから切り離すため、取引における人民元建て決済の比率を高めている。米国と欧州が2024年に制裁措置を実施したとしても、2027年やそれ以降では同じような効果をもたない可能性もある。台湾の軍事専門家は、中国が台湾攻撃に乗り出すのは2035年以降になるとみている。その頃に、中国はロシアなどの陸上ルートの供給源を利用して、エネルギーの自立を達成すると予想されているからだ。

ロシアのウクライナ侵攻と、台湾において将来起こりうる戦争との大きな違いは、当事者の経済規模である。中国の貿易フローはロシアのそれを凌駕している。つまり、経済に甚大な影響が及ぶということだ。これは西側諸国にとってもダメージが大きいが、依然として輸出主導の成長に大きく依存している中国自身にとっては、壊滅的な打撃である。このため、現時点で中国に警告を発することがいっそう重要になってくる。それによって、経済的な惨事という脅威が抑止力として機能するのだ。

自国経済に対するダメージを遮断するか、せめて軽減するために欧州は中立を保つべきだという夢をいまだに見ている者もいるが、これは大きな見当違いである。台湾海峡で紛争が起きれば、欧州はただちに経済的な影響を被るだろう。世界の海上貿易の約50パーセントが中国本土と台湾のあいだの海域を通過しているため、台湾海峡に大きな混乱があれば世界中に衝撃が広がるだろう。また、台湾は先進的なマイクロチップ製造における世界的リーダーであり、台湾が攻撃を受ければ、仕事やプライベートで最新のｉＰｈｏｎｅなどのテクノロジー機器を使う私たち全員に影響が及ぶ。中国を経由するサプライチェーンも同様だ。結局のところ、この経済的影響から逃れるために通れるほど大きな抜け道はないのだ。いま行動を開始し、準備するほうがはるかにいい。

欧州の人々には、この現実に対して企業以上の備えがあるのだろうか？　中国が台湾を攻撃しはじめたときに、中国に対して貿易制限を行うことを支持するだろうか？　いくつかの世論調査によれば、どちらもイエスである。世論調査会社ラタナがAlliance of Democracies Foundation（民主主義同盟基金）の委託を受けて毎年実施している大規模な調査では、台湾を攻撃した場合に中国との経済的なつながりを断つことについて、回答者の過半数が賛成した国が調査対象国の半数に上った。[5] これらの国々には、米国、日本、韓国、ドイツなど、中国の主要貿易相手国の多くが含まれており、これらを合計すると、中国の年間貿易額の53パーセント以上（2・3兆ドル）を占める。

団結を明確に示すこのメッセージによって、中国の指導者や軍事計画者は再検討を迫られるだろう。欧州の指導者たちは、自国民の声に耳を傾ける必要がある。このシナリオを想定した計画を立て始め、中国にその行動がもたらす結果のすべてを確実に理解させるべきだ。

ウクライナ侵攻によってロシアに不意をつかれたのは最悪だったが、過ちを繰り返すことは許されない。

ウクライナの勝利を確実にし、欧州の安全保障負担の共有を強化する

中国の台湾侵攻を抑止する重要な方法が、もうひとつある。それは、ロシアが引き起こした現在の戦争で、ウクライナの勝利を確実にすることである。

ロシアが恒久的に領土を獲得し、力によって新たに既成事実を確立すれば、それが前例となる。中国からイランに至るあらゆる独裁者が行き着く結論はこうだ。結局のところ、軍事的侵略が有効であり、民主主義世界は対立よりも宥和を選ぶ。

歴史から得られる教訓は、独裁者に譲歩しても平和にはつながらないということだ。それどころか、戦争や紛争を引き起こすことになる。

よって欧州は、ウクライナが軍事的勝利を収めるために必要なすべての武器と弾薬を、「もし」「または」「しかし」といった但し書きなしで確実に提供しなければならないのだ。ウクライナの人々は、戦争によって双方に何十万人もの死傷者が出ているにもかかわらず、戦う意志を示し続けている。それを実行するための手段を、私たちはウクライナに提供しなければならない。ウクライナの人々は、みずからの自由のためだけに戦っているのではない。私たち全員のために戦っているのだ。

民主的な台湾を信じ、ルールに基づく国際秩序を信じるすべての人々は、ウクライナの勝利を確実にするよう努力しなければならない。それは、2022年にウクライナの外国人部隊に参加した何人かの台湾の若者が感じた現実でもある。台湾出身の若い義勇兵ジャックが「やつらを止めなければ、次は自分たちの番だ」と、2023年5月のコペンハーゲン民主主義サミットで語ったように。[6]

欧州は現在、ウクライナに対する軍事援助の大半を担っている。キール世界経済研究所と米国務省によると、2023年11月現在、欧州の軍事援助額が530億ドルに達しているのに対し、米国は442億ドルである。[7] 欧州は合計で1400億ドルを費やしており、これには欧州連合が最近承認した530億ドルのウクライナ・ファシリティが含まれている。米国の拠出総額は、非営利団体「責任ある連邦予算委員会（the Committee for a Responsible Federal Budget）」によると、2023年9月21日現在で約1130億ドルだ。[8]

2023年10月7日のハマスによるテロ事件後、米国はイスラエルに対する軍事援助を急増させている。また、中国による台湾攻撃の脅威も高まっている。これらが意味するのは、欧州がウクライナのためにさらに大きな責任を果たす必要があるということだ。米国の同盟国であるNATO及びEU諸国は、中国が台湾海峡で危機を引き起こした場合、米国が兵器、部隊、弾薬を欧州からアジアに再配置すると想定しておくべきだ。これにより必然的に、欧州の軍隊は自国周辺における活動を強化することになる。同じような負担共有の見直しは欧州におけるNATOのコミットメントにも当てはまり、欧州の人々は、防衛費の全体的な負担増加と、欧州の演習や統合作戦により多くの協力を求められる可能性を覚悟しておくべきだ。

幻想を抱いているわけではない。フランスと、おそらく英国は別にしても、欧州には台湾海峡で重要な軍事的役割を果たせるほどの軍事力はないとわかっている。台湾で戦争が起きた場合、軍事的に主な役割を担うのは台湾と米国、そして太平洋地域において米国の同盟国である日本とオーストラリアだろう。

現在、欧州諸国にはこのシナリオに対する十分な備えがない。英国議会の国防委員会は2023年10月の報告書で、「中国には台湾と対決する意図がある」と名指しで警告し、「インド太平洋地域における英国の軍事プレゼンスは依然として限定的であり、貢献するための戦略も不明確である」と指摘した(9)。

欧州は能力不足が原因で、どのような軍事シナリオにおいても果たせる役割は小さい。しかし、欧州における軍事負担の共有に経済的抑止を組み合わせることで、その貢献は相当なものになるだろう。

大胆な台湾政策を欧州に求める

みずからが欧州の安全保障に不可欠な存在であることを示してきた米国のように、欧州諸国も米国、台湾、インド太平洋地域の民主主義諸国とより緊密に協力しなければならない。

欧州諸国は、中華人民共和国に外交的承認を与え、その「ひとつの中国」政策を支持しているが、民主主義の台湾に対する支援の強化を図る余地はある。

欧州の政治家は、台湾が民主主義体制と自由な生活様式を維持できるように、より明確で断固とした支持を表明すべきだ。それが自分たちの価値観に基づいた出発点となる。特に、台湾が世界的な民主主義ランキングの上位に躍進し、中国が独裁と抑圧の強化へと傾斜している現在において必要だ。このような現実を欧州各国の市民に伝えなければならない。

欧州には、台湾のために率先して立ち上がろうとする指導者たちがいる。この動きは主に中欧と東欧から生まれている。2021年には、リトアニアのイングリダ・シモニーテ首相及びガブリエリウス・ランズベルギス外相が先頭に立ち、台湾との交流を拡大するために中国との貿易全体をリスクにさらすことをいとわなかった。中国が厳しい貿易制裁を発動しても、リトアニアはこの路線を貫いた。2023年10月、リトアニア国会議長が大規模な代表団を率いて台湾を訪問し、中国政府と中国共産党は狼狽した。

スロバキアもズザナ・チャプトヴァー大統領の下で、台湾との協力関係を強化している。しかし、親ロシア及び親中国派のロベルト・フィツォ首相が選出された(訳注／2023年10月)ことで、この進展は頓挫するかもしれない。隣国チェコにはさらに明るい兆しがあり、ペトル・パヴェル大統領が台湾との友好関係強化に向けて大きな一歩を踏み出している。パヴェル大統領は、2023年1月に当選を果たした直後に、欧州の指導者として前例のないことを行った。台湾の蔡英文総統（当時）と電話会談し、後日対面することを約束したのだ。中国はこの会談を非難し、パヴェル大統領が「ひとつの中国」の原則に違反していると糾弾した。パヴェル大統領は、自分は自由な国で選出されており、誰とでも話をする権利があるとして明確な意思を示した。また、チェコ政府は台湾の外交部長を招待し、軍事交流を拡大した。チェコ政府関係者によると、長年にわたって中国寄りの姿勢をとってきたが、経済的な恩恵はないに等しかったという。チェコに対する台湾の投資額は、中国よりも大きい。

パヴェル大統領の例をEUの台湾政策の基準とすべきである。そうすれば、台湾と自由に交流する民主的な権利について、誰もが明確に理解できる。選出された欧州の政治家が台湾と交流する際の基準を決めるのは、北京にいる独裁的な指導者であってはならない。リズ・トラス元英国首相も、英国の首相経験者としてはマーガレット・サッチャー以来となる台湾訪問を行った2023年5月に、そのようなメッセージを伝えている。

こうした行動や発言は中国を「刺激する」という声もあるが、実際には、それらは安定をもたらす。世界秩序にとって、台湾が経済的にも地政学的にもどれほど重要であるかを示すものだからだ。台湾の重要性とその安全保障について公式に表明することは、中国を効果的に抑止するための前提条件である。

以上のような積極的な例があるものの、中国と台湾に関して、欧州はまだ声をひとつにして発言していない。この状況は、2023年4月にフランスのエマニュエル・マクロン大統領が中国を公式訪問した際にきわめて明確になった。マクロン大統領は、習近平が用意した華やかな行事を楽しむ一方で、台湾について中国指導部と話し合うことがまったくできなかった。マクロン大統領の訪問中に、中国が台湾周辺における軍事演習の再開を発

2023年4月、北京を訪れたエマニュエル・マクロン大統領を出迎える儀仗兵。写真：ン・ハン・グアン／Getty Images による合同代表取材

表したことを考えると、さらに苛立たしい。訪中時の台湾に対する姿勢をポリティコに問われたマクロン大統領は、欧州が「私たちのものではない危機に巻き込まれない」ことが重要だと答えた[10]。

マクロン大統領の発言は、当然ながら、大西洋の両側で激しい憤りを引き起こした。米国の政治家は、欧州の指導者がインド太平洋地域における米国の利益を損なっているのに、欧州の安全保障に米国が資金を提供し続ける必要があるのかと疑問を呈した。欧州では、ポーランド、チェコ、リトアニアの指導者が台湾への支持を改めて示した。ドイツにおいても、中国が台湾の現状を力ずくで変えようとすれば、その代償を払うことになるとオラフ・ショルツ首相が明言した。直後にベアボック外相も北京を訪問し、同様の警告を伝えた。

マクロン大統領は最終的に発言を修正したが、すでに多くの点で損害が生じていた。民主主義世界から返ってきた反応は、団結を強く示すものではなく、弱腰で、分裂しており、まさに中国が望んでいたとおりのものだった。ドンバスでも台湾海峡でも、自由の最前線では中立を宣言することはできない。マクロン大統領は、ウクライナ問題においてプーチンに対して行った外交努力から学ぶべきだった。独裁者に対して効果的なのは、コーヒーと社交辞令を添えた対話ではなく、軍事的・経済的な抑止力だけだと。

民主的価値観とルールに基づく国際秩序がいっそうの脅威にさらされている現在、民主主義世界は分裂ではなく、より緊密な結束を必要としている。ウクライナにおける戦争で示されたのは、自由世界には団結によって発揮できる強大な力がまだ残っているということだ。攻撃性を増す中国に対しても、同様の団結したアプローチが必要である。

それが何よりも台湾において必要なことは明らかだ。自由に基づく台湾を望むのならば、台湾の民主主義を断固として支持し、中国に対して明確に意思表示をしなければならない。

それを怠れば、世界中で独裁者が勢いを得る。台湾周辺における中国の軍事活動がさらに活発化すれば、エスカレーションや誤算の危険性も高まる。矛盾したシグナルを送れば、こうしたリスクを増やすことになる。

欧州の部隊が台湾海峡における戦争に直接的に関与しなくとも、そこで何らかの紛争が起きれば、甚大な影響が欧州にも及ぶ。だからこそ、中国の力による現状変更の試みを抑止するために、欧州がいま行動を起こすことが不可欠なのだ。欧州が自己防衛についてより大きな責任をもち、台湾攻撃による経済的な影響を明らかにし、中国に対して声をひとつにして明確な意思表示をすれば、紛争のリスクを減らせるだろう。それは台湾の利益になるだけでなく、世界全体の利益となる。

原注

第１章　大きな試練の荒海

1. Michael R. Gordon, Nancy A. Youssef, and Gordon Lubold, "Iranian-Backed Militias Mount New Wave of Attacks as U.S. Supports Israel," *Wall Street Journal,* updated October 24, 2023;（「イラン支援の武装勢力、相次ぐ米軍攻撃の意味」、ウォール・ストリート・ジャーナル、2023年10月25日）Lara Seligman, "US Officials Frustrated by Biden Administration's Response to Attacks in the Red Sea," *Politico,* December 4, 2023; Lara Seligman, "Pentagon Chief Heads to Middle East as Attacks on US Forces Spike," *Politico,* December 13, 2023.
2. Alexandra Sharp, "Why Is Venezuela Threatening a Land-Grab War in Latin America?," *Foreign Policy,* December 7, 2023; Kejal Vyas, "Venezuela Ramps Up Threat to Annex Part of Guyana," *Wall Street Journal,* December 5, 2023; Kiana Wilburg, Vivian Sequera, and Julia Symmes Cobb, "Guyana, Venezuela Agree to Not Use Force or Escalate Tensions in Esequibo Dispute," Reuters, December 14, 2023.
3. "凤凰卫视 ,"# 委内瑞拉就与圭亚那领土争端举行公投 #，委方 : 争议领土 150 年前被不当掠夺 ," Weibo, December 3, 2023, https://archive.ph/Jw3e5; " 美国介入 ? 外媒 : 美军南方司令部将与圭亚那国防军举行联合空中军演 ," Global Times, December 8, 2023, https://archive.ph/Vz02k; Ministry of Foreign Affairs, "2023 年 12 月 6 日外交部发言人汪文斌主持例行记者会 ," December 6, 2023, https:// archive.ph/FLZAr; Ministry of Foreign Affairs, "2023 年 12 月 15 日外交部发言 人毛宁主持例行记者会 ," December 15, 2023, https://archive.ph/kSZTt; Warren P. Strobel, Gordon Lubold, Vivian Salama, and Michael R. Gordon, "Beijing Plans a New Training Facility in Cuba, Raising Prospect of Chinese Troops on America's Doorstep," W*all Street Journal,* updated June 20, 2023.（「中国、キューバに軍事訓練施設を計画」、ウォール・ストリート・ジャーナル、2023年6月20日）

4. Jeff Mason, "White House Accuses North Korea of Providing Russia with Weapons," Reuters, October 13, 2023.(「米、北朝鮮がロシアに軍需品提供と非難　軍事関係拡大を懸念」、ロイター、2023年10月13日)
5. 中国語の「中华民族(*zhonghua minzu*)」はしばしば「Chinese nation(中華民族)」と訳され、現代の中国ナショナリズムの中枢をなすと同時に、国民、民族、人種の共同体を意味する。中国共産党がこの言葉を使うときは、国内、そして世界各国の中国系の人々まで含まれる。習は演説で「民族(*minzu*)」、「nation(国、国民)」(訳注／文化や歴史を共有する人々の集合体である国)、及び「state(国)」(訳注／政治的意味の国)または「nation-state(国民国家)」を意味する「国家(*guojia*)」を区別している。
6. 第19回党大会における習の発言:「实现祖国完全统一, 是实现中华民族伟大 复兴的必然要求」、共産党員ネットワーク、「习近平:决胜全面建 成小康社会 夺取新时代中国特色社会主义伟大胜利 — 在中国共产党第十九次 全国代表大会上的报告」、2017年10月18日、http://archive.today/MGZKr.
7. "现场实录) 习近平:在《告台湾同胞书》发表40周年纪念会上的讲话," Xinhua News Agency, January 2, 2019, http://archive.today/fwH4r.
8. 参照:"习近平在纪念辛亥革命110周年大会上的讲话(全文)," October 9, 2021 http://archive.today/u0CxM.
9. "两岸长期存在的政治分歧问题终归要逐步解决, 总不能将这些问题一代一代 传下去," 习近平:政治问题不能一代一代传下去," *China News*, October 7, 2013, http://archive.today/pVrSw.
10. Jeff Mason and Trevor Hunnicutt, "Xi Told Biden Taiwan Is Biggest, Most Dangerous Issue in Bilateral Ties," Reuters, November 15, 2023.(「台湾は米中関係で最も危険な問題、習氏が首脳会談で指摘=米高官」、ロイター、2023年11月16日)
11. 同上
12. 中華人民共和国外交部プレスリリース「习近平同美国总统拜登举行中美元首会晤」、2023年11月16日、https://archive.ph/OJ9JW.
13. 習近平"以史为鉴、开创未来　埋头苦干、勇毅前行," *Qiushi*, January 1, 2022, https://archive.ph/3kxGX.
14. 同上
15. 同上

16.　同上

17.　John Pomfret and Matt Pottinger, "Xi Jinping Says He Is Preparing China for War," *Foreign Affairs*, March 29, 2023.（ジョン・ポンフレット、マット・ポッティンジャー、「戦争発言の真意――習近平発言をどう受け止めるべきか」、フォーリン・アフェアーズ・ジャパン、『フォーリン・アフェアーズ・リポート』、2023年5月号）

18.　同上

19.　同上

20.　同上

21.　同上

22.　Matt Pottinger, Matthew Johnson, and David Feith, "Xi Jinping in His Own Words: What China's Leader Wants — and How to Stop Him from Getting It,"*Foreign Affairs*, November 30, 2022.

23.　中国抑止を強化するために米国が開発可能な新たな財政手段の詳細は、以下の報告が有用かつ独創的である。Hugo Bromley and Eyck Freymann, "On Day 1: An Economic Contingency Plan for a Taiwan Crisis," Hoover Institution Press

24.　2023年5月に筆者が出席したクリストファー・G・カボリ陸軍大将による非公開プレゼンテーションより。カボリ大将の許可を得て引用。

25.　Leo Shane III, "Amid Recruiting Woes, Active Duty End Strength to Drop Again in 2024," *Military Times*, December 14, 2023.

26.　米戦略予算評価センター（CSBA）によると、1983～85年度の国防省支出額がGDPに占める割合は6・7%。米国行政管理予算局が管理する過去のデータでは、2022年度の防衛費は対GDP比3・4%だった。Katherine Blakely, "Defense Spending in Historical Context: A New Reaganesque Buildup?," Center for Strategic and Budgetary Assessments, November 8, 2017; Office of Management and Budget, "Table 14.5 — Total Government Expenditures by Major Category of Expenditure as Percentages of GDP: 1948–2022," 過去のデータは2023年10月22日に確認した。

27.　"Criticising 'Asia for Asians,' Jaishankar Says 'Narrow Asian Chauvinism' against Regional Interests," *The Wire*, August 30, 2022.

28.　ホワイトハウスのプレスリリース、"Remarks by President Biden on the United States' Response to Hamas's Terrorist Attacks Against Israel and Russia's Ongoing Brutal War Against Ukraine,"（2023年10月20日）

29. 習近平「把握新发展阶段，贯彻新发展理念，构建新发展格局」、Qiushi, April 30, 2021, https://archive.ph/negvH#selection-73.1-73.24.
30. Ren Tianyou and Zhao Zhouxian, eds., *Strategic Support for Achieving the Great Chinese Resurgence* (Beijing: National Defense University Press, 2018), 217. 最初の引用元は以下の書籍。ただし翻訳に若干の違いがある。Ian Easton, *The Final Struggle: Inside China's Global Strategy* (Manchester, UK: Eastbridge Books, 2022), 115(イアン・イーストン、『習近平の覇権戦略　中国共産党がめざす「人類運命共同体」計画』、信田智人訳、PHP研究所、2023年)
31. "China's Xi Tells Putin of 'Changes Not Seen for 100 Years," Al Jazeera, March 22, 2023.
32. 政治的戦略の優先度引き下げについての詳細は、以下を参照。A. Wess Mitchell, Jakub Grygiel, Elbridge A. Colby, and Matt Pottinger, *Getting Strategic Deprioritization Right*, prepared by the Marathon Initiative for the Office of Net Assessment, US Department of Defense, June 26, 2023.
33. Marc A. Thiessen, "Ukraine Aid's Best-Kept Secret: Most of the Money Stays in the U.S.A.,"*Washington Post*, November 29, 2023.

第２章　台湾有事の影響

1. Office of the Historian, "Memorandum of Conversation, by the Ambassador at Large (Jessup)," Subject: Korean Situation Foreign Relations of the United States, 1950, Korea, Volume VII (Washington, DC: US Department of State, June 25, 1950).
2. Larry Diamond, "All Democracy Is Global," *Foreign Affairs*, September 6, 2022.
3. Matt Pottinger, "Beijing Targets American Business," *Wall Street Journal*, March 26, 2021.
4. 武力攻撃は台湾の抵抗する意志を硬化させる危険があり、米国もすぐに介入を決断するだろう。あからさまな侵略行為があれば、ワシントン、東京、キャンベラなど、関係諸国がとるべき行動はいっそう明白になる。台湾を守るために外国が武力で介入すれば、(1) 侵略失敗のリスクは高まり、中国にとっては利益よりも損失のほうが大きい。(2) 先進国間の戦争が長期化し、世界経済の荒廃を引き起こすリスクが

著しく上昇すると考えられる。以下などを参照。David C. Gompert, Astrid Stuth Cevallos, and Cristina L. Garafola, *War with China: Thinking through the Unthinkable* (Santa Monica, CA: RAND Corporation, 2016). ただし、ワシントンと台北が連携して備えることで軍事力の行使を抑止できるなら、すべての関係者にとってそのほうがはるかに望ましい。以下を参照。Andrew S. Erickson and Gabriel B. Collins, "Deterring (or Defeating) a PLA Invasion: Recommendations for Taipei," in *Chinese Amphibious Warfare: Prospects for a Cross-Strait Invasion*, ed. Andrew S. Erickson, Ryan D. Martinson, and Conor M. Kennedy (Newport, RI: Naval War College Press、2024年に発表予定)

5. 中国共産党が台湾に直接行使するアプローチの優先度については、以下の記事を参照。執筆者の劉結一は中国の国際連合常駐代表(2013～2017年)、国務院台湾事務弁公室主任(2018～2022年)を歴任した著名な外交官。刘结 (Liu Jieyi), "坚持贯彻新时代党解决台湾问题的总体方略"(新時代の台湾問題を解決するための党の全体戦略を一貫して支持する)、求是(真実の探求)、Qiushi, December 1, 2022; Mark Stokes and Russell Hsiao, *The People's Liberation Army General Political Department: Political Warfare with Chinese Characteristics*, Project 2049 Institute (Arlington, VA), October 14, 2013.
6. 執筆者たちは以下の画期的な特別号に感謝し、これに基づいて考察を行った。David Santoro and Ralph Cossa, "The World after Taiwan's Fall," *Issues & Insights* 23, SR2, Pacific Forum (February 2023). 特に以下のトップ記事を参照。Ian Easton, "If Taiwan Falls: Future Scenarios and Implications for the United States," 7–17.
7. Archyde.com, "Taiwan's Economic Success: A Deeper Look at the 2023 Per Capita GDP Ranking," December 23, 2023.
8. Olivia Yang, "2022 TFD Survey on Taiwanese View of Democratic Values and Governance," press release, Taiwan Foundation for Democracy, December 29, 2022.
9. Olivia Yang, "2021 TFD Survey on Taiwanese View of Democratic Values and Governance," press release, Taiwan Foundation for Democracy, December 29, 2021.
10. 鏡週刊, "男向白紙革命喊「反華勢力滲透」北京群眾怒轟：外網都上不了哪來境外勢力?月球嗎!|鏡週刊," ユーチューブ動画、2022年11月29日0:28、

https://www.youtube.com/watch?v=UZGc9Zf6bII.

11. Wang Zhaokun, "Okinawa Discussion Aimed to Show Sovereignty over Diaoyu: Academics," *Global Times*, May 10, 2013.

12. 李国强 ,"中国历史研究院 ,"2023 年 6 月 21 日保存、https://web.archive.org/web/20230621003108/http://cah.cass.cn/zzjg/yld/201907/t20190723_4937729.shtml.

13. 琉球新報「沖縄県副知事が駐日中国大使と面談 デニー知事の中国訪問に協力要請 大使『地域の安定へ平和的な解決を』」、2023 年 3 月 31 日、https://archive.ph/aDCe4.

14. 市岡豊大、「『沖縄が独立すると言ったら?』…中国軍元幹部が日本側に不穏当発言」、産経新聞、2023 年 5 月 27 日、https://www.sankei.com/article/20230527-DRDJOXQSLZLC3ODZ5C6F4LSA7E/photo/E3VAJJT3D5IC3AAWQBGIJL2HCI.

15. "习近平总书记考察中国国家版本馆和中国历史研究院并出席文化传承发展座谈会纪实 ," Xinhua News Agency, June 5, 2023, https://archive.ph/3yxsy.

16. "习近平出席文化传承发展座谈会并发表重要讲话 ," プレスリリース、盘锦市住房公积金管理中心 , Xinhua News Agency, June 8, 2023, https://archive.ph/RdeNU.

17. ハーバード燕京図書館、「皇朝一統輿地全圖 」、2024 年 1 月 6 日にアクセス、https://iiif.lib.harvard.edu/manifests/view/ids:53965145.

18. Yang Pushuang, ed., *The Japanese Air Self-Defense Force* (Beijing: Air Force Command College, 2013), 190–91; 以下も参照。Ian Easton, *The Chinese Invasion Threat: Taiwan's Defense and American Strategy in Asia* (Manchester, UK: Camphor Press, 2017), 28.

19. "习近平新时代中国特色社会主义思想学习问答"(新時代の中国の特色をもつ習近平の社会主義思想に関する質疑応答)、全国人民代表大会 http://www.npc.gov.cn/npc/c1773/c2518/xjpxsdzgtsshzysxxxwd/index.html.

20. David M. Kennedy, *Freedom from Fear: The American People in Depression and War, 1929–1945* (New York: Oxford University Press, 2001), 421.

21. Robert Casanova, "Chip Sales Rise in 2022, Especially to Auto, Industrial, Consumer Markets," Semiconductor Industry Association, March 27, 2023.

22. Steve Blank, "The Semiconductor Ecosystem — Explained," Steve Blank(ブログ)、January 25, 2022.

23. Tudor Cibean, "Taiwan Controls Almost Half of the Global Foundry Capacity, Other Governments Racing to Build More Fabs Locally," *TechSpot*, April 26, 2022.
24. 「2022年版 BP 世界エネルギー統計レビュー」に掲載された石油生産量のデータに基づいて算出 (London: The Energy Institute, 2022)
25. ロシアがガスの供給を停止した結果、欧州、そして世界はたちまちエネルギー危機に陥った。Gabriel Collins, Anna Mikulska, and Steven Miles, "Winning the Long War in Ukraine Requires Gas Geoeconomics," Research paper no. 08.25.22, Rice University's Baker Institute for Public Policy (Houston, TX), August 25, 2022; Gabriel Collins, Anna Mikulska, and Steven Miles, "Gas Geoeconomics Essential to Win the 'Long War' in Ukraine — and Asia," Baker Institute Research Presentation, September 2022.
26. たとえば、ロシアのウクライナ侵攻に起因するネオンガス不足に対して、半導体製造業者のあいだで広がった懸念について考えてみよう。Vish Gain, "What a Neon Shortage in Ukraine Would Mean for the Chip Industry," *Silicon Republic*, March 15, 2022.
27. NVIDIA, "GTC 2023 Financial Analyst Q&A," March 21, 2023.
28. こうした見解は、2022、2023年の台湾を含む諸国の半導体業界のエンジニアや経営幹部とマット・ポッティンジャーとの話に基づいている。
29. US Government Accountability Office, *Financial Crisis Losses and Potential Impacts of the Dodd-Frank Act*, GAO-13-180, January 2013.
30. Steve Mollman, "Ken Griffin Warns U.S. Faces 'Immediate Great Depression' If China Seizes Taiwan's Semiconductor Industry," Fortune, November 18, 2022.
31. International Energy Agency, "Global Annual Change in Real Gross Domestic Product (GDP), 1900–2020," October 26, 2022. なお、GDPが最も低下した（前年比8.1%減）のは、戦争による経済効果が世界的に縮小していった1946年だった。
32. US Bureau of Economic Analysis, "Gross Domestic Product [GDPA]," セントルイス連邦準備銀行（FRED）より。
33. Nicholas Lambert, *Planning Armageddon: British Economic Warfare and the First World War* (Cambridge, MA: Harvard University Press, 2012), 23. その効率の一因となったのは、世界最大規模の商船を保有・管理して物理的な商業の流れをその手

でさばき、円滑にする英国企業の力だった。だが、おそらくもっと重要なのは、海上保険の中心地としての、さらには貿易に資金を提供していた、厚みのある、流動性の高い、信頼できる資本市場の提供者としてのロンドンの役割だった。この二つの役割が相互に強化し合っていたのだ。

34. Jennifer Lind, "Life in China's Asia," *Foreign Affairs* 97, no. 2 (March/April 2018): 71–82.（ジェニファー・リンド、「中国が支配するアジアを受け入れるのか——中国の覇権と日本の安全保障政策」、フォーリン・アフェアーズ・リポート、2018年3月号）
35. 2020年、ヘンリー・キッシンジャーとマット・ポッティンジャーの会話より。
36. "ASEAN Likely to Hedge Bets against De-Dollarisation Hysteria," *The Star* (Malaysia), May 21, 2023.
37. World Nuclear Association, "Processing of Used Nuclear Fuel," updated December 2020.
38. Atomic Heritage Foundation, "Little Boy and Fat Man," July 23, 2014; Arjun Makhijani, Howard Hu, and Katherine Yih, *Nuclear Wastelands: A Global Guide to Nuclear Weapons Production and Its Health and Environmental Effects* (Takoma Park, MD: International Physicians for the Prevention of Nuclear War, Institute for Energy and Environmental Research, 1995), 58.
39. Jesse Johnson, "Japan Should Consider Hosting U.S. Nuclear Weapons, Abe Says," *Japan Times*, February 27, 2022.
40. 同上
41. World Nuclear Association, "Nuclear Power in South Korea," updated January 2024.
42. Elmer B. Staats, comptroller general of the United States, *Quick and Secret Construction of Plutonium Reprocessing Plants: A Way to Nuclear Weapons Proliferation?*, Report to Senator John Glenn, chairman, Senate Committee on Governmental Affairs: Energy, Nuclear Proliferation and Federal Services Subcommittee, END-78-104; B-151475, October 6, 1978; Rachel Oswald, "If It Wanted to, South Korea Could Build Its Own Bomb," *CQ Weekly*, April 11, 2018.
43. 米国防長官府、「中国の軍事力・安全保障の進展に関する議会への年次報告書2022」、国防総省、2022年11月29日、98；米国防長官府、「中国の軍事力・安全保障の進展に関する議会への年次報告書2023」、国防総省、2023年10月19日、

111.

44. "If India Wants, Agni Missiles Can Now Strike Targets beyond 7,000 kms," ANI News, December 17, 2022.

45. Hans Kristensen, Matt Korda, Eliana Johns, and Kate Kohn, "Status of World Nuclear Forces," Federation of American Scientists, March 31, 2023.

46. Ismaeel Naar, "Saudi Arabia Plans to Use Domestic Uranium for Entire Nuclear Fuel Cycle, Says Minister," *Gulf News*, January 11, 2023.

第３章　偶発戦争の神話

1. Chris Buckley and Steven Lee Myers, "'Starting a Fire': U.S. and China Enter Dangerous Territory over Taiwan," *New York Times*, 2021年11月10日更新。

2. アントニー・J・ブリンケン、"The Administration's Approach to the People's Republic of China"（2022年5月26日、ワシントンDCでの演説）、米国務省。

3. Geoffrey Blainey, *The Causes of War*, 3rd ed. (New York: Free Press, 1988), 141.

4. Franklin Foer, *The Last Politician* (New York: Penguin Press, 2023), 72.

5. 元米国防総省高官とマット・ポッティンジャーとの私的な会話（2024年1月）に基づく。米国防長官は――本章の執筆者らの見解によると、しかるべき手順を踏んで――中国共産党中央軍事委員会の副主席を務める上将のひとり（または両方）を正式なカウンターパートに迎えようとした。中央軍事委員会副主席が米国防長官同様にそれぞれの組織の最高司令官直属の部下であるのに対し、それまでの対話相手だった中国国防部長（国防相）は中央軍事委員会副主席よりも地位が低い 。

6. Betty Woodruff Swan and Paul McLeary, "White House Freezes Military Package That Includes Lethal Weapons," *Politico*, June 18, 2021.

7. Blainey, *Causes of War*, 143.

8. 同上、144.

9. 同上、35–51.

10. Karl Kautsky, ed., *Outbreak of the World War: German Documents Collected by Karl Kautsky* (New York: Oxford University Press, 1924), 439–41.（Blainey, *Causes of War* に引用されている）

11. Blainey, *Causes of War*, 37.

12. 同上、37.
13. Nadège Mougel, "World War I Casualties," Centre Virtuel de la Connaissance surl'Europe, REPERES Project, 2011.
14. Bill Bostock, "Kremlin Staff Didn't Expect Putin to Invade Ukraine and Were Shocked by the Severity of Western Sanctions, Report Says," *Business Insider*, March 4, 2022; Seth G. Jones, "Russia's Ill-Fated Invasion of Ukraine: Lessons in Modern Warfare," Center for International and Strategic Studies, June 1, 2022.
15. Blainey, *Causes of War*, 53.
16. 同上、291.
17. Jeff Mason and Trevor Hunnicutt, "Xi Told Biden Taiwan Is Biggest, Most Dangerous Issue in Bilateral Ties," Reuters, November 15, 2023.
18. Office of the Secretary of Defense, *Military and Security Developments Involving the People's Republic of China 2023: Annual Report to Congress*, US Department of Defense, October 19, 2023, viii.
19. 以下を参照。Ian Easton,The Final Struggle:Inside China's Global Strategy (Manchester,UK: Eastbridge Books, 2022).（イアン・イーストン、『習近平の覇権戦略 中国共産党がめざす「人類運命共同体」計画』、信田智人訳、PHP 研究所、2023 年）
20. 習近平、"以史为鉴、开创未来　埋头苦干、勇毅前行," *Qiushi*, January 1, 2022, https://archive.ph/3kxGX.
21. Hal Brands and Michael Beckley, "The Coming War over Taiwan," *Wall Street Journal*, August 4, 2022.
22. Joseph Trevithick, "Alarming Navy Intel Slide Warns of China's 200 Times Greater Shipbuilding Capacity," *War Zone*, July 11, 2023.
23. Elbridge A. Colby and Alexander B. Gray, "America's Industrial Base Isn't Ready for War with China," *Wall Street Journal*, August 18, 2022.（「対中戦争、米産業は準備不十分　軍装備品の製造·修理能力増強に早急な投資必要」、ウォール·ストリート・ジャーナル、2022 年 8 月 19 日）
24. John Pomfret and Matt Pottinger, "Xi Jinping Says He Is Preparing China for War," *Foreign Affairs*, March 29, 2023.（ジョン・ポンフレット、マット・ポッティンジャー、「戦争発言の真意——習近平発言をどう受け止めるべきか」、フォーリン・

アフェアーズ・ジャパン、『フォーリン・アフェアーズ・リポート』、2023年5月号)

第4章 偶発戦争の神話

1. 学者たちはこれを「拒否的抑止」と呼ぶ。以下を参照:Glenn H. Snyder, "Deterrence and Power," *Journal of Conflict Resolution 4*, no. 2 (June 1960): 163. 同書の第6、7、12章も参照。確かに、一部のアナリストや高官は台湾が「懲罰的抑止」——攻撃の報復として中国本土に耐えがたい損害を与えると威嚇して攻撃を思いとどまらせること——に頼るべきだと考えている。だが、核兵器を保有できない以上、習が許容する損害の程度をはるかに越えるほどの威力をもつ通常兵器を、台湾が十分に備蓄する現実的な方法はない。すでに習が米国との戦争も辞さない腹づもりであればなおのことだ。
2. Ian Easton, *The Chinese Invasion Threat: Taiwan's Defense and American Strategy in Asia* (Arlington, VA: Project 2049 Institute, 2017), 67–93; John Culver, "How We Would Know When China Is Preparing to Invade Taiwan," *Commentary*, Carnegie Endowment for International Peace, October 3, 2022.
3. Ministry of National Defense, ROC *National Defense Report 2023, 26–59. See also Ethan Kessler, Taiwan's Security Future: How Domestic Politics Impact Taipei's Defense* (Chicago, IL: Chicago Council on Global Affairs, 2023), 5.
4. 台湾には、およそ42万人の非常勤ボランティアからなる民間防衛組織もある。これについては以下で詳述するが、これらの志願者のうち実際に訓練を受け、紛争発生時に民間防衛作戦に参加する能力と意志をもつ者が何人いるかに関し、深刻な疑問があることは最初に注目しておきたい。Focus Taiwan, "Civil Defense Reforms Needed to Meet Taiwan's Defense Goals: Experts," CNA English News, January 24, 2023.
5. 国防部にはそのほかに2万7,000人の文民職員がいる。
6. 制服組17万5,000人のうち9万4,000人が陸軍、4万人が海軍、3万人が空軍、1万人が海兵隊に所属している。
7. 予備役部隊は、対象年齢(徴集兵は36歳、下士官で50歳)を超えない志願兵役または義務兵役を終えた兵士からなる。
8. Focus Taiwan, "Military to Present Report This Year on Extending Military

Service," CNA English News, March 23, 2022.

9. Focus Taiwan, "Taiwan's Military Says Capacity Sufficient to Train One-Year Conscripts," CNA English News, January 5, 2023.

10. 以下に記載された数字の出典：*The Military Balance 2023: The Annual Assessment of Global Military Capabilities and Defence Economics* (London, UK: International Institute for Strategic Studies, 2023), 291–93.

11. Office of the Secretary of Defense, *Military and Security Developments Involving the People's Republic of China 2020: Annual Report to Congress*, US Department of Defense, September 9, 2020,114; US-China Economic and Security Review Commission (USCC), *2020 Annual Report to Congress of the US-China Economic and Security Review Commission*, "Chapter 4. Taiwan," December 2020.

12. Mike Pieutrucha, "Amateur Hour Part I: The Chinese Invasion of Taiwan," *War on the Rocks*, May 18, 2022; Tanner Greer, "Why I Fear for Taiwan," *Scholars Stage* (blog), September 11, 2020.

13. 2018年時点における台湾軍の実際の現役兵士の数は、公式発表された定員18万8,000人の80%だった。Paul Huang, "Taiwan's Military Is a Hollow Shell," *Foreign Policy*, February 15, 2020; 本書は蔡総統の任期中に執筆された。2024年1月に行われた選挙の結果、民進党の頼清徳が次期総統に選ばれ、5月20日に就任する 。総統には任期制限があるため、蔡には再選資格がなかった。

14. Huang, "Taiwan's Military Is a Hollow Shell."

15. たとえば2024年に1年間の兵役が課せられる台湾人男性は9,100人のみ。これでは2029年までに年間で最高5万3,600人の目標は達成されないだろう。"MND Shares 2029 Conscript Target," *Taipei Times*, March 6, 2023.

16. Michael A. Hunzeker and Alexander Lanoszka, *A Question of Time: Enhancing Taiwan's Conventional Deterrence Posture* (Arlington, VA: Center for Security Policy Studies, 2018), 20.

17. Greer, "Why I Fear for Taiwan"; Panel, "Is Taiwan Ready for War? Views from Taipei, Beijing, and Washington," George Mason University, ユーチューブ動画、2022年10月11日 https://www.youtube.com/watch?v=2b05yO7EfWM;2019年2月及び2021年2月の台湾軍高官及び政策立案者と執筆者との非公式インタビュー。

18. ここからの内容は、2019年2月、2021年1月、2021年2月、2023年6月の、台

湾と米国の軍高官、議員、シンクタンクの研究者、政策立案者、外交官と執筆者との非公式インタビューに基づく。

19. Michael Mazza, "Time to Harden the Last Line of Defense: Taiwan's Reserve Force," *Global Taiwan Brief 5*, no. 8 (April 22, 2020).

20. Mike Stokes, Yang kuang-shu, and Eric Lee, *Preparing for the Nightmare: Readiness and Ad Hoc Coalition Operations in the Taiwan Strait* (Arlington, VA: Project 49 Institute, 2020), 22.

21. "Military Mulls Requiring Female Veterans to Join Reservist Training," Taiwan Newswire, March 8, 2022.

22. Wendell Minnick, "How to Save Taiwan from Itself," National Interest, March 19, 2019.

23. "Taiwan to Boost Energy Inventories Amid China Threat," Reuters, October 23, 2022（「台湾、有事に備えエネルギー在庫拡大へ」、ロイター、2022 年 10 月 24 日）; Gustavo F. Ferreira and Jamie A. Critelli, "Taiwan's Food Resiliency — or Not — in a Conflict with China," *US Army War College Quarterly: Parameters 53*, no. 2 (Summer 2023): 39–60; Jude Blanchette and Bonnie Glaser, "Taiwan's Most Pressing Challenge Is Strangulation, Not Invasion," *War on the Rocks*, November 9, 2023.

24. Paul Huang, "Taiwan's Military Has Flashy American Weapons but No Ammo," *Foreign Policy*, August 20, 2020.

25. Stokes, Yang, and Lee, *Preparing for the Nightmare*, 37, 39.

26. Vincent Ni, "Taiwan Suspends F-16 Fleet Combat Training After Jet Crashes into Sea," *The Guardian*, January 11, 2022; "Taiwan Air Force Suspends Training After Second Fatal Accident in 2022," Reuters, May 30, 2022; Cindy Wang, "Taiwan Pilot Dies in Third Military Jet Crash This Year," Bloomberg, May 30, 2022.

27. David Axe, "What Good Is an Attack Submarine with No Torpedoes? Taiwan Wants to Know," *Forbes*, November 16, 2021.

28. Minnick, "How to Save Taiwan."

29. 2019 年 2 月及び 2023 年 6 月の台湾軍高官と執筆者との非公式インタビュー。

30. Office of the President of the Republic of China (Taiwan), "President Tsai Announces Military Force Realignment Plan," December 17, 2022.

31. 演説のなかでは、21万人の定員を満たすために主戦闘部隊に配備するのに必要な徴集兵の具体的な数は明言されなかった。その後国防部が1年の兵役義務に就く徴集兵を主戦闘部隊に加える計画であることを明らかにしている。Qiu Caiwei, "Conscription Service Extended by One Year, Conscripts Assigned to High Mountain Military Posts for Defense Duty," *United Daily News*, November 23, 2023. 参考までに、国防部が発表している常勤職員の数は約21万5,000人。うち2万7,000人は文民職員、訓練生、士官候補生、学生、または無許可離隊者で、18万8,000人が制服組の男女兵士である。Luo Tianbin, "國防部:108年要募兵2.1萬人 110年以後每年減為1萬人," Liberty Times Net, October 21, 2018.

32. 蔡総統の計画は、現役幹部を中心にした徴兵部隊の設立を要請している。

33. 表向き、台湾には民間防衛部隊の志願者が42万人以上いる。しかしながら、これまでに民間防衛の訓練に充てられてきた資金の少なさと、民間防衛部隊を志願する人の平均年齢が60歳であるという事実を考えれば、志願者がどれほどの訓練を受けてきたか、戦争で戦えるだけの身体能力や意欲がどれくらいあるかは不透明だ。Focus Taiwan, "Civil Defense Reforms Needed to Meet Taiwan's Defense Goals: Experts," Central News Agency English News, January 24, 2023.

34. the International Institute for Strategic Studies, *The Military Balance 2023*, 291によると、台湾の予備役の数は約170万人。

35. 国防部と軍がこれらの改革の導入に誠実に取り組むどうかという問題もある。

36. Office of the President of the Republic of China (Taiwan), "President Tsai Announces Military Force Realignment Plan."

37. Aaron Tu and Jake Chung, "Military Revamps Reservist Training," *Taipei Times*, December 10, 2021.

38. Admiral Lee Hsi-min and Michael A. Hunzeker, "The View of Ukraine from Taiwan: Get Real about Territorial Defense," *War on the Rocks*, March 15, 2022.

39. 政治指導者が官僚主義的競争をうまく利用して、文民統制を強め、革新的な行動を助長させることができるという考えを裏付ける有力な論文がある。以下を参照。Harvey M. Sapolsky, *The Polaris System Development: Bureaucratic and Programmatic Success in Government* (Cambridge, MA: Harvard University Press, 1972); Deborah D. Avant, "The Institutional Sources of Military Doctrine: Hegemons in Peripheral Wars," *International Studies Quarterly 37*, no. 4 (December 1993): 409–30; Owen Reid Cote, "The Politics of Innovative Military Doctrine: The

United States Navy and Fleet Ballistic Missiles" (PhD diss., Massachusetts Institute of Technology, 1996); Harvey M. Sapolsky, Eugene Gholz, and Caitlin Talmadge, *US Defense Politics: The Origins of Security Policy* (London, UK: Routledge, 2014), 32–54.

40. 執筆者のひとり、呉怡農 はフォワード・アライアンスの創設者である。

41. 変化を起こそうとするときに軍組織が直面するおびただしい数の問題や障害についてまとめた論文は数多くある。たとえば以下を参照。Barry R. Posen, *The Sources of Military Doctrine: France, Britain, and Germany between the World Wars* (Ithaca, NY: Cornell University Press, 1986); Stephen P. Rosen, *Winning the Next War: Innovation and the Modern Military* (Ithaca, NY: Cornell University Press, 1991); Austin Long, *The Soul of Armies: Counterinsurgency Doctrine and Military Culture in the US and UK* (Ithaca, NY: Cornell University Press, 2016); Michael A. Hunzeker, *Dying to Learn: Wartime Lessons from the Western Front* (Ithaca, NY: Cornell University Press, 2021).

42. Kessler, *Taiwan's Security Future.*

43. Keoni Everington, "Taiwan Increases Defense Budget by 13.9% for 2023, Rising to 2.4% of GDP," *Taiwan News*, August 25, 2022.

44. Alexander Lanoska and Michael A.Hunzeker, *Conventional Deterrence and Landpower in Northeastern Europe* (Carlisle, PA: Strategic Studies Institute, 2019), 34.

45. Michael A. Hunzeker, "Taiwan's Defense Plans Are Going Off the Rails," *War on the Rocks*, November 18, 2021.

46. James Q. Wilson, Bureaucracy, Bureaucracy: *What Government Agencies Do and Why They Do It* (New York: Basic Books, 1989); Rosen, *Winning the Next War.*

47. Valeriy Akimenko, "Ukraine's Toughest Fight: The Challenge of Military Reform," Carnegie Endowment, February 22, 2018.

48. Jerad I. Harper and Michael A. Hunzeker, "Learning to Train: What Washington and Taipei Can Learn from Security Cooperation in Ukraine and the Baltic States," *War on the Rocks*, January 20, 2023.

第５章　中国の武力行使に対抗せよ

1. Matthew Johnson, John Pomfret, and Matt Pottinger, "'No Limits': Xi's Support for Putin Is Unwavering," Foundation for Defense of Democracies, October 11, 2022.
2. 海里と「法定」マイルは長さが異なる。海里は法定マイルより約15%長く、航法に用いられる。単位は地球の外周に基づいており、1海里は地球表面上で緯度1分に相当する長さである。
3. Lawrence Chung, "Taiwan to Seize Intruding Sand Dredgers from Mainland China to Fight Illegal Mining and 'Grey Zone Warfare,'" *South China Morning Post*, December 18, 2023.
4. Guermantes Lailari, "China Tries Influencing Taiwan Elections with Balloons and Ships," *Taiwan News*, January 9, 2024.
5. "Coast Guard Drives Chinese Tugboats from Southern Coast," *Taipei Times*, January 2, 2024.
6. John Dotson, "An Overview of Chinese Military Activity Near Taiwan in Early August 2022, Part 2: Aviation Activity, and Naval and Ground Force Exercises," *Global Taiwan Brief 7*, no. 18 (2022).
7. Charlie Vest, Agatha Kratz, and Reva Goujon, "The Global Economic Disruptions from a Taiwan Conflict," Rhodium Group, December 14, 2022.
8. Morton H. Halperin, "The 1958 Taiwan Straits Crisis: A Documented History (U)," memorandum to the Office of the Assistant Secretary of Defense (International Security Affairs), RAND Corporation, March 18, 1975.
9. Ivan Kanapathy, "Taiwan Doesn't Need a Formal U.S. Security Guarantee," *Foreign Policy*, April 26, 2022.
10. Dennis J. Blasko, "China Maritime Report No. 20: The PLA Army Amphibious Force," *CMSI China Maritime Reports 20* (2022).
11. この段落に記載された、これを含むその他の事例は執筆者と台湾軍当局者との数年にわたる私的な会話から得られたものである。
12. Nan Tian, Diego Lopes da Silva, Xiao Liang, Lorenzo Scarazzato, Lucie Béraud-Sudreau, and Ana Carolina de Oliveira Assis, "Trends in World Military Expenditure, 2022," Stockholm International Peace Research Institute, April 2023; Editorial Board, "What Does China Really Spend on Defense?," *Wall Street Journal*, June 9, 2023.

13. Travis Sharp, Thomas G. Mahnken, and Tim Sadov, "Extending Deterrence by Detection: The Case for Integrating Unmanned Aircraft Systems into the Indo Pacific Partnership for Maritime Domain Awareness," Center for Strategic and Budgetary Assessments, July 13, 2023.
14. Alastair Gale, "The Era of Total U.S. Submarine Dominance over China Is Ending," *Wall Street Journal*, updated November 20, 2023.（「米原潜、対中の圧倒的優位は終わるか」、ウォール・ストリート・ジャーナル、2023年11月27日）
15. Thompson Chau, "Taiwan's Presidential Candidates at Loggerheads over Submarines," *Nikkei Asia*, December 15, 2023.

第６章　中国のグレーゾーン活動に対抗せよ

1. Ministry of Foreign Affairs of the People's Republic of China, "Ambassador Qin Gang Publishes an Article on the South China Morning Post," press re lease, May 26, 2022.
2. Erin Hale, "China Spinning a 'Web' of Influence Campaigns to Win over Taiwan," Al Jazeera, June 13, 2023.
3. Chen Yun and Jonathan Chin, "Officials Links Biological Weapons Story to China," *Taipei Times*, July 13, 2023.
4. これらのメディアに関する詳細は、以下を参照。Chris Horton, "'The Plan to Destroy Taiwan,'" The Wire China, March 26, 2023; これらの企業に関する詳細は、以下を参照。Brian Hioe, "US Bioweapons Story Reignites Concerns About Disinformation in Taiwan," *The Diplomat*, July 14, 2023.
5. Nick Aspinwall, "Taiwan Learned You Can't Fight Fake News by Making It Illegal," *Foreign Policy*, January 16, 2024.
6. Chia-Shuo Tang and Sam Robbins, "Taiwan's Failed Social Media Regulation Bill," *News Lens*, October 3, 2022.
7. Election Study Center, "Taiwan Independence vs. Unification with the Main land (1994/12~2023/06)," National Chengchi University, July 12, 2023.
8. Ivan Kanapathy, "The Collapse of One China," Center for Strategic and International Studies, June 17, 2022.

9. Taiwan National Security Studies, "TNSS Survey Data (2002–2022)," Duke University, 最終更新 2022 年 12 月。
10. Dylan Welch, "Taiwan's Election: 2024's Canary in the Coal Mine for Disinformation against Democracy," Alliance for Securing Democracy, German Marshall Fund, December 19, 2023.
11. Huang Tzu-ti, "Taiwan's Digital Ministry Slammed for Splurging on Overseas Trips," *Taiwan News*, August 24, 2023.
12. "Digital Minister Tang Shares Taiwan's Experience at Israel Cyber Week," *Taiwan Today*, June 29, 2023.
13. Chen Yu-fu and Jake Chung, "Half of Taiwanese Back Independence," Taipei Times, August 17, 2022.
14. Aiden Render-Katolik, "The IT Army of Ukraine," blog, Center for Strategic and International Studies, August 15, 2023.
15. Joseph Gedeon, "Taiwan Is Bracing for Chinese Cyberattacks, White House Official Says," *Politico*, September 27, 2023; Gordon Corera, "Inside a US Military Cyber Team's Defence of Ukraine," BBC, October 29, 2022.
16. Lawrence Chung, "Fines on Taiwan's Far Eastern Group Fan Fears of More Retaliation by Beijing over Political Donations," *South China Morning Post*, November 24, 2021; Horton, "The Plan to Destroy Taiwan."
17. Joyu Wang and Nathaniel Taplin, "China Tried Using Economic Ties to Bring Taiwan Closer: It Isn't Working," Wall Street Journal, November 23, 2023.
18. GlobalSecurity.org, "Taiwan Strait Middle Line," 最終更新日 2011 年 9 月 7 日。
19. Yimou Lee and Liz Lee, "Taiwan Says It Convinced China to Rein In No-Fly Zone Plan," Reuters, April 13, 2023.
20. AP News, "Taiwan Reports 2 Chinese Balloons near Its Territory as China Steps Up Pressure ahead of Elections," 2023 年 12 月 18 日更新。
21. Kanapathy, "Collapse."
22. Thompson Chau, "Taiwan's Ex-Defense Chief Calls for Sweeping Military Reforms," *Nikkei Asia*, July 20, 2022.
23. Global Taiwan Institute, "An Assessment of the Recent Chinese Incursion over the Taiwan Strait's Median Line," *Global Taiwan Brief 7*, no. 11 (2022).
24. CIGeography (@CIGeography), "PLA live fire areas published by Xinhua

over laps Taiwanese Internal and Territorial waters," h/t @StuartKLau @PolGeoNow @fravel @samsonellis #pelosi," Twitter, August 2, 2022, 12:09 p.m., https://twitter.com/CIGeography/status/1554499596155494400.
25. Mercedes Trent, "Number of Chinese Unauthorized ADIZ Intrusions by Year & Country," in *Over the Line: The Implications of China's ADIZ Intrusions in Northeast Asia* (Washington, DC: Federation of American Scientists, 2020), 15–16.
26. 外務省報道発表「我が国尖閣諸島周辺海域における中国公船の確認等」(2016年8月17日)
27. Thomas G. Mahnken, Travis Sharp, Chris Bassler, and Bryan W. Durkee, *Implementing Deterrence by Detection: Innovative Capabilities, Processes, and Organizations for Situational Awareness in the Indo-Pacific Region*, Center for Strategic and Budgetary Assessments, July 14, 2021.
28. Usman Haider, "The MQ-9B Sea Guardian and the Revolution in Anti Submarine Warfare," Wavell Room, November 3, 2023.
29. ThayerMahan, "Sector: Defense & Intelligence," オンライン、最終アクセス日2023年11月30日。
30. Lucas Myers, "China's Economic Security Challenge: Difficulties Overcoming the Malacca Dilemma," *Georgetown Journal of International Affairs*, March 22, 2023.
31. Charlie Vest, Agatha Kratz, and Reva Goujon, "The Global Economic Disruptions from a Taiwan Conflict," Rhodium Group, December 14, 2022.

第７章　中国海軍を撃沈せよ

1. Jacqueline Deal, "China Could Soon Outgun the U.S.," Politico China Watcher, May 27, 2021.
2. Office of the Secretary of Defense, *Military and Security Developments Involving the People's Republic of China 2023: Annual Report to Congress*, US Department of Defense, October 19, 2023, v–vii.
3. Lawrence Freedman, *Deterrence* (Cambridge, UK: Polity Press, 2004), 37–39.
4. Freedman, Deterrence, 37–40.
5. Robert Haddick, "Defeat China's Navy, Defeat China's War Plan," *War on the*

Rocks, September 21, 2022.
6. Office of the Secretary of Defense, *Military and Security Developments Involving the People's Republic of China 2022: Annual Report to Congress*, US Department of Defense, November 29, 2022, 167; Office of the Secretary of Defense, *Military and Security Developments Involving the People's Republic of China 2023*, 186.
7. Ronald O'Rourke, *China Naval Modernization: Implications for U.S. Navy Capabilities—Background and Issues for Congress*, Congressional Research Service (RL33153), October 19, 2023, 15–18.
8. US Department of Defense, *Joint Publication 5-0: Joint Planning*, December 1, 2020, iv–22.
9. Mark F. Cancian, Matthew Cancian, and Eric Heginbotham, *The First Battle of the Next War: Wargaming a Chinese Invasion of Taiwan*, Center for Strategic and International Studies, January 2023, 111.
10. Cancian, Cancian, and Heginbotham, *First Battle of the Next War*.
11. Cancian, Cancian, and Heginbotham, *First Battle of the Next War*, 106–15.
12. John Culver, "How We Would Know When China Is Preparing to Invade Taiwan," Carnegie Endowment for International Peace, October 3, 2022.
13. US Department of the Navy, "Attack Submarines— SSN," Fact File, March 13, 2023.
14. Ronald O'Rourke, *Navy Virginia-Class Submarine Program and AUKUS Submarine Proposal: Background and Issues for Congress*, Congressional Research Service (RL32418), November 13, 2023.
15. US Department of the Air Force, *FY 2024 Department of the Air Force Budget Overview*, March 2023, 43.
16. Haddick, "Defeat China's Navy."
17. US Department of the Navy, "Destroyers (DDG 51)," US Navy Fact File, December 13, 2022.
18. Gabe Camarillo, *U.S. Army Fiscal Year Budget Overview 2024*, Department of the Army, 22.
19. US Department of the Navy, *Highlights of the Department of the Navy FY 2023 Budget*, Department of the Navy, 2–10.
20. Office of the Secretary of Defense, *Military and Security Developments Involving the*

People's Republic of China 2023, 98–101.
21. Cancian, Cancian, and Heginbotham, *First Battle of the Next War*, 129–31.
22. Cancian, Cancian, and Heginbotham, *First Battle of the Next War*, 131–32.
23. US Department of the Navy, US Marine Corps, and US Coast Guard, *Advantage at Sea: Prevailing with Integrated All-Domain Naval Power*, December 2020, 4.
24. O'Rourke, *Navy Virginia-Class Submarine Program, 5.*
25. Rachel S. Cohen and Stephen Losey, "US Air Force Fleet's Mission-Capable Rates Are Stagnating: Here's the Plan to Change That," *Air Force Times*, February 14, 2022.
26. David B. Larter, "The US Military Has Put Scores More Ship-Killer Missiles under Contract as Pacific Tension Continue," *Defense News*, March 11, 2021.
27. US Department of the Air Force, *Fiscal Year (FY) 2024 Air Force Justification Book, Missile Procurement*, March 2023, 31, 53.
28. Cancian, Cancian, and Heginbotham, *First Battle of the Next War*, 111.
29. Boeing Corporation, "Powered Joint Direct Attack Munition: Affordable Standoff," fact sheet, 2022.
30. Office of the Secretary of Defense, *Military and Security Developments Involving the People's Republic of China 2023*, 186.
31. Cancian, Cancian, and Heginbotham, *First Battle of the Next War*, 112–13.
32. US Space Force, Space Development Agency, home page, July 2023.
33. Charles S. Galbreath, *Building U.S. Space Force Counterspace Capabilities: An Imperative for America's Defense*, Mitchell Institute for Aerospace Studies Policy Paper, vol. 42, June 2023.
34. US Space Force Space Development Agency, "Space Development Agency—Transport," November 2023.
35. Brett Tingley, "SpaceX Wins $70 Million Space Force Contract for Starshield Military Satellites," Space.com, October 2, 2023.
36. Cancian, Cancian, and Heginbotham, *First Battle of the Next War*, 92, 100.
37. John A. Tirpak, "First of 17 B-1Bs Heads to the Boneyard," *Air & Space Forces Magazine*, February 17, 2021.
38. Mitchell Institute for Aerospace Power, "Spacepower and the Commercial Realm: Insider Perspective," *Aerospace Advantage* podcast no. 133, June 17, 2023.

第８章　隔離と封鎖

1. Joseph Webster, "Does Taiwan's Massive Reliance on Energy Imports Put Its Security at Risk?," Atlantic Council, July 7, 2023.
2. Effendi Andoko, Wan-Yu Liu, Hua-Jing Zeng, and Agnes Sjoblom, "Review of Taiwan's Food Security Strategy," Food and Fertilizer Technology Center for the Asia and Pacific Region, September 10, 2020.
3. Bradley Martin, Kristen Gunness, Paul DeLuca, and Melissa Shostak, *Implications of a Coercive Quarantine of Taiwan by the People's Republic of China*, RAND Corporation, 2022, 1–2.
4. Max Hastings, "America Is Headed to a Showdown over Taiwan, and China Might Win," *Bloomberg*, March 14, 2021.
5. Martin et al., *Implications of a Coercive Quarantine*, 12–13.
6. Lonnie D. Henley, *Beyond the First Battle: Overcoming a Protracted Blockade of Taiwan*, US Naval War College, China Maritime Studies Institute, China Maritime Report No. 26, March 2023.
7. Mark F. Cancian, Matthew Cancian, and Eric Heginbotham, *The First Battle of the Next War: Wargaming a Chinese Invasion of Taiwan*, Center for Strategic and International Studies, January 2023, 128–29.
8. Cancian, Cancian, and Heginbotham, *First Battle of the Next War*, 20.
9. Benjamin Lambeth, *NATO's Air War for Kosovo: A Strategic and Operational Assessment*, RAND Corporation, January 1, 2001, 68–72.
10. Martin et al., *Implications of a Coercive Quarantine*, 22–23.
11. Theresa Hitchens, "How Space Force, NRO Are Sharing the Ground-Tracking Mission, for Now," *Breaking Defense*, May 3, 2023.
12. James R. FitzSimonds, "Cultural Barriers to Implementing a Competitive Strategy," in *Competitive Strategies for the 21st Century*, ed. Thomas Mahnken (Stanford, CA: Stanford University Press, 2012), 290–92.
13. Office of the Under Secretary of Defense for Policy, *DoD Directive 3000.09: Autonomy in Weapon Systems*, January 25, 2023.

14. US Department of Transportation Maritime Administration, "Maritime Security Program (MSP)," May 31, 2023.

第９章　動員と装備

1. Geoffrey Blainey, *The Causes of War* (New York: Free Press, 1973), 122–23.
2. Dan Reiter, *How Wars End* (Princeton, NJ: Princeton University Press, 2009), 220–22.
3. Phillips Payson O'Brien, *The Second Most Powerful Man in the World: The Life of Admiral William D. Leahy, Roosevelt's Chief of Staff* (New York: Dutton Books 2019), 116.
4. GlobalSecurity.org, "Ship Building 1933–1945: Roosevelt, Franklin D.," November 18, 2015.
5. Selective Training and Service Act of 1940, Library of Congress legislative database, n.d.
6. American War Library, "Vietnam War Allied Troop Levels, 1960–1973," December 6, 2008.
7. Defense Manpower Data Center, "DoD Personnel, Workforce Reports & Publications," n.d.
8. Selective Service System, "Induction Statistics," n.d.
9. Federal Reserve Bank of St. Louis FRED, "US CPI Inflation and Unemployment Rate, 1960–1973," graph, accessed July 21, 2023.
10. Teal Group, "The Global Aerospace Industry: Size and Country Rankings," July 16, 2018.
11. Joseph Trevithick, "Alarming Navy Intel Slide Warns of China's 200 Times Greater Shipbuilding Capacity," *War Zone*, July 11, 2023.
12. Mark F. Cancian, Matthew Cancian, and Eric Heginbotham, *The First Battle of the Next War: Wargaming a Chinese Invasion of Taiwan*, Center for Strategic and International Studies, January 2023, 129–31.
13. Congressional Budget Office, "The 2023 Long-Term Budget Outlook," June 28, 2023.

14. 詳細な資料については、国防次官室（監査官）を参照のこと。Office of the Under Secretary of Defense (Comptroller), “Defense Budget Materials—FY 2024,” March 2023.
15. Office of the Under Secretary of Defense (Comptroller), “National Defense Budget Estimates for FY 2024,” May 2023, 169, 284.
16. O’Brien, Second Most Powerful Man, 201–10.
17. O’Brien, Second Most Powerful Man, 202–03.
18. O’Brien, Second Most Powerful Man, 206–09.
19. 次の著作の結論部分。Phillips Payson O’Brien, *How the War Was Won: Air-Sea Power and Allied Victory in World War II* (Cambridge, UK: Cambridge University Press, 2015).
20. Mark Gunzinger, *Understanding the B-21 Raider: America’s Deterrence Bomber*, Mitchell Institute for Aerospace Studies, March 2023, 31.
21. Robert Haddick, “Save the AUKUS Partnership—Share the B-21 Bomber,” *The Hill*, November 2, 2022.

第10章 「浮動票」の日本

1. Yoshihide Yoshida, “Japan ‘Cannot Maintain’ Security at Current Capabilities: SDF Chief,” interviewed by Naoya Yoshino, *Nikkei Asia*, August 29, 2023.(2023年8月29日付けで日経アジアに掲載されたNaoya Yoshino／吉野直也 によるインタビュー“Japan ‘Cannot Maintain’ Security at Current Capabilities: SDF Chief”における吉田圭秀の発言)
2. John V. Roos, former US ambassador to Japan, Statement Before the Senate Foreign Relations Committee, 111th Cong. (2009).
3. 筆者との会話における香田洋二元海将の発言
4. Idrees Ali and Michael Martina, “What Is Most Significant in the Pentagon’s China Military Report?,” ed. Leslie Adler, Reuters, October 20, 2023.
5. 原注1に同じ
6. 自衛隊に詳しい軍関係者と筆者の私信から
7. ファイブ・アイズは、オーストラリア、カナダ、ニュージーランド、英国、米国で構成

される情報共有同盟である。

第 11 章　日はまた昇る

1. Carl H. Marcoux, "Final Conflict on Okinawa," Warfare History Network, May 2004.

第 12 章　オーストラリアが、いますべきこと

1. 米国における第 1 次オフセット戦略は、1953 年にアイゼンハワー大統領が戦術核兵器をヨーロッパに展開することを決定したものであり、その地域におけるソビエト連邦の圧倒的な通常戦力の優位に対抗するものだった。第 2 次オフセット戦略は、1970 年代後半から 1980 年代前半にかけて、ソ連軍の西ヨーロッパに対する侵攻計画を阻止することを目的として、アサルト・ブレーカー（訳注／米国の精密誘導兵器開発プロジェクト）と後続部隊攻撃 の攻撃能力を実証するために決定された。さらなる議論については、ワシントン DC で 2015 年 1 月 28 日に行われたロバート・ワーク国防副長官（当時）による講演 "The Third U.S. Offset Strategy and Its Implications for Partners and Allies" を参照のこと。
2. Commonwealth of Australia, *2020 Defence Strategic Update*, Department of Defence, Canberra, 2020, 24–25.
3. Australian Government, *National Defence: Defence Strategic Review*, Canberra, 2023, 37–40.
4. 詳細については、次の著作の表を参照のこと。Ross Babbage, *The Next Major War: Can the US and Its Allies Win against China?* (Amherst, NY: Cambria Press, 2023), 186.
5. さらなる議論については、次を参照のこと。Chris Buckley, "The East Is Rising: Xi Maps Out China's Post-Covid Ascent," *New York Times*, March 3, 2021.
6. Buckley, "The East Is Rising."
7. 詳細については、次を参照のこと。Senator Penny Wong, Minister for Foreign Affairs, "Joint Statement on Australia-United States Ministerial Consultations (AUSMIN) 2023," July 29, 2023.

8. Wong, "Joint Statement on Australia-United States Ministerial Consultations."
9. Wong, "Joint Statement on Australia-United States Ministerial Consultations."
10. Wong, "Joint Statement on Australia-United States Ministerial Consultations." そのほかに次も参照のこと。Charles Edel, "The AUKUS Wager: More Than a Security Pact, the Deal Aims to Transform the Indo-Pacific Order," *Foreign Affairs*, August 4, 2022.
11. さらなる議論については、次を参照のこと。Peter Edwards, "Curtin, MacArthur and the 'Surrender of Sovereignty': A Historiographical Assessment," *Australian Journal of International Affairs 55*, no. 2, July 2001, 175–85. Peter Edwards, "From Curtin to Beazley: Labor Leaders and the American Alliance," lecture, John Curtin Prime Ministerial Library, Curtin University, October 2001.
12. 詳細については、次を参照のこと。Wong, "Joint Statement on Australia-United States Ministerial Consultations."
13. Wong, "Joint Statement on Australia-United States Consultations."
14. Australian Government, *National Defence*, 54.
15. Australian Government, *National Defence*, 54–55.
16. 詳細については、次を参照のこと。Chris Coulthard-Clark, *Breaking Free: Transforming Australia's Defence Industry* (Kew, Victoria: Australian Scholarly Publishing, 1999), 37–90.
17. Hon. Scott Morrison MP, "Morrison Government Accelerates Sovereign Guided Weapons Manufacturing," media release, March 31, 2021.
18. Hon. Peter Dutton MP, "Australia Takes Next Step to Delivering Guided Weapons and Explosive Ordnance Enterprise," media release, April 5, 2022.
19. 詳細については、次を参照のこと。Wong, "Joint Statement on Australia-United States Ministerial Consultations."
20. 米国の兵器生産が直面しているストレスの詳細については、次を参照のこと。Mark F. Cancian, *Industrial Mobilization: Assessing Surge Capabilities, Wartime Risk and System Brittleness*, Center for Strategic and International Studies, 2021; Joe Gould, "Lockheed, Aiming to Double Javelin Production, Seeks Supply Chain 'Crank Up,'" *Defense News*, May 9, 2022; Conrad Crane, "Too Fragile to Fight: Could the U.S. Military Withstand a War of Attrition?," *War on the Rocks*, May

9, 2022; Gordon Lubold, Nancy A. Youssef, and Ben Kesling, "Ukraine War Is Depleting U.S. Ammunition Stockpiles, Sparking Pentagon Concern," *Wall Street Journal*, August 28, 2022.（ウォール・ストリート・ジャーナル日本版、「ウクライナ戦争で米弾薬在庫が激減　国防総省が懸念」、2022年8月30日）

21. これらの点に関する議論については、次を参照のこと。Babbage, *Next Major War*, 101–08.
22. Babbage, *Next Major War*, 101–08.
23. "US to Expand Semiconductor Export Controls on China," *Kyodo News*, June 23, 2023.（共同通信、「米、対中半導体規制拡大へ 日本の対象品と合致」、2023年6月23日）
24. Andrew Duehren, "US Bid to Hamper China's Military," *The Australian*, August 10, 2023.
25. Senator the Hon. Don Farrell, Minister for Trade and Tourism, "IPEF Supply Chains Agreement—More Resilient Supply Chains for Uncertain Times." これは、Hon. Ed Husic MP, Minister for Industry and Science, Canberra, May 28, 2023.との共同リリース。さらに次も参照のこと。US Department of Commerce, "Ministerial Statement for Pillar II of the Indo-Pacific Economic Framework for Prosperity," September 9, 2022, https://www.commerce.gov/sites/default/files/2022-09/Pillar-II-Ministerial-Statement.pdf.
26. Office of the Secretary of Defense, *Military and Security Developments Involving the People's Republic of China 2020: Annual Report to Congress*, US Department of Defense, 57.
27. これらの点に関する議論については、次を参照のこと。Babbage, *Next Major War*, 29–31, 48, 49, 131–39.
28. Holmes Liao, "China's Development of Hypersonic Missiles and Thought on Hypersonic Defense," *China Brief*, October 21, 2021.
29. 詳細については、次を参照のこと。International Institute for Strategic Studies, *The Military Balance 2023* (Abingdon-on-Thames, UK: Routledge, 2023), 47–49, 259, 268.
30. US Department of Defense, "Missile Defense Agency Officials Hold a Press Briefing on President Biden's Fiscal 2024 Missile Defense Budget," March 14, 2023.

31. たとえば次を参照のこと。Marina Walker Guevara, Gerard Ryle, Alexa Olesen, Mar Cabra, Michael Hudson, Christoph Giesen, Margot Williams, and David Donald, "Leaked Records Reveal Offshore Holdings of China's Elite," International Consortium of Investigative Journalists, January 21, 2014; Celia Hatton, "Panama Papers: How China's Wealth Is Sneaked Abroad," BBC News, April 6, 2016.
32. Grant Newsham, "The Way to Take On China Is to Make It Personal," Fox News, August 3, 2023.

第13章　欧州が、いますべきこと

1. Freedom House, "Taiwan," Freedom in the World 2022, accessed November 21, 2023.
2. Tsai Ing-wen, "Taiwan: An Integral Partner of the Global Democratic Alliance," speech, Office of the President Republic of China (Taiwan), Taipei, June 10, 2022.
3. Annalena Baerbock, "Speech by Foreign Minister Annalena Baerbock at the Business Forum of the 20th Conference of the Heads of German Missions," Federal Foreign Office, Berlin, September 6, 2022.
4. Ursula von der Leyen, "Speech by President von der Leyen on EU-China relations to the Mercator Institute for China Studies and the European Policy Centre," European Commission, Brussels, March 30, 2023.
5. 民主主義認識指数（The Democracy Perception Index）は50カ国以上を対象として毎年行われる世界最大規模の調査で、世界人口の4分の3以上をカバーしている。Alliance of Democracies, "Global Democracy Poll: Western Support for Ukraine Holds, Democracy at Home Is under Pressure," press release, May 10, 2023.
6. Alliance of Democracies, "Global Democracy Poll."
7. Pietro Bomprezzi, Yelmurat Dyussimbinov, André Frank, Ivan Kharitonov, and Christoph Tresbesch, "Ukraine Support Tracker," Kiel Institute for the World Economy, accessed November 22, 2023（2023年11月22日にアクセス）;

Bureau of Political-Military Affairs, "U.S. Security Cooperation with Ukraine," US Department of State, November 20, 2023.

8. Committee for a Responsible Federal Budget, "Congress Approved $113 Billion of Aid to Ukraine in 2022," blog, January 5, 2023.（「責任ある連邦予算委員会」2023年1月5日付ブログ記事）

9. UK Parliament, House of Commons, Defence Committee, *UK Defence and the Indo-Pacific*, October 2023.

10. Jamil Anderlini and Clea Caulcutt, "Europe Must Resist Pressure to Become 'America's Followers,' Says Macron," *Politico*, April 9, 2023.

監訳者のことば

最も実効性のある台湾有事の抑止戦略『煮えたぎる海峡』

尾上定正

「台湾有事は日本有事であり、日米同盟の有事でもある」

故・安倍晋三首相は、２０２１年12月1日、台湾の民間シンクタンクが主催する「影響力論壇」と題するセミナーでオンライン基調講演を実施し、こう指摘した。米国インド太平洋軍司令官フィリップ・デビッドソン海軍大将が同年3月9日の米上院軍事委員会で「台湾への脅威は今後6年以内に明らかになる」と証言して以来、台湾海峡で高まる緊張に多くの注目が集まった。

米国では、外交問題評議会（ＣＦＲ）の「合衆国、中国及び台湾：戦争予防の戦略」（ロバート・ブラックウイル&フィリップ・ゼリコウ、2021年2月）や戦略国際問題研究所（CSIS）の「次の戦争の最初の戦闘：中国の台湾侵攻の兵棋演習」（2023年1月）をはじめ、多数の政策・戦略提言、机上演習、アンケート調査等が発表されている。日本でも、日本戦略研究フォーラム（JFSS）が主催する「台湾海峡危機政策シミュレーション」が2021年8月以来毎年実施され、企画運営に関与してきた筆者としては、その成果は2022年12月に決定された国家安全保障戦略等の安保三文書にも反映されたと自負している。

同シミュレーションを通じ、台湾有事が起きた場合、日本は尖閣諸島・南西諸島防衛や海上交通路（シーレーン）の確保、在台湾邦人・企業の安全確保など多くの死活的に重要な国益が重大な脅威にさらされることが明らかになった。また、台湾防衛には米軍の速やかな介入が必要であり、日米同盟に基づく在日米軍基地・施設区域の使用や自衛隊による米軍支援が不可欠であることも確認された。米中という核保有国の狭間で、日本の死活的国益をいかに守るかというきわめて厳しい選択を、仮想の政権は迫られた。得られた結論は、そのような事態の抑止に、ただちに全力で取り組まなければならないということである。

「今日のウクライナは明日の東アジア」

安保三文書決定を主導した岸田文雄首相（当時）は、２０２２年6月10日、ＩＩＳＳアジア安全保障会議（シャングリラ会合）の基調講演で、「ロシアによるウクライナへの侵略が起きた。これは世界のいかなる国・地域においても決して『対岸の火事』ではない」と指摘したうえで、こう訴えた。

同年2月24日に始まったロシア・ウクライナ戦争は１０００日を超えたいまも熾烈な戦闘が続いているが、ロシアの侵攻が始まるそのときまで、プーチン大統領が本当に軍事侵攻に踏み切ると考えていた者は少なかった。ましてや、その戦争が北朝鮮の参戦にまで発展すると予想した者は皆無であろう。「今日のウクライナは明日の東アジア」にしないためには、プーチンをなぜ抑止できなかったかという教訓をまず学ぶ必要がある。

しかしながら、抑止戦略は、抑止が破綻して初めてその戦略が失敗であったことが証明されるのであり、抑止戦略の実効性の評価は本質的に難しい。さらに、一度開かれた戦端は始めた者の意図を越えて広がり、長引き、戦争はあたかも命を得た怪物のように暴れまわって、悲惨な事態をもたらすものなのだ。したがって、抑止戦略の立案と実行には、逆説的ではあるが、抑止が破綻したとしても戦争を始めた者の目的達成を阻止できる意図と能力を保持し、わが方が戦争を主体的にコントロールしうることを相手に理解させることが必要となる。

「金城湯池」の拒否的抑止戦略

前置きが長くなったが、マット・ポッティンジャーが編著した本書「The Boiling Moat（煮えたぎる海峡）」は、台湾有事の抑止に必要な措置を軍事面に焦点を置きつつ多角的かつ精緻に考察し、まさに実行可能で実践的な抑止戦略を提示している。

戦略の要諦は、目的と手段を整合させる方策（Ends-Means-Ways）の是非であり、「もし○○すれば、××となる、なぜならば△△だから（If-Then, Because）」の論理の一貫性である。

ポッティンジャーと執筆者たちは、抑止の対象を、台湾を中国本土に「再統一」するために武力行使の権利を放棄しないと明言する中国の最高指導者・習近平国家主席、すなわち、中国の戦争と平和の問題についての唯一の意思決定者としている。また、対象とする期間を、習近平の「これらの問題を次の世代に先送りするわけにはいかない」という発言や米国との戦争も辞さず、「中国共産党は『大きな試練の荒海』を乗り越える準備をしなければならない」（2022年10月の第20回党大会「活動報告」）等の言動を踏まえ、2020年代末までに限定して、台湾有事を回避するための緊急措置について考察している。

その際の決め手は、いまだ実現していない次世代兵器システムではなく、すでに運用中の兵器（手段）を取捨選択・増強活用して（方法）いかに中国の軍事侵攻を抑止・阻止するか（目的）だと指摘している。その戦略の核心は、中国の故事「金城湯池（鉄の城と煮えたぎる外堀）」に倣って、台湾海峡を「煮えたぎる外堀」と化し、本格武力侵攻（水陸両用攻撃）の際に中国軍の重心（center of gravity）となる人民解放軍海軍（PLAN）を長射程スタンドオフミサイルや潜水艦で葬り、中国に目的（台湾占領）を達成させない「拒否的抑止」である。

この戦略は、筆者も参加した日米エア・フォース友好協会（JAAGA）代表団がインド太平洋空軍の戦略立案担当者から受けた説明とも一致している。ポッティンジャーらは、この「湯池」戦略を実践するため、台湾は軍の装備体系や戦略態勢さらには軍事文化を改変する必要があると指摘し、アメリカには中国のA2AD（接近阻止・領域拒否）脅威圏外からスタンドオフ対艦攻撃を実施するための戦略爆撃機やＬＲＡＳＭ（Long Range Air to Surface Missile）を増強すべきとしている。さらに、ＣＳＩＳのシミュレーション結果を参考に、Ａ２ＡＤ圏内の米海兵隊や戦術戦闘機部隊は我の重心を敵の脅威にさらすことになると警告し、戦争拡大のリスクをはらむ中国本土の港湾や防空施設等への攻撃（交戦規程）は、大統領が危機に十分先んじて決めておくべきだと主張する。

この「湯池」戦略は、台湾から遠く離れた米国にとってはきわめて軍事合理的であり、かつコストとリスク（戦略を評価するもうひとつの重要な要素）を局限できるものだ。その精緻な目的・手段・方策の整合と論理の一貫性については本書を精読していただきたいが、一方で、中国のＡ２ＡＤ脅威圏内にある日本や台湾の立場からは、この戦略はＰＬＡＮが台湾海峡を越えて侵攻するために必要となる航空優勢や海上優勢を中国に譲り、洋上阻止の段階までは戦力防護に徹することが暗示される。中国は、米軍介入の暇を与えない短期決戦を指向すると考えられるが、想定される開戦当初の大規模な航空・ミサイル攻撃を受け、中国軍に航空優勢・海上優勢を奪われてもなお、米軍による洋上阻止作戦を期待し、台湾は徹底抗戦できるだろうか（本書では台湾は最低２カ月耐えなければならない）。逆に、中国の攻撃戦力を減殺し米軍介入の強い意志を示すためにも、中国本土の航空基地やミサイル部隊への攻撃を米台は当初から実施すべきではないか。その際、「浮動票」日本はどう対応するのか等々、熟慮すべきことはまだ多く、さらなる議論が慫慂《しょうよう》されるであろう。

報道では、台湾有事の日米共同作戦計画が作成中とされる。かかる日米や台湾の立場の相違を克服した共通の戦略が共同作戦計画の基盤となることは言うまでもない。本書の提示する戦略はその土台としてふさわしく、日本側からの真摯な修正意見や対案の提示が期待されるところだ。

「グレーゾーン事態（封鎖・検疫）への対処」

本書は戦争に関する多くの通説がまったく誤りであることを指摘し、正しい根拠に基づく対応の重要性とあり方を提示しており、その価値を高めている。たとえば、彼我軍用機の空中衝突のような「偶発事故が意図せざる戦争に急拡大する」という通説は、オーストラリア人歴史学者のジェフリー・ブレイニーの研究書『The Causes of War』によって過去にはほとんど例がないと結論づけられている。すなわち、「軍事的な事故は戦争の口実の最たるものであって、原因ではない」のであり、「戦争は国のリーダーが、平和的手段では絶対に得ることができない戦略上の利益を手に入れられると考えたときに始まるのだ」とポッティンジャーは指摘する。この「明確かつ共通の基本理解がなければ、台湾と米国は慎重になりすぎて弱さを露呈する、あるいは抑止力を弱める恐れがある」のだ。

このほかにも、中国のナラティブに対する無分別な信じ込みや「はぐれ将軍」による独断的な開戦論の否定など傾聴に値する指摘は多い。なかでも最も衝撃的な通説の否定は、中国が採用する可能性の高い台湾の封鎖・検疫への対処である。執筆者によれば、封鎖は水陸両用攻撃シナリオのなかの単なる「大きな脅威に含まれる小さな脅威」ではなく、米国の非対称的な軍事的優位性の多くが否定される一方で、全面戦争に拡大するリスクが高まるという危険な挑戦なのだ。なぜならば、A2AD戦略態勢を構築している中国軍の封鎖を突破するためには、中国南東部に展開・分散しているPLAの広範な戦闘ネットワークの制圧、すなわち、中国本土に対する広範囲かつ長期的な爆撃作戦が必要になるからだ。当然大統領の承認が必要だが、承認しなければ封鎖を打破する軍事的選択肢はなくなり、台湾は早晩降伏せざるをえない、というのが彼らの分析である。

中国は、2022年8月のナンシー・ペロシ下院議長訪台後の大規模軍事演習を実施して以降、台湾本島を囲むように演習区域を設定した封鎖の予行とも見える演習を繰り返している。中国にとって封鎖は水陸両用攻撃にない利点を多く有しており、演習がいつ本番に切り替わってもおかしくない。本書は、このように対応が非常に難しい封鎖シナリオを阻止する戦略も提示しているので、詳しくは「第8章　封鎖と隔離」を参照されたい。

「日本は、いま何をすべきか」

本書の構成は、第1部（全体像）で台湾有事の抑止戦略を導出し、第2部以降で台湾、米国、日本、オーストラリア及びヨーロッパがいまなすべきことを提言する。日本に関しては、グラント・ニューシャムが第10章（「浮動票」の日本）で、習近平の戦略判断において日本は重要な要素であり、抑止と対処の両方で日本の行動が勝敗のカギを握ると分析する。そのうえで、現状維持では不十分であり、「何よりも、日本は戦う意志を示さなければならない」と指摘し、35項目に及ぶ緊急措置を提言している。続いて、香田洋二元海将が第11章（日はまた昇る）で、台湾有事を抑止するために日本が政治的に果たすべき役割、自衛隊が後方支援や戦闘作戦において果たすべき役割を具体的に論じている。また、北朝鮮とロシアの機会主義的軍事行動に警鐘を鳴らしつつ、日本が引き受けなければならないにもかかわらずまだ準備できていない多くの任務があることを指摘する。

執筆者二人の提言はいずれも重要かつ緊急に措置すべきものばかりだが、本書の提唱する「湯池」戦略（水陸両用攻撃に対する拒否的抑止及び封鎖に対する懲罰的抑止）を踏まえ、日本としての戦略の要諦（目的・手段・方策の整合、If-Then-Becauseの一貫性）を再確認することも必要であろう。日米軍事当局間の戦略協議や共同作戦計画策定が重要であることは論をまたないが、公開の場で台湾有事の抑止に関する戦略が活発に議論されること自体が抑止力の強化につながる。本書『煮えたぎる海峡』はそのような議論に最適の素材に満ちている。

最後に、本書の「楽観論の高まりは、戦争の前触れ」との警句を挙げておきたい。国際安全保障環境が変曲点に差し掛かるなか、日本は中国との「戦略的互恵関係」へと先祖返りしたように見える。本書が指摘するとおり、習近平の台湾併合への断固たる決意は聊《いささ》かも揺らいでいない。第二次トランプ政権の台湾有事への姿勢も予断を許さない。多くの日本の読者が本書に接し、厳しい現実の理解を深めることが、楽観論への戒めになるであろう。

（2024年12月25日記）

【寄稿者プロフィール】

ロス・バベッジ（第12章）

Dr. Ross Babbage

40年以上にわたってオーストラリア及び国際的な防衛と安全保障の問題に取り組む。オーストラリア国防総省、情報コミュニティ、オーストラリア国立大学、及び企業部門で上級職を歴任し、現在はオーストラリアとその同盟国が直面している安全保障上の厳しい課題に取り組む2社を率いている。ワシントンD.C.の戦略予算評価センターの非居住上級研究員でもある。最新著書は『The Next Major War: Can the US and Its Allies Win against China?』。

ガブリエル・B・コリンズ（第2章）

Gabriel B. Collins

ライス大学ベーカー公共政策研究所エネルギー研究センターのエネルギー及び環境規制問題のベーカー・ボッツ・フェロー。ベーカー公共政策研究所ではユーラシアのエネルギーと地政学に関するプログラムの共同責任者を務める。プリンストン大学で学士号を取得し、ミシガン大学ロースクールで法学博士号を取得。北京語、ロシア語、スペイン語に精通。テキサス州で弁護士資格を所持。

アンドリュー・S・エリックソン（第2章）

Dr. Andrew S. Erickson

米国海軍大学中国海事研究所（CMSI）の戦略教授（終身在職教授）であり、ハーバード大学政府省の客員研究員。CMSIの中心的な創設メンバーであり、2006年の正式な設立と立ち上げに貢献し、その発展において重要な役割を果たしてきた。2021年から2023年までは研究ディレクターを務めた。CMSIに触発されて創設された他の研究センターに助言と支援を行っており、中国航空宇宙研究所の会員でもある。プリンストン大学で博士号と修士号を取得。

ロバート・ハディック（第7章、第8章、第9章）

Robert Haddick

航空宇宙軍協会のミッチェル航空宇宙研究所の客員上級研究員。米国海軍研究所出版局から出版された『Fire on the Water, Second Edition: China, America, and the Future of the Pacific』の著者。米海兵隊士官として西太平洋とアフリカで勤務し、治安部隊の支援から核の指揮統制まで幅広い職務を担当した。また、米国特殊作戦軍の請負業者であり、国防総省のネット評価局で研究を行っていた。フォーリン・ポリシー誌の国家安全保障コラムニストで、米国政府全体で戦略に関する講演を行ってきた。

アイザック・(アイク)・ハリス（第7章）
Isaac "Ike" Harris

エクシガー社の政府戦略担当副社長で、最先端のサプライチェーン・リスク管理テクノロジーを提供する戦略の統合を指揮する、テクノロジー競争と政策の第一人者。米国海軍士官として、国防総省や議会を含む海上及びワシントンDC全域で勤務した20年の経験がある。最近では中国と技術競争に関する政策を担当する国防次官の顧問を務めた。水上戦士官としての最後の作戦行動では、USSラメージ(DDG-61)の指揮官としてヨーロッパと中東に展開した。

マイケル・A・ハンゼカー（第4章）
Michael A. Hunzeker

ジョージメイソン大学シャー政策政府大学院の准教授であり、シャースクールの安全保障政策研究センターの副所長。戦略予算評価センターの上級非常勤研究員でもある。2000年から2006年まで米国海兵隊に勤務し、カリフォルニア大学バークレー校で学士号を取得。プリンストン大学でAM、MPA、博士号を取得した。

イヴァン・カナパシー（第5章、第6章）
Ivan Kanapathy

ジョージタウン大学外交学部（アジア研究）の非常勤教授であり、戦略・予算評価センターの非居住者上級研究員、及び戦略国際問題研究センターの非居住者上級研究員（中国研究のフリーマン委員長）。退役米海兵隊員で、これまで国家安全保障会議スタッフのアジア担当副上級部長、台湾のアメリカ研究所で連絡担当副主任、米国でF/A-18打撃戦闘機戦術教官を務めた。

香田洋二（第11章）
Yoji Koda

元海将、防衛大学校、海上自衛隊(JMSDF)指揮幕僚課程、及び米国海軍大学を卒業。護衛艦さわゆき（DD-125）及び護衛艦隊の司令官を務めた。陸上勤務では海上幕僚監部の計画、事業、装備を統括する防衛部長として勤務。2008年に自衛艦隊司令官として海上自衛隊を退官後、ハーバード大学アジアセンターで2年間中国の海軍戦略について研究した。2014年から2016年まで日本の国家安全保障事務局の顧問。安全保障に関する著書には新アメリカ安全保障センター発行の『日米同盟:中国のA2/AD脅威への対応』などがある。

エレイン・リューリア（第8章）

Elaine Luria

米国海軍兵学校を卒業し、核訓練を受けた水上戦士官として米国海軍で20年間勤務。2019年から2023年まで、バージニア州第2選挙区の代表を務め、下院軍事委員会の副委員長及び2021年1月6日の連邦議会議事堂襲撃事件を調査する下院特別委員会の委員を務めた。議会では一貫して太平洋における課題に対処するため防衛及び海軍資産への投資拡大を主張してきた。

コビ・マロム（第4章）

Kobi Marom

中東で活動している過激な運動に関する戦略的状況の専門家。1984年にスーダン砂漠でエチオピア系ユダヤ人の救出作戦を指揮した退役軍人である。南レバノン東部戦線のイスラエル国防軍旅団司令官及びヘルモン旅団長として、複雑で多様な戦闘部隊を監督した。尊敬される学者でもあり、イスラエルのヘルズリヤにある学際的センターの国際テロ対策研究所の研究員。またメディアコメンテーターとしても人気で、ユダヤ人コミュニティ、国会議員、外交、政治、慈善活動の代表団と頻繁に話をしている。ワシントンDCの国防大学で経営管理とセキュリティ研究の修士号を取得し、イスラエルのハイファ大学で政治学の学士号を取得した。

マーク・モンゴメリー（第7章、第8章）

Mark Montgomery

サイバー・テクノロジー・イノベーション・センターのシニアディレクターを務めており、テクノロジー・イノベーションを通じて米国の繁栄と安全保障を前進させるとともに、それらを減衰させようとするサイバー脅威に対抗する民主主義防衛財団の取り組みを指揮する。また、議会から委任されたサイバースペース・ソラリウム委員会の勧告を実施するための取り組みである「CSC 2.0」の指揮も執り行っており、同委員会ではエグゼクティブ・ディレクターを務めていた。ジョン・S・マケイン上院議員の指導の下、上院軍事委員会の政策ディレクターを務め、国家安全保障戦略、能力と要件、サイバー政策に関する政策取り組みを調整していた。核訓練を受けた水上戦士官として米海軍に32年間勤務し、2017年に少将として退役。旗艦士官としての任務には、米国太平洋軍の作戦部長(J3)が含まれていた。日本に駐留するUSSジョージ・ワシントンに乗艦した第5空母打撃群の指揮官でもある。米国欧州軍の計画・政策・戦略担当副局長（J5)。1998年から2000年まで国家安全保障会議に配属され、国境を越えた脅威の責任者を務めた。ペンシルベニア大学とオックスフォード大学で大学院の学位を取得し、米海軍の原子力訓練プログラムを修了した。

グラント・ニューシャム（第10章）
Grant Newsham

元アメリカ海兵隊員、外交官、企業幹部、弁護士。25年間日本に在住。海兵隊初の自衛隊連絡将校であり、日本の水陸両用部隊の創設に尽力した。また、東京の米国大使館で海兵隊武官を2度務め、2011年東日本大震災の復興活動である「トモダチ作戦」では仙台二国間調整室の責任者を務めた。2019年に台湾に滞在し、台湾の防衛力を研究。近著は『When China Attacks: A Warning to America』。

ヨナス・パレロ＝プレスナー（第13章）
Jonas Parello-Plesner

世界中の民主主義国家間の協力強化に専念し、毎年コペンハーゲン民主主義サミットを主催する民主主義同盟財団の事務局長。中国と台湾を専門とするデンマークの外交官としての経歴をもつ。2013年から2017年までワシントンDCのデンマーク大使館で外交政策部長を務めた。またワシントン、ブリュッセル、ロンドンのシンクタンクで中国上級研究員として働いた経験もある。デンマーク国内のほか『ポリティコ』や『ウォール・ストリート・ジャーナル』などの国際メディアにも寄稿。共著に『中国の強腕』『台湾の戦い』がある。

アンダース・フォッホ・ラスムッセン（第13章）
Anders Fogh Rasmussen

デンマークの国会議員。デンマーク経済大臣、デンマーク首相、そしてNATO事務総長として、30年以上にわたりヨーロッパ及び世界政治の中心に位置してきた。NATO離脱後、地政学的及び戦略的なコンサルティングサービスを提供する戦略顧問会社「ラスムッセン・グローバル」を設立。世界中の民主主義と自由市場の推進に取り組む非営利団体である民主主義同盟財団の会長でもある。

マシュー・ターピン（第3章）
Matthew Turpin

フーバー研究所の客員研究員でパランティア社の上級顧問。ホワイトハウス国家安全保障会議の中国担当ディレクター及び商務長官の中国担当上級顧問を約2年間務めた。その役割において、中華人民共和国に対する米国政府の政策を策定し実施するための省庁間の取り組みを管理。これまで22年間米陸軍に勤務し、最後の7年間は米太平洋軍で中国に重点を置き、統合参謀本部議長及び副議長の顧問を務めた。

エノック・ウー（呉怡農）（第4章）
Enoch Wu
イリノイ州シカゴ生まれ。6歳の時に台湾に戻り台北で育つ。その後アメリカの高校を経てイエール大学へ進学。卒業後、キャリアの初期には金融業界で10年間を過ごし、主にゴールドマン・サックスの特別状況グループで働いた。2013年に金融業界を離れ、台湾で公務に就く。市民参加と国家安全保障に焦点を当てている台湾の非営利団体である「フォワード・アライアンス」の創設者。以前は台湾国家安全保障会議の委員を務めており、国土安全保障や重要インフラの保護などを担当していた。それ以前、林伝首相の指示の下で行政院の省庁間タスクフォースを率いて、政府業務の保護安全政策を検討した。2014年から2015年まで中華民国(台湾)陸軍特殊部隊司令部に勤務し、現在は予備役下士官。

【編著者プロフィール】

マット・ポッティンジャー（第1章、第2章、第3章）
Matt Pottinger

1973年生まれ。フーバー研究所特別客員研究員 兼 民主主義防衛財団中国プログラム長。国家安全保障会議において上級職を4年間務め、国家安全保障に関し広範にわたる調整を担当。第一期トランプ政権の2019年から2021年まで大統領副補佐官（国家安全保障担当）を務める。大統領副補佐官就任前はアジア上級部長として、対中国政策を含む政権のインド太平洋政策を担当。それ以前、1990年代後半から2000年代前半にかけては、ロイター通信と『ウォール・ストリート・ジャーナル』の記者として中国に駐在。2007年から2010年まで海兵隊員として、イラクとアフガニスタンに計3回派遣。その後、アジアに関するリスク分析を行うコンサルティング会社を設立するとともに、投資ファンドにおいてアジア研究を担当した。

【監訳者プロフィール】

尾上定正（おうえ・さだまさ）

1959年、奈良県生まれ。防衛大学校卒業後（26期、管理学専攻）、1982年に航空自衛隊に入隊。1997年米国ハーバード大学ケネディ大学院修士課程修了、2002年米国防総合大学戦略修士課程修了。統合幕僚監部報道官、第2航空団司令兼千歳基地司令、統合幕僚監部防衛計画部長（2013年空将昇任）、航空自衛隊幹部学校長、北部航空方面隊司令官を経て、2017年航空自衛隊補給本部長を最後に退官。2019年7月から2021年6月、ハーバード大学アジアセンター上席研究員。2023年12月から2024年9月まで防衛大臣政策参与。専門・関心分野は、国家安全保障戦略及び航空宇宙防衛。現在はAPI（アジア・パシフィック・イニシアティブ）シニアフェロー、笹川平和財団上席フェロー、日本戦略研究フォーラム政策提言委員、安全保障懇話会常務理事（研究担当）を務める。共著に『経済安全保障とは何か』（東洋経済新報社）、『各国防衛産業の比較研究－自律性、選択、そして持続可能性－』（地経学研究所）、『君たち、中国に勝てるのか』（産経セレクト）、『自衛隊最高幹部が語る　台湾有事』（新潮新書）、『自衛隊最高幹部が語る　令和の国防』（新潮新書）、『台湾有事と日本の安全保障』（ワニブックス）などがある。

【訳者プロフィール】

安藤貴子（あんどう・たかこ）

英語翻訳者。早稲田大学教育学部卒。訳書に『「インターネットの敵」とは誰か？――サイバー犯罪の40年史と倫理なきウェブの未来』『セックスロボットと人造肉――テクノロジーは性、食、生、死を"征服"できるか』（どちらも双葉社）、『私たちの真実』（共訳、光文社）などがある。

三浦生紗子（みうら・いさこ）

英語翻訳者。鳥取県出身、京都大学教育学部卒。訳書に『グッド・フライト、グッド・シティ――パイロットと巡る魅惑の都市』（共訳、早川書房）がある。

本書は、株式会社実業之日本総合研究所が運営する「実業之日本フォーラム」の活動の一環として出版するものです。
実業之日本フォーラム　https://forum.j-n.co.jp/

煮《に》えたぎる海峡《かいきょう》

台湾防衛《たいわんぼうえい》のための緊急提言《きんきゅうていげん》

2025年2月10日　初版第1刷発行

編著者　マット・ポッティンジャー
監訳者　尾上定正《おうえさだまさ》
訳　者　安藤貴子《あんどうたかこ》、三浦生紗子《みうらいさこ》

発行者　岩野裕一
発行所　株式会社実業之日本社
〒107-0062　東京都港区南青山6-6-22 emergence 2
電話　（編集）03-6809-0473
（販売）03-6809-0495
https://www.j-n.co.jp/

印刷・製本　三松堂株式会社

装　丁　杉本欣右
本文デザイン・DTP　有限会社バウンド
翻訳協力　株式会社リベル

ISBN978-4-408-65150-7（第二書籍）